百年佛缘

07 新春告白

星云大师 著

生活·讀書·新知 三联书店

Simplified Chinese Copyright © 2017 by SDX Joint Publishing Company
All Rights Reserved.
本作品中文简体字版权由生活·读书·新知三联书店所有。
未经许可,不得翻印。
台湾佛光山宗委会独家授权

图书在版编目(CIP)数据

百年佛缘/星云大师口述;佛光山书记室记录. —2版. —北京:生活·读书·新知三联书店,2017(2017.1重印)
ISBN 978 - 7 - 108 - 05839 - 3

Ⅰ.①百… Ⅱ.①星…②佛… Ⅲ.①星云一传记 Ⅳ.
①B949.92

中国版本图书馆 CIP 数据核字(2016)第 265636 号

目录

百年佛缘 ❼ *新春告白*

001	一九六七年新春告白
011	一九六八年新春告白
021	一九六九年新春告白
029	一九七〇年新春告白
037	一九七一年新春告白
047	一九七二年新春告白
055	一九七三年新春告白
063	一九七四年新春告白
071	一九七五年新春告白
079	一九七六年新春告白

001

089	一九七七年新春告白
097	一九七八年新春告白
105	一九七九年新春告白
115	一九八〇年新春告白
123	一九八一年新春告白
133	一九八二年新春告白
145	一九八三年新春告白
155	一九八四年新春告白
165	一九八五年新春告白
175	一九八六年新春告白
185	一九八七年新春告白
195	一九八八年新春告白
205	一九八九年新春告白
215	一九九〇年新春告白
225	一九九一年新春告白
237	一九九二年新春告白
247	一九九三年新春告白
257	一九九四年新春告白
267	一九九五年新春告白

279	一九九六年新春告白
289	一九九七年新春告白
301	一九九八年新春告白
311	一九九九年新春告白
317	二〇〇〇年新春告白
325	二〇〇一年新春告白
333	二〇〇二年新春告白
345	二〇〇三年新春告白
355	二〇〇四年新春告白
367	二〇〇五年新春告白
377	二〇〇六年新春告白
387	二〇〇七年新春告白
397	二〇〇八年新春告白
409	二〇〇九年新春告白
421	二〇一〇年新春告白
435	二〇一一年新春告白
447	二〇一二年新春告白
461	二〇一三年新春告白

气急如山
心静似海

一九六七年新春告白

未来,遥不可及!
这一段路,即使看不到远处,
但不管路途多艰难、多遥远,
只要我一息尚存,仍然会勇往直前。
将来的佛光山,在辟建上必定是艰苦的!
我要以愚公移山的毅力,披荆斩棘,
持精进的犁锄,戴勇猛的盔甲,
撒菩提的种子,来建立空花水月的道场。
接着,我要把娑婆转化成清净的佛光净土,
为佛陀的文教慧命事业,传灯万方。

各位护法、朋友们:大家好!

冬去春来,韶光荏苒。每当我驻足寿山寺,经西子湾遥望台湾海峡的另一端时,都不禁想着,中国历史的战火一代一代延烧,烧毁了多少家庭、多少亲情?如今这无法投递的乡愁,从那头的港口到这边的码头,像牵引的业力,扣住既期待又怕受伤害的两岸。

这些年,在台湾云水的岁月里,到处只见基督教的礼拜堂,香火兴盛的妈祖宫或土地庙,小巷角落还有阴森的扶乩坛。心中感慨系之,佛教的地位在哪里?于是我发愿尽形寿,要尽自己的力量,把正信佛教深植在这片土地上。

"大海有平息之日,业海无止静之时",唯有佛法可以让这无奈的世界,从痛苦的这边到快乐的那边,从危险的此岸到安稳的彼岸,只有佛教可以解决当前的困

与宜兰念佛会弘法队合影

境,为每一个人的人生,为社会、为国家带来幸福与和平。

一九四九年国共相争,徐蚌会战(淮海战役)后,国民党军队伤亡惨重,百姓流离失所,在风雨飘摇之际,智勇法师发起"僧侣救护队",经与孙立人将军联系后,决定召募六百人,以便集体训练。突然,一个变化推翻了原有的计划,为了顾全大局,我临危受命,承担起代理领队之责。当时情况危急,我们晚上连夜赶路,到常州天宁寺,摸黑叫醒睡梦中的同学弘慈、印海、净海、浩霖、以德等诸位法师,一起坐车乘船来到台湾。

后来"僧侣救护队"的因缘未能成熟,参加人员各自解散。当时的政治局势紧张,还谣传大陆密遣五百名僧侣来台,从事渗透颠覆的工作。我和慈航法师及同时被捕的二十余名外省僧众,身陷囹圄,被关了二十三日。后来,经由孙立人将军夫人孙张清扬、吴经明居士等人多方奔走,才将我们解救出来。那时二十三岁的我,突然发觉自己孑然一身,上无片瓦,下无立锥,真是到了日日三餐不继的窘况。

庆幸自己还能执笔写文章、编杂志和教书,从笔耕教学中,才得暂时免于困顿失所。感念妙果老和尚的收留,让我落脚于中坜圆光寺,为了报答寺院之恩,除了上课教书之外,我发心做一切苦役,每天打六百桶井水,清扫落叶、水沟、茅厕,还要拉车到十余里外的市场,购买八十余人食用的油盐柴米。

还被派至苗栗法云寺看守山林三个月,在深山草寮中,我以草地为桌,伏地撰写《无声息的歌唱》;应东初法师之请,主编《人生》杂志;一九五二年应宜兰马腾、李决和、林松年之邀,至宜兰雷音寺讲经弘法,并成立"宜兰念佛会"。为了要鼓励青年入佛,首创佛教第一个歌咏队,那时遭来许多反对的声浪,被佛教卫道人士视为恶魔而讨伐之。

总之,为了使社会大众能有更多机会长养慧命,我用心良苦地设下种种方便权巧,希望能为佛门留下优秀人才。

我一直很重视人才的培养,一九六四年,寿山寺落成,即开设寿山佛学院、普门幼稚园,培植了百余位佛教青年,更成立"佛教文化服务处",借由流通佛教书籍来续佛慧命。记得最初计划筹办佛学院时,遭遇重重困难,也有人好心劝我不要办教育,因为教育事业费心费力,纵然有些成果,也无法立竿见影等等。莫说没有人给予真心肯定或赞美,更有人警告我"你和学生会没饭吃","你一无所有之后,信徒不敢和你接近"。虽然如此,我仍义无反顾。为了

一九六七年新春告白

高雄寿山寺建寺护法。左起：凤姑（依顺法师）、洪吕淑贞、心固法师（出家前）、本人、煮云法师、陈罔市、心明法师、派克郭师姐

学院的日常开销，一向不作经忏佛事的我，经常到殡仪馆替人念经，到太平间替刚往生的人通宵念佛，为的是能多些教育的费用。

当佛学院开学时，教室只有一间，报名入学的学生虽然很多，却因教室小，寝室不够，第一届只录取二十名学生，第二届学生更多，不得已就把常住纳骨堂拨出一半来作教室。

去年，日本孝道教团所组成的祝寿团，在统理冈野正道大僧正的率领下，前来台湾参加蒋先生八秩华诞的盛典，并参访台中、台南、高雄等中南部名刹。团长大僧正于寿山寺讲演时说："我来台湾，从台北一直到台南，所见到的佛教徒都是年老的人，我心想，难道台湾没有青年人信仰佛教吗？直到现在，来高雄寿山佛学院，看见许多年轻且富有朝气与热忱的青年，我才知道台湾的佛教，还有这么多的生力军！"

听到大僧正这番话，好似对我打了一支强心剂般，让我知道对佛教教育一路的坚持，虽然辛苦，却都是值得的。更欣慰的是替台湾佛教留住一点小小的面子。

教育代表文化，中国几千年的历史文化，深受佛教思想的影响，钱穆博士主张恢复中国固有文化，他常研读《六祖坛经》，也认为佛教经典在中国文化上占有极重要的地位。因此，宣扬佛教教义，正是当今社会所急需，而栽培弘法人才更属迫切了。

佛教本来注重福慧双修，行解并重，若有福无慧、有行无解，则如瞎子走在悬崖之路，危险至极。而今有许多佛门弟子或行为诡异，或兼修杂学，或转入外道，或崇拜鬼神，或始勤终懈，甚至有不知教主是谁？如此怪象，皆因平时不读三藏经论，也不听经说法。长此以往，佛教之大患，不在外力压迫，而在内学空虚，欲救此弊，唯有兴办僧伽教育。譬如点灯，一盏灯能照明暗室，灯灯相照，明明无尽，这才是釜底抽薪的根本办法。

"十年树木，百年树人"，所希望的是开花结果。寿山寺耸立在布满五颜六色霓虹灯的高雄市区，虽是闹中取静的世外桃源，然而车水马龙的喧闹、行人的嘈杂，毕竟不是理想的读书环境。寿山佛学院开创之初，限于环境的狭窄，只招收女青年，没有达到两序大众平等的教育。

为了替徒众与信众建立未来慧命安身之处，我开始积极物色建寺之地。虽然林务局沈家铭先生热心引介许多公家土地，我总觉得弘法是家务，利生为事业，是身为民众最基本能为社会奉献的机会，不宜借公地之便而建寺。

为寻找一处兼具教育文化的现代道场，在众多信徒热心协助之下，看中了大贝湖附近一处，面积约二公顷的土地。为了买这块

一九六七年新春告白

我设立的第一所佛学院——寿山佛学院早期外观

地,慈庄法师、吴慈容、萧碧霞居士等,还把他们共有的"佛教文化服务处"的房子变卖,得款一百五十万元来支援购地。就在钱凑齐准备签约时,依严法师无心说了一句话:"大贝湖是观光胜地,我们在那里建寺,应该沾光不少,游客一定会顺道来参观、礼佛,蒋中正先生来时,说不定还会来呢!"

就因为这番话,情势来了个大转变,我毅然放弃在此购地建寺的计划。中国四大菩萨的道场,为何能吸引中外人士前往朝圣礼拜?我希望这新建的丛林道场,不是沾名胜风光而顺道一游,而是能让全世界佛教徒专程来访!

当这大贝湖建寺叫停之际,一对越南华侨夫妇急于还债,将原本为办学的高雄县大树乡麻竹园十几甲山坡地变卖求售。有时会觉得因缘的安排如此的恰巧,冥冥之中,这穷乡僻壤似乎隐藏着未来佛光理想村的蓝图。俗语说:"救人一命,胜造七级浮屠。"我只是单纯地想帮助这对夫妇解决眼前的危机,另一方面也想到偏壤之地,较能杜绝名闻利养,而专注于教育的弘法工作上。

如果能顺利在这座麻竹园建设佛教学院,就可以四众兼收,并由高级佛教学院再分设寿山、兰阳初级佛学院、沙弥学园。近几十年来,台湾佛教兴学之风炽盛,把往昔的老年人的佛教改观了,唯佛教学院大都附属于寺院,往往受寺院的牵制,阻碍教育的发展,致使教育工作难上轨道。将佛学院独立出来,是佛教教育的一种改革、一种创举。我的构想是,本部在山上,另外在其他县市设分校,由点而线而面,让佛教教育普及化,成为青年学子受教学习的另一种选择。

希望未来在佛光山点燃教育的圣火,照耀宇宙的各个角落。这一大片竹林,前伴溪流,后临丘陵,没有都市的繁华,有着宁静、朴实的风味,可以让大众生活在大自然的沐浴里,亦是读书修行的佳境。我决定尽速于明年五月举行安基典礼。

自古以来,中国佛教事业是没有企业理念的,向来的生活是靠田产、经忏、香火等为主要收入。若有人发心要开办佛教的工厂或其他佛教的事业,一定会为社会舆论所不容;佛教不是在深山里,怎可以这么世俗化! 中国佛教徒的思想除了保守之外,也没有随喜的性格,是一种不问是非的同归于尽的心态,自己不做,更不容许他人为佛教打开另一条有意义的生存之路。

未来的佛光山走向人间是必然的趋势,佛教一定要走向人间化、生活化、现代化,甚至国际化、科技化。唯有让佛教深入家庭、社会、人心,才能与生活结合,成为人生需要的佛教,如此,佛教才会有前途;佛教一定要与时代结合,要对社会有所贡献,它才有存在的价值,否则一定会遭到社会的淘汰。

在自己青少年时代，总有一股为佛教未来筑起梦想，为中国佛教奋起飞扬的热情，希望能为走向山林遁世的佛教，为保守闭塞、垂垂老矣的佛教，找出一条新的道路方向。我认为佛教需要兴办一份报纸、创建一所佛教大学，设立一座电台、电视台，扩展佛教弘法的空间，接引知识青年进入佛门，将佛法与文学、哲学、电影、艺术等结合，让现代人可以轻松愉悦地接触佛教深奥的义理，将佛法运用实践于人生的各种际遇，这样才是真正的人间佛教。

未来，遥不可及！这一段路，即使看不到远处，但不管路途多艰难、多遥远，只要我一息尚存，仍然会勇往直前。将来的佛光山，在辟建上必定是艰苦的！我要以愚公移山的毅力，披荆斩棘，持精进的犁锄，戴勇猛的盔甲，撒菩提的种子，来建立空花水月道场。接着，我要把娑婆转化成清净的佛光净土，为佛陀的文教慧命事业，传灯万方。让我们坚持信心，永不放弃，只要往前一步，再一步，就能苦尽甘来，成就道业；在菩萨道上，更要效法富楼那的无畏精神，以弘法为本分，肩负如来摆渡群伦的家业。不论路途多颠簸难行，但这一切终将名垂青史。弘法利生的事业，愿大家共同勉励，一起努力！专此　敬颂

新春如意

禅悦法喜

星云　合十

一九六七年元月一日

一九六八年新春告白

每逢下雨,山路泥泞,
施工运材更是困难重重,
而最窘迫的还是庞大的经费。
有时付了这期工程的款项,
却不知下一餐伙食费在何处?
所幸往往在最危急的时候,
就会有一位菩萨派来的护法使者,
即时解决当下的经济危机。
每每行到水穷处的大死一番,
必有坐看云起的禅悦法喜。
相信任何一种奇迹,
都必须用生命中大无畏的光与热,
一点一滴的坚持与认真,
才会有一片灿烂、光彩夺目的人间净土。

各位护法、朋友们:大家好!

在繁忙的岁月中,已忘这一生过了多少个春夏秋冬?观看满山一整片的盎然绿意,惊觉严冬已去,春满人间。

自开辟这山头半年来,虽背负佛光山蓝图远景的压力,明知眼前困境重重,我仍奋勇地倾尽全力去完成;当带领徒众迈向未知的未来时,我必须承受弘法事业的一切成败。但我坚信,只要有佛法就有办法。

自去年安基开工以来,"佛光山"这三个字已在历史上立下一个里程碑,未来必定能无限地发光发热。六月,"东方佛教学院"新院舍工程,恭请到东初上人主持安基典礼,数以千计的观礼者,正象征佛教学院的光辉愿力,将如佛光普照大地,因此我将麻竹园山地命名为"佛光山"。

国际上有不少佛教大学,但是我们迄今连一所由佛教主办的大学也没有。基于

佛光山东方佛教学院暨西方安养院安基典礼（一九六七年六月十八日）

此，我将学院命名为"东方佛教学院"。由东方出发，再融和西学，始能适应这个时代大众身心的需要，并让世界佛教人士前来参学研究。在进一步提升佛学的层次之后，也计划扩充成为佛教大学。

现在想来，因缘真是微妙。佛光山原本购地于高雄大贝湖，当变卖"佛教文化服务处"，四处筹措一百五十万元的同时，正巧一对越南华侨夫妇急于偿债，在他们走投无路之际，我一念悲心，买下他们这块荒地。也刚好这穷乡僻壤可以杜绝名闻利养，可以专注地教育人才及弘法利生，所以我斩钉截铁、力排众议，毅然决然选择这遍布荆棘之地来开建。

东方佛教学院建筑用地,即丛林学院女众学部

这一片近二十甲的土地,沿着高旗公路,前临高屏溪,是一丘陵地形,交通咸称便利,风景极为美丽。尤其伫位山顶,俯瞰四周,尽收眼底的是清馨苍翠的林木,与潺潺不断的泉水声,更有伴着林间清脆的鸟鸣,让人置身其中,仿如登临仙境般;真是一处修心办道的人间净土!

当初东方佛教学院的基地,是由省立高雄工业专科学校测量队十位老师及学生,来施行测量、绘制等高线地势图,供工程师设计建筑模型之用。因参加世界建筑设计比赛,获得世界工程学第二名而闻名全球的名建筑师刘明国博士也特地南下,勘察佛光山的地形。经由他的专业评估,让我更坚决与肯定,未来这块土地上,除了建设佛教学院,也是替徒众、信众建立慧命安身之处。

往后,如佛教新村、西方安养院、孤儿院,以及永明放生园、智者放生池等,也将陆续安基开工。东方佛教学院及西方安养院完成以后，我计划兴建一所仿造大陆丛林的规模体制，但又兼具教育、文化等全方位弘法功能的现代化道场。我深信，这里会是全省第一座十方丛林，第一个有制度的僧团。

工程在经费极端困难的情况中开始进行。为了寺务、为了教学，我仍要奔波于寿山、佛光山之间。因此，托付心平法师担任监院暨工程主任之职，在没有水电的情况下，他长期驻守山间草寮中，每天翻山越岭摸黑巡工地，并负责监督一切工程的进度。

其实在决定筹建佛光山时，也听到不少反对的声音：既然有了宜兰雷音寺、高雄寿山寺，可以听经礼佛，又何必千辛万苦再另外开创道场？为此，我特地包了一辆大巴士，载着大家到现场，以便实地报告我心中的理想。没想到，一见到刺竹满山、野草没径，竟然没有人愿意下车，还说如此荒僻之地，"连鬼都不来"。我只得一个人下车，心想："鬼不来更好，只要有人来、有佛来就好。"又有人说高屏溪从东往西流，留不住钱财的，我说佛法就是要流动。

我独自信步绕山一匝，思维良久，很笃定地告诉自己："我，非来此开山不可！"

回想台湾光复初期，政府偏安，经济萧条，一般善信没有多余能力供养寺庙，佛教很难再要求其他的发展。整个社会教育不普遍，更何况僧伽教育？佛教为了求生存，停留在"葬仪的宗教"阶段，实在很难将正信佛教的义理广弘于民间，遑论不少政商达贵与社会大众以信基督教为流行时尚，把佛教贬为市井流俗之类的次等宗教。

"知己知彼，百战百胜"，当我踏上台湾这片土地，发现佛教地位十分低落，真是忧心忡忡。我无时无刻不在思维振兴佛教之道，更用心观察在这块土地上生活的人们。我发现要在台湾振兴佛教，让佛法普遍广化弘传，发挥端正社会风气的作用，徒有寺院庙

东方佛教学院是佛光山最早的建筑物,学院学生搬砖挑石出坡协助兴建

宇是不够的;唯有人才,才是中兴佛教的根本,当务之急要扎根佛教教育,培养年轻一代的佛门新血轮,才有资格高谈佛教的千秋大业。于是,我始终致力于佛教僧众的培养。

曾经,一名长老召集教界人士开会,在会议中,他不集合群力,研究如何薪传,也不谋求共识,讨论佛法如何弘扬,反而提议:"如何打倒东方佛教学院?"幸好席中有人仗义直言,说道:"基督教办圣经书院,天主教建立神学院,我们都没有想要去打倒他们,为什么却要打倒佛教人士创办的佛教学院呢?"众人听了这番正义之声后,哑口无言,东方佛教学院才得以幸存。

几年下来,培育出的佛门龙象都不负所望,能够弘化各方。去年十月,佛教学院从寿山迁址于佛光山的第一批学生,也是寿山佛学院第二届学生也正式开课了。

学院院区共有二十八间教室,教室两旁植有十八棵松柏,是为纪念十八位"寿山佛学院"第一届杰出的僧众。记得当初办学时,来自各地的学生聚集在寿山寺修行办道,如今学有所成,将继续担任绍隆佛种的任务。我只祈愿"东方佛教学院"未来能造就出更多佛门龙象,让佛教的法脉后继有人。

为培育菩提幼苗,我先在北部的宜兰开办了慈爱幼稚园,去年在高雄市又新开设一所设备完善的普门幼稚园和托儿所。由慈惠法师担任园长,她是教育厅幼教师资研习会的高材生;也请有十年以上幼教经验的吴慈容,担任园主任。另外,佛光山更成立沙弥学园,由心平、吴慈容负责沙弥的生活与教学。

佛教本身就是慈善事业。《郁迦罗越问菩萨行经》记载:"病瘦者给予医药,无护者为作护者,无所归者为受其归,无救者为作救者。"可见佛教之在世间,无非是要让众生解脱身心的痛苦、缠缚,获得幸福安乐的人生。

早在一九五二年,花莲发生大地震,那时连公共汽车票都买不起的我,就四处为花莲震灾而劝募,并率先运送食物到灾区。去年十月,"解拉"台风为宜兰地区带来连续三日的豪雨,这是宜兰地区九十年来最重大的水灾。大部分地区都泛滥成灾,甚至冬山、五结、罗东、三星、苏澳等五乡镇所有村里更全被淹没,灾民达五万多人。

佛光山开山虽然辛苦万分,但是本着"以慈善福利社会"的宗旨,我人虽在高雄,一获悉灾情,马上以长途电话知会"宜兰县佛教支会"、"宜兰念佛会"、"慈爱幼稚园"信徒,于雷音寺夜以继日赶制大馒头。更以最积极的服务精神,抢修堤防,也为亡者诵经超拔和安抚家属,给予各种实际的协助。宜兰是我弘法的起点,对兰阳地区仍不免怀有一种故乡情愫。所以对这次的灾情,在劝募救济款、救济物等救灾工作上,我是一马当先,全力以赴。

去年七月,接办"私立仁爱救济院"。这所救济院是一九六二

与东方佛教学院第一届毕业生、老师于寿山寺合影（一九六八年一月七日）

年,建于宜兰县礁溪乡龙潭村,原由基督教人士所创办,因为种种缘故,无法继续经营,创办人董鸿烈先生乃主动要求交由佛教人士接办,并出具同意书。所以,现在是由宜兰县佛教支会承接和全权负责,新院长由现任宜兰县议会议员,也是宜兰县佛教支会常务理事余简玉婵女士接任。

佛光山虽然仍在草创开山中,还是不遗余力推动各种慈善工作。人的一生脱离不了生老病死,因此,未来慈善事业的规划,要从育幼、养老、疾病医疗,到往生后的骨灰安厝等,作系列性、全面性的考量。目前先成立"急难救助会",让大家有机会诚心奉献时间、财力。凡此点点滴滴,无不秉持佛陀的慈心悲愿,尽一点佛子的力量,来普润苦难的众生。

承蒙佛菩萨的加被,和海内外大德居士的热心护持,佛光山各项工程得以顺利进行。我想大家都知道,这些大规模的建筑工程是十分艰巨的,原料的运输、工人的雇聘,皆非易事。尤其每逢下雨，山路泥泞，施工运材更是困难重重，而最窘迫的还是庞大的经费。有时付了这期工程的款项，却不知下一餐伙食费在何处？所幸往往在最危急的时候，就会有一位菩萨派来的护法使者，即时解决当下的经济危机。

每每行到水穷处的大死一番，必有坐看云起的禅悦法喜。相信任何一种奇迹，都必须用生命中大无畏的光与热，一点一滴的坚持与认真，才会有一片灿烂、光彩夺目的人间净土。祝福大家

新春法喜

平安吉祥

星云 合十

一九六八年元月一日

安心立命

一九六九年新春告白

尽管每一次的弘法布教活动困难重重,
但看到各地因为这些布教活动掀起学佛热潮,
就足以涤尽一切辛劳,
让人欣慰无比了!
未来,
也期望佛教七众弟子团结起来,
皆为众生之导航,
皆做佛法的弘扬者。

各位护法、朋友们:新年吉祥,四时如意!

一九六九年已悄然到来。自前年变卖高雄"佛教文化服务处"的房屋,买下高雄县大树乡麻竹园二十余甲山坡地之后,佛光山的建设蓝图便在荒烟蔓草中逐步展开。同时,寿山佛学院也移至佛光山,更名为"东方佛教学院"。

东方佛教学院于一九六四年开办到现在,学生人数增加到七十多位,这些学生也从只是台湾本土,扩展到来自马来西亚、新加坡、缅甸等国家。佛教弘扬靠僧才,僧才则有赖佛教教育之培养,因此在僧伽教育上,我始终竭尽全力,用心经营。令人安慰的是,培养出的佛教青年个个都能担当大任,住持一方。

去年元月,举行第一届毕业典礼,有慈嘉、慈怡、心如、依严、普晖、绍莹、悟证、真悟、会钦、性光、心舫、朱玉兰等二十位毕业

慈嘉、慈怡法师(右三、右四)就学期间完成《敬告佛子书》、《万寿日记》等书(一九六八年一月七日)

生,他们更一同捐赠了五万元作为兴建教室的基金。此外,慈嘉、慈怡等人的作品《敬告佛子书》、《万寿日记》、《师训锦集》也在毕业典礼当天出版,并分赠前来观礼的家长及来宾。

感于有志学佛的青年,有的学识低,有的经济不甚宽裕,我在二月底,于寿山寺增设"寿山先修班",与"兰阳先修班"作为东方佛教学院的先修教育机构。纵观时下佛教教育仍处于起步阶段,在僧伽教育、教学计划、教材等各方面都嫌不足,所以在招生时,得先订定入学须知,好让学生对学风有所了解,如此才能成为健全、完善的佛教学院。

东方佛教学院自前年六月安基以来,在海内外各界人士的护持下,终于在去年圆满竣工,并于十二月十五日举行落成典礼。典礼中,前"中国佛教会"理事长道源长老,代表诸山长老致祝贺词,永宗、月基、煮云、成一、妙然、开证、菩妙等法师,以及"警察局长"吴维和先生、"教育科长"王清波先生、"救国团"秘书张培耕先生也前来祝贺。

当天,并接受来自海内外二十八名捐献教室的功德主呈献钥匙。首先,由晋安制药厂董事长吴大海居士,呈献"大海之水"水塔,"立委"黄玉明居士代表《觉世》旬刊读者呈献院门,阎路教授代表檀香山华侨佛教总会会友呈献"香云堂"、林月居士代表吴随纪念会呈献"一信堂"、台南纺织公司总经理吴修齐居士呈献"七贤堂"、南丰钢铁公司董事长潘孝锐居士呈献"百忍堂",裕荣企业公司董事长洪宗奇居士、永记造漆公司董事长张添永居士等二十八名,分别为他们所捐献的教室及其他设备,献锁启用。

我将新建的教室,分别定名为一信堂、二合堂、三慧堂、四恩堂、五福堂、六和堂、七贤堂、八圣堂、九品堂、十愿堂、百会堂、千华堂、海会堂、智光堂、慧明堂、宝藏堂、怀恩堂、观照堂等,这些名称都有着佛法的意涵。

承蒙诸山长老及护法檀那,或赐厚仪,或亲道贺,大家一起为僧伽教育尽心尽力;至今思及,心中仍旧满怀感恩与敬意。祈求三宝护佑大家都能无忧无恼,身心自在!

另外,万佛大悲殿在十二月中旬已开工兴建了。我们计划建造殿高六十尺,建坪二百三十坪的宫殿式殿堂,做为学生朝暮课诵的地方。建成后不但是佛光山第一座殿堂,也会是台湾佛教界首座采用中国宫殿式的建筑。

去年七月,我率领东方佛教学院师生三十二人,进行为期二十五天的环岛布教活动。我们一行人坐着两部专车,带着数千张五

率领东方佛教学院第二届毕业生,为期二十五天环岛布教(一九六八年七月十五日)

彩海报、《伟大的佛陀》宣传册三万本,以及道具、照片等,至台东、花莲、宜兰、基隆、台北、新竹、台中、彰化、嘉义、台南、屏东等地,做三十场的弘法布教。举凡邻里、乡镇、小巷、庙口,每到一处,大家无不亲自张贴海报、布置会场,走入人群宣传。

内容上,除了由我开示佛法外,还有同学们制作的佛教圣歌、傀儡戏、双簧、活动照片展览等佛教节目,用符合现代人心需求的方式,将佛法推入人间,达到寓教于乐的效果。多承各地佛教支会理事长、寺院住持、护法信徒,及当地民众的大力支持,此项活动得以圆满成功。

我祈愿能做一棵大树,庇护人间有情

其实,早在宜兰弘法时,我便曾展开一系列的环岛布教活动,也培养出不少布教师。一九五五年,我为"中华佛教文化馆"影印大藏经宣传,环岛布教四十余日,当时带领着宜兰"青年歌咏队"教唱佛曲,并辅以幻灯片介绍,达到很好的宣传效果。而今想来,尽管每一次的弘法布教活动困难重重,但看到各地因为这些布教活动掀起学佛热潮,就足以涤尽一切辛劳,让人欣慰无比了!未来,也期望佛教七众弟子团结起来,皆为众生之导航,皆做佛法的弘扬者。

三月间，宜兰县佛教支会响应蒋夫人发起的救助越南，而发动捐款活动，将募得的现金及衣物送交妇联分会。另外，菲律宾吕宋岛发生八级强烈大地震，佛光山更将赈灾募得的两万元，赞助灾民重建家园。

一九六八年，佛教界也有一些喜讯：宜兰县头城镇古刹灵山寺庆祝重建落成暨佛像开光，并邀我为其主持法会七永日。灵山寺是妙圆尼师于民国初年创建，近年新修，去年四月方才完成。十二月，彰化县大城乡"鹤林佛社"，在圣德法师发心带领下正式成立，我也题了"佛日增辉"匾额，表示祝贺。

目前，佛光山仍处于初创时期，还有很多需要建设、发展、推动的。未来我们将以教育、文化、慈善等佛教事业为主要任务，并设立佛光山宗务委员会，由宗长领导一院三大寺，即东方佛教学院、佛光山寺、寿山寺、雷音寺。往后，在佛光山宗务委员会的推动下，无论在服务社会、作育人才、弘扬佛教上，都祈愿能作红尘中一丛参天拂云的大树，庇荫人间有情，散播佛法馨香。

一年迎过一年，随着时序更迭流转，万物因之丰采，生命因之圆融。生存在其中，我们是否能学习这份不轻易低头的宇宙自然大气，长养自身慧命，广度一切苦厄？时值新年，于此一番提起，希望大家都能振作图强，圆满悲智。祝福大家

法喜无量

星云 合十

一九六九年元旦

不断,培养学生弘法于五大洲。图为设于高雄佛光山的佛学院总院

佛光山丛林学院

一九六五年,为了培养僧伽人才,首先于高雄寿山寺内成立"寿山佛学院",是佛光山僧伽教育的起始。三年后,学生人数逐渐增加,校舍不敷使用,再于一九六七年觅地创建佛光山,并兴办"东方佛教学院",即现今"佛光山丛林学院"。创校之始,订定"悲智愿行"作为佛学院的院训,勉励学生要效法观世音菩萨的慈悲、文殊菩萨的智慧、地藏王菩萨的大愿、普贤菩萨的实践,作为修道弘法的标杆。

佛光山从寿山佛学院、东方佛教学院,到丛林学院及海内外各级学部,五十

一九七〇年新春告白

此刻,凌晨从窗口乍见黎明初起,
不禁有一种感动:
唯有佛法让我相信,
只要有光就一定灿烂,就有希望。
感谢大家的关心与护持,
将来佛光山势必是中兴佛教的圣地,
然而没有诸位的尽心尽力,
也无法成就这殊胜佛事。
所以凡是对佛光山一钱的施舍、一句美言的鼓励,
都是佛光山的护法,
都是为未来中兴佛教播种的功臣。

各位护法、朋友们:大家好!

"一年春尽一年春,野草山花几度新",大自然在四季的变化中,展现不同的容颜,日月星辰的转换流转,一切都这么自然而精彩。

正值开山,我常常为了学院院务的运作、工程款项的筹募,往来奔忙,不觉时日挪移。此刻,凌晨从窗口乍见黎明初起,不禁有一种感动:唯有佛法让我相信,只要有光就一定灿烂,就会有希望。时值新春,愿以这份感动和大家分享。

"东方佛教学院"院舍在各界支援赞助下,终于在一九六八年年底落成,教内外一致赞美,它必定是佛教复兴的希望。继东方佛教学院后,去年开始着手新工程"万佛大悲殿"的建设。之所以命名为"万佛殿",是因为殿内供奉有万尊佛像。

佛教艺术中,云冈龙门遍山的石佛,其

艺术价值震撼全世界。我们筹建万佛殿的目标,就是要效法先贤,也在台湾建设一座不朽的佛教艺术之殿堂。万佛殿采宫殿式的设计,四周供奉万尊观音菩萨圣像。一座殿堂,里面供奉了那么多佛像,庄严伟大的情景,我们可想而知,即使是没有信仰的人,在万尊佛像前也必定会肃然起敬的。

依照佛光山的建设计划,未来在山外将有一座文理学院的教育大楼。而全山中峰的大雄宝殿,当然是主要部分。不过,万佛大悲殿的兴建,不能不说是佛光山上的一件大事。感谢大家的关心与护持,将来佛光山势必是中兴佛教的圣地,然而没有诸位的尽心尽力,也无法成就这殊胜佛事。所以凡是对佛光山一钱的施舍、一句美言的鼓励,都是佛光山的护法,都是为未来中兴佛教播种的功臣。

本着一切众生平等的观念,及慈悲为怀的精神,佛教对一切生灵皆悉心守护。去年五月,狮头山无量寿放生会、佛光山放生会、菩提佛堂放生会,改为"联合放生会",并推请徐槐生居士为会长。

世间上没有比生命更可贵的,所以放生不但是为对方延命,也是为自己积德;不但是爱惜物命,也能报答多生累劫之父母深恩。无奈后人实行不当,一些不法商人为了商业生机,一捉一放之间,往往助长杀生恶业,徒使美意尽失,扭曲了放生的真正意义。所以,佛光山也将着手兴建一座观音放生池,保护经过放生后的动物之生命安全。

一座山头才开垦第三年,一切的花费开销难以计数,可说是日日难过日日过。但是,为了培育人才,在经济最困难之时,我仍坚持送徒弟慈惠、慈容、慈嘉三人前往日本留学,就读日本京都大谷、佛教大学等学校。不过,也因此第一期大专佛学夏令营在学员报到的前一天,竟然连菜钱都没有着落!

在这样的困境当中,我仍然咬紧牙关,勇敢承办起来。其中有众多一丝一毫的帮助,都教人喜出望外,让人感动不已。在此,我

东方佛教学院举办儿童星期学校,旨在让佛教教育向下札根(一九六九年十月五日)

要感谢两位不具名的乡下老太太,送来两万元,解决这次的困难,让首届大专佛学夏令营圆满落幕。若以灵感来说,这两位老婆婆就是观音菩萨的化身了。

去年,东方佛教学院为有意深入佛学的人,举办了两期的佛学讲座,国台语同时开班,让大家在没有语言的障碍下,研习佛法。同时,创办儿童星期学校及民众讲习班,期望透过各种善巧方便,让每个人都能获得适宜的佛学教育。

第一期大专佛学夏令营,于七月开营。计有台湾大学等二十六所大专院校学生,如张满足(后来的依空)、薛正直、沈仁义、赵翠慧等一百多名青年参加。这一次的大专佛学夏令营,感谢高雄"救国团"张培耕先生出面协办,让既传统又严肃的佛教,增添时代青年的活泼与热情。

在开营典礼时,我开示创营宗旨:一、为复兴中华文化。二、为开拓智慧领域。三、为寻求心灵主人。四、为安顿生命世界。看着

第一期大专佛学夏令营,计有二十六所大专院校,百余名青年参加(一九六九年八月六日)

这群朝气勃勃的青年,我也祈求所有的学员们,能像佛门中的古德,在年轻力壮时,即将满腔的热情与志愿,贡献给佛教、贡献给人类,在人生的急流潮涌中,为自己写下生命的历史。

在十二月举行的民众讲习班第一期结业典礼上,三十六位结业生发心筹建"香光亭",来纪念这次的因缘,也表达内心感激之情。

走笔至此,我不禁生起一些回忆与看法。记得多年前,有人提议佛教应重视体育,也付出不少努力。像台东的修和法师在台东县担任桌球协会会长任内,有名的红叶棒球队便曾受到他很多的支助;佛教智光学校的篮球队也曾在台北县得过冠军。我想,佛教有一支出色的球队,不也可以借着体育向世界传播佛教吗?

所谓"佛以一音演说法,众生随类各得解",度众生的方法有八万四千法门,佛经中也记载诸佛菩萨游化十方国土,以歌咏、饮食、建道场、作战阵法等诸多方便,度化众生。因此,新时代的佛教更应该运用体育,甚至各项度众方法,扩大佛教弘传的层面才是。

去年,为了增加友寺往来以及让徒众增广见闻,我率团参访日

扩大佛教弘传层面,因应新时代的趋势,而体育亦是方便法门之一

本灵友会;年底日据时代临济宗妙心寺派在台弘教的活跃僧侣东海宜诚,亦来山参访。另外,有件轰轰烈烈振奋全世界的大事。美国"阿波罗十一号"太空船月球小艇,载着三位太空人,在七月二十一日凌晨,首次登上太阳系中的另一个天体——月球。太空人阿姆斯特朗是第一位踏上月球,完成人类历史上空前壮举的人。他们漫步在月球上,采集各种岩石标本,以及安装各种仪器。那些月球岩石,可能有助于人类发现太阳系起源的线索,也向未来研究外太空非人类的时代,迈进了一大步。此时此刻,我也衷心祈愿佛光山的一小步,为全佛教迈出宽阔的一大步!

佛光教团自创建至今,一路行来,感谢三宝的加被,感谢十方的支助,许多令人感动的事情,真是不胜枚举,如嘉义吴大海居士在开工次日首捐十万元,今日全山饮水,皆由大海居士之赐;台南吴修齐居士,除捐教室一间外,又再以他的影响力,影响他的公司和环球水泥公司各自认捐教室一间;巴西宋复庭居士的多方赞助,一次又一次捐助建筑费、佛像、放生池等等;马来西亚的胜进长老,

日本临济宗东山寺东海宜诚法师（右三）、忏云法师（右二）访佛光山东方佛教学院（一九六九年十二月六日）

会长竺摩法师，以及美国的知定法师，都给予东方佛教学院大力赐助；还有，《觉世》旬刊的读者也全都动员了。由于大家的发心发愿，四处奔走劝募，更奠定了佛光山初步基础。

要振兴台湾的佛教，必定要让佛法普及各处各层，才能端正社会风气、净化人心，倘若一味固守自家寺院，不将佛法传出去，是起不了作用的。当务之急只有重视佛教教育，培养人才，才有办法大开法筵，中兴佛教。

在这一年之始，生机无限时分，期望全体佛光信众及佛光之友，同心同力缔造佛教的千秋大业。祝福大家

佛光照临

阖府平安

星云 合十

一九七〇年元月一日

一九七一年新春告白

去年佛光山来了重要的贵宾,
有泰国华宗尊长普净上座率团来访,
以及全世界各地来台湾传教的
天主教道明会神父、修女等八十余人。
天主教道明会由梅达明神父带领,
前来佛光山参访、交流,
顿使平常寂静的山间热闹起来。
当东方佛教学院学生列队送行时,
他们相当惊讶佛光山竟然有那么多年轻僧众,
发现佛教正潜藏一股不可思议的力量,
他们赞许佛教已蓄势待发,
准备迈向另一个崭新的佛光世纪。

各位护法、朋友们:大家好!

阴沉的冬天过去,接着又是一个蓬勃春天的开始。新春降临,青草萌芽,百花开放;春天能使严冬里枯死的万物有生机,就像青年能让衰微的佛教有活力。万物没有春天,必定无法生长;佛教没有青年,势将不会复兴。所以,世间上有多美丽灿烂的春天,佛教里就有多热情奋起的青年。

感谢三宝的加持,感谢各界的护法。去年佛光山大专佛学夏令营虽已圆满,心中仍有说不尽的感动,道不完的法喜。惭愧自己的不足,对中兴佛法的事业虽有热心,但是个人的力量终究有限。佛光山每个月三十余万元的建设工程,佛教学院一百多位师生的食住日用,救济院(大慈育幼院)中的各种开支,《觉世》旬刊的印刷费等等,都需要费心思筹集。一向不重视经济的我,至此也不得不屈指算起金钱来。

佛光山目前除了一般的僧伽教育、儿童教育之外，还有每年举办两期佛学讲座，一次大专佛学夏令营。纵使办教育不易，经费筹措不及，然而我仍希望对信徒教育、青年教育，多尽一分心力，多种下一些因缘。

而大慈育幼院的成立，则是秉承蒋先生关怀妇幼福利的德意，以及实践佛陀慈悲救世的精神，祈愿能帮助孤苦无依的孩子，使他们都能享受到人间的温暖与良好的教育，将来都可以成为社会的栋梁。感谢"交通银行"高雄分行经理，也是本院董事长徐槐生先生的慈心善愿，发起设立佛教的慈善机构，并向政府申请补助，去年十二月十五日，这所"大慈育幼院"已准予立案。

大慈育幼院设在佛光山东方佛教学院的西侧，目前以怀恩堂、法味堂、智度堂等房舍暂作收容幼儿的处所。大慈育幼院虽尚未正式开幕，但已经在数月前收容幼儿七人。今后，凡是孤苦无依的幼儿，收容后一切教养费均免，全由院方供给。此外，未来除了收容孤儿外，更计划利用新院舍的良好设备，附设农村托儿所，对附近居民的儿童给予义务教育，帮助政府来教育儿童。

虽有理想，但是筹建这项庞大的建设经费需要众缘的护持。欣慰的是，去年东方佛教学院第四届全体毕业学生，在毕业前夕，出钱出力，手工制作了日用品、衣物、绘画、玩具、诸多工艺品，于大悲殿举行规模盛大的义卖活动，和为期一个月的环岛义卖活动。透过活动及社会舆论，让这项幼育计划广泛地传播到社会各阶层，也得到社会大众热烈的响应，每一处都能看到人情的温馨，慈悲的发挥，一时之间，慈光遍照，暖意无限。

七月中旬举行的第二届大专佛学夏令营，本来只计划招收大专青年一百名，给予两星期的佛学教育；即此一百名的道粮也不知如何筹措。但意外的，报名青年竟有四十余所院校，总计六百多

第二届大专佛学夏令营(一九七〇年七月二十五日)

人。开山只有三年多的佛光山,面对六百人受教育的设备、房舍、道粮等问题,不禁有"心有余而力不足"之慨。不过,充满内忧外患又老迈孱弱的佛教,正需要注入青年的血液与热情。尤其大专知识青年,他们的知识和积极活力,对未来的发展与影响力,无一不是今日佛教所需,又怎能舍弃任何一个人呢?

幸而此时,印顺长老、心空法师、吴大海居士首先赞助;李慧全、黄玉明、徐槐生、方伦居士联名向海外高僧大德呼吁,海内外也都出现了响应的呼声,纷纷来函希望能全部录取所有报名的大专青年。因此,佛光山决定尊重大家的意见,全部录取,而分两梯次办理。

决定之后,当即购买床铺、订制桌椅、装修大教室、赶工开辟运动场,真是忙得不亦乐乎。我们之所以有这股信心和勇气,主要都是各位护法给予的支助与力量。如岛内有"青年救国团"出面协办,高雄市佛教支会在住持联席会议呼吁高雄市各寺院赞助,云林县佛教支会在会员大会中提议支援,另有许多缁素大德,如海外的胜进长老、乐渡法师、金星法师、浩霖法师等,沈家桢、詹励吾居士等都大力响应。"台湾省政府"副秘书长余学海、国民党高雄市党部主委季履科、"教育局长"王清波等也来函频加鼓励。

开营后,"社会局长"赵景由等各方大德莅临指导,社会人士更咸感关怀,诸如"邮政局"在佛光山设立临时邮局,《中央日报》及其他报纸都纷纷报道本营消息,电视公司专程派员拍摄生活动态,播映报道。凡此种种,都足以使夏令营增加荣耀;诸方大德的深情厚爱,真是弥足珍贵。

两梯次六百余名的大专同学,每个人都对佛教留下深刻印象,也改变先前错误的观念。这些同学里原本只有十人是佛教信徒,两次皈依典礼之后,共有一百零八位成为真正佛子。虽然大多数还没有皈依,但我相信都已经种下了菩提种子。从数百篇的"心得报告"里,那些对佛教和佛光山"赞美"、"忘不了"的声中,以及挥泪而别的离绪中,可以预见他们将来对佛教的影响力。

工程方面,在此向大家做个报告:本着慈悲的精神,令水族生物免遭渔人捕杀的厄运,而于佛光山山门进口处,约千余坪的地方辟地建设一处"观音放生池"。虽然在兴工期间,屡遭豪雨大水冲毁,全山大众还是保有不折不挠的精神,加上护法信徒的全力护持,我想一定能随愿所成。

放生池中有一个小岛,取名"和爱岛",是为纪念一位俗家人称"爱姑",出家名"微和"的比丘尼。由于她的热心赞助,并且在临终时嘱将遗产三万元全部捐献,此放生池的工程才得以顺利进行。

还有在东山之阳,进山入口处,一尊时时刻刻都以笑容迎接朝山信众的弥勒圣像,是去年举办大专佛学夏令营时,全省五十余所大专院校学生,推选艺专朱朝基同学等,精心筹划塑造而成。而弥勒圣像后方,顶着宝塔的立体三角形,则是东方佛教学院第三届应届毕业生,呈献给母院的纪念。其内装水银灯,绽放着佛光,含有普照芸芸众生的意涵。

一年一次的大专夏令营,让六百多位青年对佛教生起信心,为佛教奉献他们的专长与发心,这种功德是不亚于传授一次三坛大戒。成就这种功德的,就是各位护法、各位关心夏令营的大德们。希望每年都能获得诸位的护持,让更多的大专青年接触到佛光的温暖,品尝到甘露法水的清凉。

从历史记载,我们看到世界有许多的宗教战争,唯有佛教是最和平、最不排斥他教的慈悲宗教。世界性的宗教要团结与交流,也应该同心携手为世界和平而努力。

去年佛光山来了重要的贵宾,有泰国华宗尊长普净上座率团

山门弥勒像,是一九七〇年大专佛学夏令营学生筹划塑成,其后面的三角塔,则是东方佛教学院第三届毕业生呈献纪念

一九七一年新春告白

天主教道明会神父、修女一行八十余人在梅达明神父带领下访问佛光山（一九七〇年十二月十八日）

来访,以及全世界各地来台湾传教的天主教道明会神父、修女等八十余人。天主教道明会由梅达明神父带领,前来佛光山参访、交流,顿使平常寂静的山间热闹起来。当东方佛教学院学生列队送行时,他们相当惊讶佛光山竟然有那么多年轻僧众,发现佛教正潜藏一股不可思议的力量,他们赞许佛教已蓄势待发,准备迈向另一个崭新的佛光世纪。

还有,正在师范大学研究的越南佛教统一教会青年僧尼总团团长善议法师,其在访问期间,特地专访嘉义印顺法师及佛光山,以备返国时,把在台湾所见所闻,作为发扬越南佛教的参考模范。他表示希望能送一批有志研习佛法的青年前来求学,好为未来的越南佛教预设一处光明的希望,我也欢喜响应他的理想。

摄于新竹狮头山万佛庵

虽然佛光山没有多余的经济能力,在度日如年的日子里,我们全山大众克勤克俭,开垦山坡种花、种凤梨、培养竹林,希望补助一些开山费用。像心平、心定、慧龙、依严、依恒法师,白天在工地流着汗水,辛苦地搬运沙石,卖力地搅拌水泥,深夜还要四处巡逻。有时狂风暴雨来临,大家都勇猛发心,搬沙包、挡土墙,甚至连育幼院的小朋友,也一起投入防灾工作。只要秉持"非佛不作,非佛不说"的信念;只要佛法能兴隆,大家都是心甘情愿,无怨无悔,即使付出生命也在所不惜。

一佛出世,万佛护持,佛光山是集体创作的最佳典范。祈望十方护法信徒,能如实恒久地拥护,成就一个正信的佛光教团,让佛教加快脚步,走向人间。祝福大家

吉祥如意

祥和欢喜

星云 合十

一九七一年元月一日

花开四季 合家平安

一九七二年新春告白

大悲殿中供奉的观音圣像,
掺合了印度佛陀说法台的绿玉宝石及恒河沙,
殿内四周另有一万尊观音圣像,
外廊墙壁四周,
则是将《普门品》里所载
观世音菩萨的应化事迹,
做成十二幅浮雕。
庄严美妙的设计,
除了让每位前来礼佛的信徒游客,
有置身佛国的感受,
更希望将菩萨
"遍娑婆世界,千手千眼,
化身无量数;游十方国土,
大慈大悲,度众忆恒沙"的大慈悲心,
润泽人间有情。

各位护法、朋友们：大家好！

星霜屡移不息，人间又将腊尽春回，万物更新，值此新岁时分，祈愿诸佛护佑，大家都能增福又增慧，动定恒吉祥！

自一九六七年以来，佛光山在满山麻竹丛中渐具规模，在滚滚红尘中，启建水月道场，广度一切有情。从院舍、斋堂、图书室，大家披荆斩棘、挑土搬石，将荒芜冷清、杂草漫漫的山坡地，一寸一寸地建构成佛土净域。一九六九年春，开始兴建的佛光山第一座殿堂"万佛大悲殿"，也在去年四月落成。

是日，"内政部长"徐庆钟亲自莅临到佛光山剪彩，诸山长老，如灵源、月基、煮云、伦参、真华、成一、慧峰、圣印、独峰法师等六十余人，以及信众十万人共逢庆典，场面热闹欢喜又祥和庄严。剪彩的同时，并有万尊观音圣像、弥勒圣像的开光典礼，

龙亭由东方佛教学院学生合力建成

"观音放生池"首次放生典礼,龙亭、香光亭落成典礼,宝桥通行典礼,以及开山纪念碑剪彩典礼等盛事。

大悲殿中供奉的观音圣像,掺合了印度佛陀说法台的绿玉宝石及恒河沙,殿内四周另有一万尊观音圣像,外廊墙壁四周,则是将《普门品》里所载观世音菩萨的应化事迹,做成十二幅浮雕。庄严美妙的设计,除了让每位前来礼佛的信徒游客,有置身佛国的感受,更希望将菩萨"遍娑婆世界,千手千眼,化身无量数;游十方国土,大慈大悲,度众忆恒沙"的大慈悲心,润泽人间有情。

承蒙"立委"黄玉明伉俪奉献铜钟一座、大鼓一面,以志祝贺;高雄汽车客运公司为此特别增开加班专车,原本的佛光山站,也决定移到山下，以便利乘客往来；元月，台湾"邮政总局"更批准成立佛光山邮政代办所。凡此种种，都要感谢诸位护法檀那的支持，以及各界的关爱。

此外，佛光山山门在四月安基开工，朝山会馆、大雄宝殿、极乐洞窟也陆续开工了。

佛光山宗务委员会为了续佛慧命，并答谢各界护法大德的支援，首次传授万佛在家菩萨戒法会。这次戒会，依照大陆有名的律宗道场"宝华山"的戒规传授，礼请到台南慧峰法师为羯摩阿阇黎，凤山煮云法师为教授阿阇黎，我则担任得戒阿阇黎，会性、伦参两法师分任开堂、陪堂和尚，可说集佛门僧杰于一堂。并有来自台北、苗栗、台中、嘉义、高雄、屏东、花莲、宜兰等地，及旅居海外的三百余位华侨参加。戒会圆满后，更编印了《万佛在家菩萨戒同戒录》，方便

宝桥是衔接本山境内两山之间的通道

于佛学院授课（一九六八年）

戒子们互相联络，但更希望大家能在佛道上彼此共勉，切磋砥砺。

戒期之中，大家欢喜护法、设斋供众的精神，也教人感动，于此谨向各位致上真诚的谢意。

关于法会及活动方面，现在向大家作一个报告：六月中旬，于大悲殿举行首次观音法会，并为二百多人举行皈依典礼；十一月举行"秋季佛学讲座"。"佛光山第三期大专佛学夏令营"也在七月中旬展开，来自五十所大专院校，二百多位学生共聚佛光山研习佛法，同时请到唐曦教授、方伦教授、会性法师等人为学员授课，当中更有一百多位大专青年发心皈依三宝。唯愿透过年年举办的佛学夏令营活动，让更多青年都能做到我在开营典礼上勉励大家的，"舍迷向觉"、"舍偏就圆"、"舍己为人"、"舍外向内"。

自创办佛教学院以来，至今已过了七个年头，除了在东方佛教学院设立高级班，寿山、兰阳两地设初级佛学班之外，去年初再增

摄于佛光山丛林学院圆门

设"佛光山中级佛学院",从此东方佛教学院的学制更臻完善了。

在僧伽的养成上,从寿山佛学院开始,已作育出许多佛教英才。在文化事业上有卓越表现的,如慈嘉、慈怡、性滢法师等,另外,心如、依严、道观、性光、普晖、绍莹、悟证、真悟、会钦、慧哲、慧严、修慈法师及陈爱珠等人,也在各学院教书、各道场布教讲经,或住持一方,广宣佛法。去年,第三届毕业生依融及绍觉法师,应聘至兰阳仁爱之家服务,开创台湾比丘尼进入社会慈善事业服务的

台湾佛光山寺——大悲殿(

山馆藏，林艺斌摄)

大悲殿殿外全景

　　大悲殿于一九七一年落成，为佛光山第一座殿堂，建地八千平方公尺，高六十六公尺。殿外有一座"宝桥"，取经典"宝桥度佛"典故，为丛林学院女众学部、大悲殿与朝山会馆的通道，是当年我从修道区往返信众区，说法开示必经之地。

　　正门对联"遍娑婆世界千手千眼化身无量数，游十方国土大慈大悲度众忆恒沙"，外面四周廊壁，有十二幅观音菩萨应化事迹浮雕，并记载《普门品》经文印证。

先例,而远赴日本求学的慈嘉也学成归来,担任育幼院院长之职。

多年来,因为各方人士的支持与护持,佛教的教育事业始能顺利推展,无论是出钱出力,其功德与影响力都是不可限量的。感谢浩霖法师赠送佛光山一套哥伦比亚百科全书;澎湖马公镇郭自得居士,将珍藏多年之大藏经一部共一百册,捐赠佛光山,充实了藏书,也让同学们有更多的阅读资源。

过去这一年,有许多团体或来山参观,或于佛光山举办活动,如高雄市教师康乐研习会、台南市"救国团"团务发展研究会、高雄客运公司董事会等团体,相继来山举办活动,还有"教育厅"教育辅导团、高雄市大新百货公司员工、菩提幼稚园、台中佛教莲社、屏东高树妇女会、菲律宾岷华女子体育会,以及"经济部长"孙运璿先生、台湾大学吕维明教授、太平产物保险公司丘汉平先生、"交通银行"徐槐生经理等人,都前来佛光山参访。

去年十月,台湾退出联合国,这突如其来的转变,使得民众震惊不已,一时人心惶惶。身为佛教徒的我们,更应加强自身的修持与信仰,提高佛教僧团的素质,发挥宗教安定人心的力量。我以为愈是动荡的时候,我们愈是要有固若磐石的大智慧、大定力。

缅怀过去一年之时,我也不由地挂念世界、社会、佛教的未来,挂念大家的道业是否精进,身心是否安康?挂念人间是否少灾少难,和平安乐呢?时序已入残冬,接下来便是春暖花开的时节,我们不仅要汲取过去的精华,更要开拓未来的美景。在此谨祝福各位

福慧增长

悲智圆满

星云 合十

一九七二年元旦

一九七三年新春告白

多年来,在骄阳和风雨中,
我们一铲一锄,建寺造桥、填沟开路。
去年八月,
放生池旁的路面被暴雨山洪冲毁,
泥土下陷三尺深,
幸好全山职事、同学,不畏雨势,
搬土运石填补,才抢修完成。
这一切,只为建立一座人间佛教的道场,
希冀于漫漫红尘中广度众生,传灯无尽,
让法雨甘露,从麻竹园扩展到世界五大洲。

各位护法、朋友们:新年如意!

一九七三年的元旦到了,人间又逢新岁,大地再现生机,祈愿佛光送暖,众生安乐。

回溯过往,去年春节,煮云法师带领凤山佛教莲社青年会,到佛光山朝山礼佛。这群热血滔滔的青年,从山门三步一拜朝往万佛大悲殿,以身教感动人心,自身人格也因之升华。在清亮明朗的佛号声中,不仅仅牵动在场游客,这些青年的心也随之柔软恬静,在他们身上,我更看到佛教未来的希望,看到未来的充沛新机,此情此景,着实教人欣悦、振奋不已!

一九七二年,国际上通过两项相关世界环境及文化的宣言:在瑞典斯德哥尔摩举行的"第一次国际环保大会"中,通过《联合国人类环境会议宣言》和《行动计划》,使得环境保护成为世界性的观念及行动,让世人了解到人类与自然乃是息息相关的共同体;联合国教科文组织大会通过《保护世界文化和自然遗产公约》,从此,世界各地的文化及自然遗产,将获得整个国际社会的保护。

我想,这些宣言应能唤醒世人对地球生命延续,及文化遗产的正视;这也是佛教一向所倡导的。欣闻国际上能达成这样的共识,更盼望对世界的发展能发挥积极的效用。

佛光山开山至今,始终普门大开,广度群伦,许多企业组织和宗教、民间团体亦乐于到佛光山参观拜访、求法问道。去年五月我们以最隆重的仪式,欢迎新加坡总理李光耀伉俪等人来山访问,进行了一次成功的民间外交。我也会见了英国比丘照明法师,接待了日本京都大学教授牧田谛亮先生、中村一雄先生,以及佛教大学总务长水谷幸正教授,并分别与他们商谈佛教教育及海外佛教发展等问题。而高雄师范学院院长薛光祖先生,也多次带领德国汉学教授、学者多人,来山作佛学研究。

此外,《中央日报》特约记者翁慕良先生,首次以大篇幅报道佛光山,让社会各界人士认识人间佛教的道场。艺术家杨英风先生、张曼涛夫妇、林锦东居士、"国大代表"黄一鸣先生、"内政部次长"高应笃先生、"立委"黄玉明居士、"海军总司令"宋长志上将夫人何亚平女士等人,也纷纷来山。还有,甫在美国威廉波特获得世界青少棒冠军,载誉归来的中华美和青少棒全体球员,在领队廖炳熔及经理董荣芳的领导下前来还愿,感谢佛祖的加持,让他们赢得漂亮的成绩。这些小选手在世界青少棒锦标赛中,拿到首次世界冠军,这是他们的光荣,也是人民的光荣。

去年各友寺也纷纷来山,像狮头山元光寺住持本明长老,偕同彰化东方学苑真智法师来访,罗东白莲寺住持妙慧法师、彰化中华寺明俊法师,以及屏东普门讲堂住持会性法师、中坜元化院住持善

成立"青年学生会",参与各项弘法活动

超法师、新竹一同寺住持玄深比丘尼、树林海明寺住持悟明法师、元亨寺菩妙法师、美浓朝元寺善定、慧定法师等,也都率领信徒莅山访问,他们的盛情来访,带给我们许多的鼓励。

在春天举行的第二届"佛光山万佛在家菩萨戒法会",发心求受戒法的戒子有三百余人。一连七天,佛光山上一片肃穆庄严,戒香袅袅,有着万灯相映交融的情景。这次的戒期圆满日,同时举行第一次诵戒,是日,新旧戒子齐聚一堂,诵持戒法,诸善男子、善女人虔诚专注的神情,望之令人动容。

在弘法利生上,我不时思忖,佛教如何才能为现代人接受?如何迎向社会?我想唯有以传统精神为根本,辅以现代的方式为权巧,才有办法。当初我在宜兰时,为坚固信徒信仰,创设了"宜兰念佛会";为端正学生品德思想,举办了"星期学校"。喜见当时所培养的学生,如今都已成为佛教、社会的菁英分子,如陈秀平、林清志、李武彦、林孝信、张肇、杨梓滨等人。我从一九五三年元月到宜兰,近十年的弘法,未曾中断,去年更为他们成立了"青年学生会",透过学生会,结合初、高中学生,进行弘法、研究、自修等课程,让青年学子从中培养正确、开阔的生命观。另外,去年五月,宜兰监狱正式聘我为监狱教诲师,往后,我得以扩大从事辅导青少年感化的工作。过去到监狱弘法,都需要想尽办法费力申请,如今,政府对监狱的教化已慢慢在开放,欣喜佛光也能普照这些社会边缘人!

去年,在佛光山举办为期一周的佛学讲座已迈入第五期,为期二周的大专佛学夏令营,也举办四期了。除了健全青年学子的信心与品格外,提升佛教信众的素质及层次,更是亟待推动的。这段期间,我为这些青年学员讲解《心经》,以般若智慧之"以退为进"、"以无为有"、"以空为乐"、"以众为我",来勉励大家建立新的人生观。希望透过这些活动的举行,让佛法指导人生、解释生命的内涵,能为大家所知所用。

大慈育幼院在去年二月召开董事会议,会议中,前任董事长徐槐生在改选会议中,提名推选省林务局沈家铭局长夫人沈黄春娇女士为董事长。由于东方佛教学院第一届的慈嘉、慈怡和第二届的依戒等,先后担任育幼院的院长,因此他们的学妹——第四届应届毕业生,从六月中开始,发心主办义卖大会,为大慈育幼院院舍筹募建设基金。为期近三个月的活动,在同学们的热力推动下,办得有声有色。承蒙各界大力支持与响应这项筹募活动,我想院舍一年后就可以完成,让一直寄居在佛学院的幼童们终于有一座属于自己的家。

佛光山的工程,我们更是披星戴月,积极扩建,未曾稍有懈怠。四月时,台南纺织公司董事长吴修齐居士捐赠了一百五十棵菩提树,对建设中的本山而言,真可谓"前人种树",庇荫后人来乘凉。六月中旬,觉华园、果乐斋正式揭幕使用了,今后将提供各项服务,并作为来山游客休憩、餐饮之用。

另外，大雄宝殿、接引大佛已陆续开工，规划已久的"极乐世界洞窟胜景"也与名雕塑家翁松山先生签订合约，预计两年完成。除此，提供十方大众食宿处所的朝山会馆，也在积极兴建中，目前更着手辟建万寿公墓。这种种建设，都是为了给护法信徒最完善的服务。

眼见六年前遍满麻竹的荒山，如今已渐具寺院丛林的规模，教人不胜欣慰。多年来，在骄阳和风雨中，我们一铲一锄，建寺造桥、填沟开路。像去年八月，放生池旁的路面被暴雨山洪冲毁，泥土下陷三尺深，幸好全山职事、同学，不畏雨势，搬土运石填补，才抢修完成。这一切，只为建立一座人间佛教的道场，希冀于漫漫红尘中广度众生，传灯无尽，让法雨甘露，从麻竹园扩展到世界五大洲。

除了硬体建设，去年更初定佛光山宗委会的组织章程，以恪遵佛制为精神内涵，并根据六和敬、戒律、丛林清规订定各项办法。我希望把道场献给十方，为四众所有，让两序大众都能受到制度保障，依法而行，唯法所依。期使佛光山成为有制度、有组织的现代教团，让僧团代代相续，正法永住。

一九五五年出版的《释迦牟尼佛传》，去年由台湾电视公司制作成《佛祖传》连续剧，在屏幕上播出。回忆当年，在宜兰雷音寺斗室中，多少个深夜，我把佛前的灯拉到房门口，局促在裁缝机上，一字一字地写下佛陀的一生，而今透过现代媒体，佛陀的一言一行，更走入家庭，贴切地呈现在世人眼前。我想这些不仅是佛法现代化、艺术化的表现，借此也为大家开展出信仰的精神世界。

我始终主张佛教是以人为本的宗教，应该积极地走向社会人间。佛光山除了推动各项人间佛教的事业，我也鼓励信徒组织佛化家庭，好比年初，为张添永居士长子张德财先生与李苑华小姐，主持佛化婚礼。也鼓励弟子广结善缘，如带领佛学院学生前往宜

长年以写作弘法,希望透过文字让佛法普及、传播更广

兰念佛会主持"弥陀佛七"法会,先后又到嘉义佛教会、虎尾龙善寺及虎尾寺主持佛七法会。

还有,大部分的人都存有"出了家就忘了家"的观念,但我以为,徒众的父母就是佛门的亲家,更应彼此交流往来,因此成立"亲属会"。凡此无非希望借由思想、作为,及所推动的佛教事业,让佛法深植社会人间,不与时代脱节。

时代的演变不曾停步,世界变迁也不曾稍作停留,我们唯有奋起向前,适时调整脚步,始能让佛教的发展延绵不绝。在此岁末已去、春风拂面的时节,愿以此与大众共同勉励。情盛词拙,无以尽意,唯以一心,祝福各位都能掌握时机,创造未来。专此　顺颂

一切圆满

法喜无量

星云 合十

一九七三年元月一日

一九七四年新春告白

工程发包后,
负责管理财务的人说银行户头里已无存款,
而购买各种建材都需要不少费用,
不如暂停工程,等到有足够经费时,再行兴建。
我心想不一鼓作气,
若"再而衰,三而竭"该如何?
便指示工程继续进行。
我将排除万难,勇敢地走下去!
日日难过日日过,
每当山穷水尽疑无路时,
总有"为大事何惜生命"的使命感,
自然就会有
"柳暗花明又一村"的意外禅悦法喜。

各位护法、朋友们:大家好!

一元复始,大地回春。

佛光山自开山以来,在四季节气更迭、冬去春来交替中,工程建设不断地进行,佛教的圣法转轮亦不停地转动着。"登高必自卑,行远必自迩",虽然信众们都盼望佛光山能加速各项工程的进度,但是,因缘有其成熟的时机,有些事是急不得的。

由于佛光山具有古典雄伟的建筑和优美景色,自然成为南台湾新兴的佛教圣地及观光景点,近几年来吸引不少海外人士前来观光。希望每个来到佛光山的有缘人,在叹为观止之余,从这些硬体建筑和各种教育、文化的弘法事业中,重新认识正信佛教的根本内涵。

教人欢喜的是,去年在监察地方机关巡视员丁俊生、林亮云,以及高雄县政府官员、大树乡苏乡长亲自前来参观佛光山之后,拟请"观光局"给予协助,将本山正式列入国际观光名胜手册内。同时建议"交通部"公路局,设法把佛光山下弯曲狭窄的道路拓宽,期望便利的交通网,能更方便信众、游客前来参拜参访。

一九七一年台湾退出联合国之际,时局动荡,日子十分难挨。不过,看见信徒每次来山,连吃住的地方都没有,心中真是过意不去,因此开山之初,本想将朝山会馆的建设列在佛光山第一期工程中。但是当我提议设立一座美轮美奂的食宿建筑时,却没有多少信徒支持。那时慈惠法师曾对我说:"台湾的信徒根本不懂什么叫作'朝山会馆',他们只希望有殿堂可以拜佛,应该先建大雄宝殿才对。"虽然如此,我认为现代化的佛教应该考虑社会大众的需要,有良好的食宿环境,信徒才能安心办道,欢喜来朝山拜佛。

创建佛光山的辛苦可说是移山倒海、惊天地、泣鬼神,尤其朝山会馆的建设过程更是艰辛。因为它与东山之间是一道深沟,将一些山上较高土丘的土推下来,仍然不够,于是再购买三千多辆卡车的泥石,夜以继日地堆填。有时深夜大风大雨,为了抢救"泥土"不被雨水冲刷,不知裹了多少棉被、枕头,才保护住这片好不容易填平的地基。

为了工程建设能应付一些重要节日的来临,全山大众常常出普坡,男众负责拆卸工程竹架或繁重的搬运;女众则前去高屏溪取泥沙,用铁牛车运回山上,供填修放生池石堤或山沟深壑之用。

值得一提的是,当工程发包后,负责管理财务的人说银行户头里已无存款,而购买各种建材都需要不少费用,不如暂停工程,等到有足够的经费时,再行兴建。我心想不一鼓作气,若"再而衰,三而竭"该如何?便指示工程继续进行。同时亲自打电话订购钢筋、水泥等建材,并说明会稍延后付款。建材商也都全力支持,先交付材料,不使工程中辍。不可思议的,各方捐款竟很快地跟着源源而来。

"精诚所至,金石为开",自助而后佛助,秉持"为了佛教,为了弘法度生"的信念,我将会排除万难,勇敢地走下去!日日难过日日过,每当山穷水尽疑无路时,总有"为大事何惜生命"的使命感,自然就会有"柳暗花明又一村"的意外禅悦法喜。

　　去年,佛光山联合港台高僧百余人,举行清明报恩孝道水陆法会七永日。感谢"台湾省政府主席"谢东闵先生、"台湾省议会议长"蔡鸿文先生、国民党台北市党部主任委员易劲秋先生等人,他们感于法会意义重大,而共同发起赞助,护持法会顺利进行,使其功德圆满。

　　另外,过去的"中元普度",佛教道教混淆不清。为了改革"拜鬼"的观念,匡正社会一般民间错误荒谬的习俗,特地在佛光山寿山寺首次扩大举行盂兰盆法会。一方面仰仗出家人修持的功德,回向先亡,使他们早日得度或增高品位,一方面也让信徒了解盂兰盆法会供佛斋僧的意义和功德。我也倡议"中国佛教会"应订定农历七月十五"佛欢喜日"为"僧宝节",七月为"孝道月"。

　　台湾各宗教领袖,为推动宗教教育,于台北中国大饭店举行座谈会,讨论宗教学院联谊会筹备事宜。发起人为天主教王尚德先生,基督教戴绍曾先生、黄加盛牧师,还有佛教护法信徒冯永桢居士、理教赵东书先生等人。座谈会中,大家一致认为宗教教育可以辅助政府对社会教育的不足。

　　为了使宗教教育发挥更大的教化力量,必须促进各宗教之间的联谊,并且借由座谈会讨论重要议案,如学籍名称使用、毕业资格认定等等问题。希望这些问题,能获得政府的重视及解决,使各宗教教团能发挥力量,协助政府安定社会,促进人民富强康乐。

　　去年,在佛光山开山六周年纪念日之时,"行政院长"蒋经国先生暨"台湾省政府主席"谢东闵先生、高雄县林渊源县长,前来

一九七四年新春告白

第一届"佛光山丛林大学院"开学典礼(一九七三年九月十八日)

致贺和参观。这不仅是佛光山的光荣,整个佛教界更应该感到欢欣,因为正信佛教的寺院及各种弘法事业,已经获得行政长官的重视和肯定。

当蒋经国先生参观佛光山时,发现住众很多,不禁关心我们生活经费的来源。我觉得佛教除了仍靠信徒有限的赞助之外,应该力求自谋发展,创办生产事业,如创学校、办医院、出版图书、杂志等。如此不仅可以维持教团本身的生存,也能带动社会的繁荣。总之,要让正法久住,要让佛教走在时代的潮流里,必须迈向企业化,才能达到自力更生、自给自足,也才能永续经营。

在日新月异的时代里,科技知识已呈现爆炸性的资讯需求,而佛教的教育体系,却得不到普遍的重视。然而"人能弘道,非道弘人",不办好教育就不能培育弘法利生的人才,希望大家都能明白

067

弘传佛法的重要性。

由于台湾缺乏正式培养佛教人才的高等学府，有志深研佛法与融通世法者，多闭门摸索或远赴海外。有鉴于此，去年九月，创设了"佛光山丛林大学院"，原有的东方佛教学院仍予保留，其历届毕业生，也准予进入丛林大学院补修学分。大学院里设有教理、实践、教化、艺术、语文五个学部，并分设有唯识、佛史等二十五科目。我想唯有从普通教育迈进渊博专才，让有志深研佛法，献身佛教工作青年学有专长，才能让佛教教育真正达到学以致用的教育理想。

在此向大家报告一个好消息：四年前，佛光山宗务委员会派遣慈惠法师与慈怡法师，至日本大谷大学和京都佛教大学深造。他们负笈异国刻苦求学，孜孜不息。读书之余，仍时时关心佛光山弘法的情况，也曾数度利用假期飞回台湾协助山上的弘法工作。如今他们分别获得文学及史学硕士学位，带着优秀的毕业成绩回台，为台湾前往日本留学的佛教青年增添了极大的光荣，我也相信高学历的有志僧青年，将成为台湾佛教的一股清流。

去年初，师范大学教授徐照先生，感念佛光山对佛教的宣扬，将他翻译的《金刚经》及《百法明门论》英文译本所有版权，奉赠佛光山宗务委员会。另外，"中国文艺协会"及分会，于佛光山新启用的朝山会馆，召开一九七三年度会员代表大会。会上，大家一致认为佛教含藏着浩瀚的优美佛学，值得探索、研究。在应邀讲演时，我说："佛教与文艺有不可分离的关系，今日从事文艺工作者，应该多多研究佛学，以佛学来充实文艺内容与生命，为这个世界添增更多至真、至善、至美的瑰宝。"

为了让佛法甘霖能遍洒每个角落，我也常随缘随处地欢喜讲演。如在第五期大专佛学夏令营开营典礼上，我告诉同学，研究佛学要用"信心"、"疑心"、"悟心"、"无心"，始能领会佛法大意。十一月,"全台女童军"于澄清湖举办露营活动,我应邀前往讲演"人生快乐之门";十二月,在高雄师范学院大慧学社讲说"禅门教学法";隔了两天,又至高雄医学院讲演,以"谈心"为题,深入浅出地剖析我们这颗心。

佛光山在短短六年之中,在全省各地举办佛学讲座、大专佛学夏令营,不但安定社会、净化人心,同时引导知识青年走向能为社会贡献之路。未来,更冀望"中国佛教会"把信徒的组织与联系,视为最急迫的工作;团结全台佛教徒,才能掌握并发挥信仰的真正力量。

新春新希望,在三宝加持庇护下,祈求国泰民安,社会安和乐利。祝福大家

禅悦法喜

逍遥自在

摄于宜兰念佛会讲堂

星云 合十

一九七四年元月一日

学习吃亏
能结善缘

一九七五年新春告白

数十年来,
我始终认为教育不只是学业的传授,
重要的是训练思辨能力;
对于佛教青年的培养,
我亦提倡观念要新、道德要旧、
自律要严、行动要快,
如此才能推动佛教发展。
因此,对于佛光山丛林大学院的课程安排,
我总是细心琢磨,用心规划。
在培养学生国际观,
以及加强沟通、表达、思考的能力上,
我也是尽力培养。
在回顾与展望当中,我们的生命将因此成熟、圆润……

各位护法、朋友们:新年如意!

一年又过一年,眼见人间渐暖,大地将绿,我不禁感怀:有情众生是否日益燃亮了心灯,佛教是否日益走向世界?面对此情此景,我祈愿佛法明灯,灯灯无尽;菩萨慈心,心心无界!

昨年元月期间,佛光山首次举办"大专青年新春朝山团"进修活动,除了安排朝山活动和座谈会,更请到成功大学唐亦男教授为大专青年作专题演讲。希望在一年的开始,透过这些课程及活动,让青年们从中体会生命的伟大,培植深厚的信仰力。此外我与慈惠法师,也在月底前往台南开元寺,为"大专佛学冬令营"学员作专题演讲;佛光山宗务委员会和寿山寺念佛会联合组成"佛光山冬令救济会",在寒冬中,送暖十方。期间,还有凤山佛教莲社、台南福国寺、善化念佛会所组成的"佛教青年朝

寿山念佛会于春节朝山（周学忠摄，一九七五年二月十三日）

山队",及寿山念佛朝山团来山礼佛朝圣。

台北普门精舍更进一步推展朝山活动。自去年九月起,定期举办每周的"佛光山朝山团",让大家在工作忙碌之余,有一段到寺院听经闻法,充实生命的时间。除此之外,过去这一年也举办了第四期万佛在家菩萨戒会、寿山念佛会会员大会、秋季佛学讲座、供僧法会。台南师专学生和台湾大学晨曦佛学社,也分别组团来山参加佛学夏令营。

九月初,举行首届"信徒会员大会",有来自全省的佛教信徒代表千余人聚集佛光山。我在会上,向大家报告未来佛光山将分为宗务馆、教育馆、文化馆、慈善馆、福利馆,以此展开各项佛教事业,祈望以完整、有组织的体系,大作佛事,将佛法遍照人间,普济群生。

这一年,有许多团体到佛光山举办各项活动,如:国民党高雄市党部及市政府举办的人民团体干部讲习会,高雄市"议会"、"救国团"团委员会暨记者公会等单位联合举办的记者招待会,高雄市府会"党政"首长及全体市议员举办的自强活动等。"中国佛教会"台湾分会全体理监事、高雄市鼓山区民众服务社、高雄市邮局干部讲习会、屏东县警备团管区、各县市商会总干事等,分别到佛

十四个国家的驻台官员来山访问（一九七四年十一月九日）

光山开会，我也都随缘为大家开示佛法。另一件喜事，则是蔡维屏等十余位政府官员，陪同美国、巴拿马、约旦、泰国、越南、中非共和国等十四个国家的驻台官员访问团一行五十余人，专程莅临佛光山，参观台湾的佛教盛况。面对各国官员的欢喜、肃穆，我相信现在佛教更重要的任务是沟通国际友谊，增进全人类的融洽，促进世界和平，而佛光山未来国际化的丛林，就是为了实现这个理想的目标而努力。

为了提供朝山信徒好的食宿，让大家安心欢喜地朝山拜佛，因而在一九七一年开始兴建一座融和中国和印度建筑风格的朝山会馆。时经二年，终于在去年三月落成启用，馆内全为现代化的设备，不但建有可容纳千人的斋堂、供数百人住宿的套房，还设有两间提供机关团体开会用的会议室。

另外,一座结合宗教与艺术的"佛教文物陈列馆"也在去年安基兴建,希望让社会大众对佛教文化有进一步的认识和体验;十一月,欲作为老人颐养天年之所的佛光精舍,举行安基典礼;万寿园也在七月经"省政府"社会处批准立案。

为纪念中兴栖霞山寺的临济宗第四十四代祖师,也是民国初年爱国革命僧宗仰上人,启建了大智殿及宗仰上人革命纪念馆。也拟于大

佛光山建造在大智殿下的"宗仰上人纪念堂"(佛光山文化院提供)

佛城塑建一尊一百廿余尺高的金色接引大佛,佛身高大,庄严慈和,座落山坡上,居高临下,数十里外都看得见,相信建成后会是佛光山的地标。

感谢印度鹿野苑中华佛寺住持广清法师,在二月初访问佛光山时,奉赠其在印度请回的佛陀真身舍利,并将珍藏的一块佛陀涅槃塔上的梵文砖块赠予佛光山,作为大雄宝殿的镇殿基石。这块基石代表着佛光山对法的传承,意义甚为深远。

数十年来,我始终认为教育不只是学业的传授,重要的是训练思辨能力;对于佛教青年的培养,我亦提倡观念要新、道德要旧、自

律要严、行动要快,如此才能推动佛教发展。因此,对于佛光山丛林大学院的课程安排,我总是细心琢磨,用心规划。为了让同学们认识丛林生活及禅宗教育的精神,去年,我邀请东初法师为学生讲授"丛林制度与禅宗教育"、南怀瑾教授讲授"丛林制度",也请常觉法师讲授"唯识三十颂",幻生法师讲授"观所缘缘论"。

除此,更邀请牟宗三教授作专题演讲;台湾大学李日章教授讲授"中国哲学史"及"中国文化概论";新加坡大学佛学讲师古正美教授讲演"佛学与宗教";美国加州大学李瑞爽博士及前第三院院长金博士,分别讲说"美国佛教的新兴"、"世界宗教应如何和平相处";《中央日报》记者陆震廷先生以"新闻写作与文艺"为题,作专题演讲。

在培养学生国际观,以及加强沟通、表达、思考的能力上,我也是尽力培养。如日本驹泽大学学生、新加坡南洋大学佛学研究会,以及日本佛教新兴教派立正佼成会,举办环游世界的"青年之船"成员等,他们前来本山参访时,我都会安排他们与丛林大学院学生进行座谈,彼此交换意见。我更带领全体学生,做《法苑珠林》之分段及新式标点的工作。凡此种种,无不希望青年学子能增长见解,开拓思想领域。

团结岛外佛教,能够加强佛教的力量,拓展佛法弘扬的范围。所以,出任"中日佛教关系促进会"会长之后,去年四月,我率领心平、心定、慈惠、依严、杨慈满、萧顶顺等人,代表"中国佛教会",应邀到日本参加曹洞宗大本山总持寺开山莹山绍瑾禅师六百五十年忌辰大法会,并到日本各佛教道场访问。香港僧伽联合会会长洗尘法师率领香港佛教访问团来台,也特别来佛光山参观,增进了两地佛教的联系。

过去这一年,佛光山可说是贵宾云集,热闹非常。荣获世界冠军,甫从美国凯旋归来的中华青棒暨美和青少棒队员,到佛光山礼佛,也与丛林大学院学生举行一场篮球友谊赛;六月中旬,"省府主席"谢东闵先生陪同"行政院长"蒋经国先生,二度莅临佛光山;十二月,"国家重要建设考察团"顾祝同、钱大钧将军等人,莅临佛光山考察访问,作为宗教建设的参考;"立法院"教育委员会委员莫淡云、洪炎秋等人,亦参访佛光山丛林大学院暨东方佛教学院。

五月,台视公司勾峰先生和蓝琪女士、中影公司葛香亭先生,分别来山参观;台视公司陈江先生及吴帆导演,来山拍摄《千金小姐万金和尚》外景;华视"新闻报道"节目、《中华日报》、《中央日报》、《中外日报》记者,相继来山采访工程及佛教学院的情况。

还有日本神奈川县"日华亲善访华团"、台北"参谋大学"副校长蒋纬国将军,"国防部"冯启聪上将、郑为元上将,高雄师范学院学生,台南成功大学学生,"中国石油公司"等团体来山巡礼。另有哈佛大学哲学博士普鲁典,来山做为期一年的佛学研究工作。

此外,去年有五对青年男女在佛光山举行佛化婚礼,我也欢喜地为他们主持婚礼。其实,佛教相当鼓励青年男女到寺院举行佛化婚礼,能以信仰为生活准则和精神力量,彼此遵守承诺,互相尊重与包容,携手建立佛化家庭,也是人间佛教所倡导的。

一九七四年过去了,回首间,我深深感到回顾过去,是一种反省与学习;展望未来,是一种奋起与担当。在回顾与展望当中,我们的生命将因此成熟、圆润,期许大家在新的一年,都能学有所成、精进奋起。专此　顺颂

福慧增长

法喜无量

星云　合十

一九七五年元旦

沧海泛舟

一九七六年新春告白

佛教能够跻登文化殿堂,
为全民所接受,
可以说向前迈出了一大步,
这不仅提升了佛教的形象,
使佛教不只是民间祈福膜拜的宗教,
更发挥它净化社会、美化人心的教化功能。
佛光山正在展现惊人的生命力,
它带动沉寂已久的佛教界,
给娑婆苦海的人们,
无限的光明与希望。
大家应该抱持"佛教靠我"的使命感!
只要我们发心发愿,必能无事不办。

各位护法、朋友们:大家好!

春去春又来,我们又走过了一年。一年来,佛光山与台湾一同走过风风雨雨,走过漫漫长夜。在日子如浪涛般急遽而来,无常紧迫盯人之际,大家是否能无畏生命的困境,是否有"为佛教舍我其谁",心甘情愿、牺牲奉献的精神?

为了弘法度众,除了勇猛无畏惧的为教精神,还需启建道场,大做佛事。去年十一月,全台最大,也是东南亚最高的佛像"接引大佛"举行开光圣典,同时,也举行大雄宝殿奠基及丛林大学校舍落成典礼。

是日,邀请到诸山长老与我共同主持典礼,我为接引大佛建竣,写下"采高屏之砂石,取西来之泉水;集全台之人力,建最高之大佛"之法语,唯愿世间所有众生,都能蒙佛垂顾,都能光临这片人间净土。逢

接引大佛开光典礼(一九七五年十一月十六日)

此殊胜因缘,更举办"接引大佛万缘水陆法会",三天下来,近十万人一心清净,融入法会,圆满坛场。一时,佛光山上真是法音宣流,庄严非凡。

大雄宝殿奠基的基石,是得自于印度佛陀说法处的金刚座下。以写满梵文的五谷砖为镇殿宝物,代表着"上承佛陀教法,下开现在未来风范"的精神。

另外,于前年成立的"佛光山丛林大学院",已于六月正式更名为"丛林大学"。与大悲殿遥遥相望的大智殿,供奉文殊师利菩萨,为丛林大学男众学部学生朝暮课诵的殿堂,平时不对外开放。两座殿堂完成,我希望女众弟子都能有观世音菩萨的慈悲,

与明常长老(中)、煮云法师(右)主持大雄宝殿安基典礼(一九七五年十一月十六日)

而男众都深具文殊菩萨的智慧;悲智双运,共同圆满弘法利生的愿心。

谈到佛光山的建筑,我想起开山之初,曾请一位设计师设计一座寺院大楼的蓝图,他拿着设计图,眉飞色舞地说:"这栋大楼的建筑,即使在一百年之后,还是很合乎时代潮流。"

那时,我想百年后,都已不在世间了,更何况寺院的建筑应以庄严、实用为主,而不是追求款式与新潮。历史的长河,会淘尽缔造百年盛世的各朝各代,能真正流传下来的,是亘古不变的真理与智慧。"启建水月道场,大做空华佛事",在这世上一切皆是镜花水月,如何让佛法久住才是最重要的。后来,佛光山在没有请建筑师设计,没有办公室、办公桌的情况下,我和萧顶顺先生即是站在路上比手画脚,以土地为图纸,以树枝为笔杆,一一完成现在的建筑物。

由心平法师负责工程,佛光山第一座分院——"福山寺",于四月安基开工。记得当时彰化县佛教支会理事长说:"彰化的佛像虽大,可惜大法未弘,希望在佛光山星云大师的领导下,以福山寺为弘传基地,将佛法带给彰化的所有人们。"其实,选择在彰化建寺,是希望提供南北两地佛教徒一个联络及歇息中心,亦期待福山寺未来能成为南北佛教交流的桥梁。

去年四月五日,蒋公崩殂。次日,我集合佛光山全体大众为蒋公诵念佛号,祈祷蒋公英灵永归安养。蒋公关心佛教,也热爱山水寺院,他在《报国与思亲》一书中,不止一次强调他的一生受着佛教的熏陶,如童年时光是在雪窦寺长大的,一直以来喜好理光头,一生皆以开水代茶。也说由于母亲信奉佛法,而能背诵《金刚经》、《楞严咒》;喜爱素食,尤其喜好煮烂的素菜;与太虚大师来往甚密,政府也曾请太虚大师至军中弘讲佛法,出巨资供太虚大师环游世界宣扬中国。

当时正处八年抗战时期,日本在东南亚宣传中国人不信佛教,后因太虚大师爱国的情操,不负蒋公的期望,使英美对中国的物资补给,得以经东南亚运交至中国。当时佛教每遭危难,蒋公都下令保护,他对佛教的护持,让我们感怀追思。

过去一年,宗教间可说交流频繁。七月,日本佛教新兴教派"立正佼成会"带领日本佛教青年,参访世界各佛教道场。在青年部庭野日矿会长率领下,"青年之船"一行九十人二度访问佛光山,除了参观各项设施,也与丛林大学、大专佛学夏令营第五期学员,展开佛学研讨及联谊活动。

这次的交流,诚如我在联欢晚会上所说的,今日世界到处混乱动荡,人心充满罪恶,正需要佛光温煦的普照,法水慈悲的柔化。他们不惜千里跋涉,抱持将佛法普施世界各角落,"学玄奘之西行,效善财之南询"的大愿力,教人无比欢喜和感动。也希望每一个佛子,在这苦难的时代,都能贡献己力,增进人类的幸福与快乐,促进宗教间的联谊与世界和平。

七月底,我亦率领由"中国佛教会"组成的"日韩访问团",和日韩佛教界展开二十五天的联谊活动,为中、日、韩三国佛教文化的交流,四处走访。值得一提的是,访问韩国时,于汉城成立了"中韩佛教促进会";访问团停留在日本期间,与日本学术界交流,并介绍台湾佛教的兴盛情形。大部分学者都表示,感念蒋公对日本以德报怨的恩德,也愿与台湾重新建立友好关系。

还有一件盛事,旅日华僧仁光法师获悉台湾有一所栽培佛教僧才的"丛林大学",他欣慰法宝传承有人,也有感青年所担负的重要使命,决定将世界珍贵的《铁眼版大藏经》赠送给佛光山丛林大学。由于日本人对国宝文化特别重视,在出关时有些阻碍,辗转经过多方面的设法交涉,才获得日本文务省通过,安全抵达台湾。为尊重这无价之宝的"文化财",我率领佛光山全体大众,披搭袈裟,在山门前列队迎接至大悲殿,而后将藏经迎入甫建设完成的"丛林大学"。

佛光山秉持佛陀"无缘大慈,同体大悲"的愿力,于慈善事业方面设立了生老病死等不同机构。去年六月,佛光山大慈育幼院举行院舍落成典礼。育幼院的成立可说是众多善美因缘的成就:徐槐生先生发起创办,谢义雄先生响应捐地,还有各位董事的支

丛林大学校舍落成典礼

持,东方佛教学院第四届学生发起义卖,前任院长慈嘉法师的经营,以及现任院长慈怡法师的筹划等等。另外,国际儿童村台湾区负责人陈德曾先生建议,可与之合作,改组为"佛光山国际儿童村",为全台第二个国际儿童村。并预计增办幼稚园,增加邻近乡村幼童进学的机会。

对于育幼院,我们始终持守几个原则:一、不叫穷,为预防儿童心理创伤,不以院童为号召来获得社会金钱的赞助。二、不让人认养,让每位幼童安心地将育幼院当做自己的家,他们都是佛光山里的王子与公主。三、穿着要讲究,上学读书尽量给小孩新衣新鞋,让他们觉得在外面很荣耀,能有尊严地和同学们平等

台北艺术馆佛学讲座三天,首开"国家殿堂"弘法之始(一九七五年十月二十日至二十二日)

相处。

去年初,台中市兴中街爆炸,引发大火灾。高雄寿山念佛会马上发起冬令救济,由会长曾进胜将款项托《中国时报》社代为转交灾民;同时宜兰县佛教支会拨了七千元,请台中佛教支会代为转赠灾民。在岁末冬残之际,除了这项冬令救济活动,对于仁爱救济院、大慈育幼院,及其他老弱孤寡者,也都给予关怀和慰问。

佛教过去的度化活动,一向局限在寺院里的拜忏、诵经,让人觉得佛教只是敬鬼求福的信仰。佛光山自一九七一年来,先后在各地举办大规模的佛学讲座,把佛教从一般的寺庙法会提升到闻法增慧的层次。去年二月,在高雄市政府,我为全市各单位主管讲说"动与静的生活";屏东国文教师研习会近两百人来山,为他们讲演"佛教与文学";高雄师院师生来山举办自强活动,我也以"苦集灭道"为题作专题演讲。

十月,更首次在台北艺术馆举行三天的佛学讲座,讲题分别为"从《六祖坛经》说到禅宗教学的特质"、"从《金刚经》说到般若空性的研究"、"从《阿弥陀经》说到净土思想的建立"。把佛陀的法音带到"国家会堂",三天讲座,听众爆满,万人在台下聆听的景况,仿佛灵山再现,祇园重光。佛教能够跻登文化殿堂,为全民所接受,可以说向前迈出了一大步,这不仅提升了佛教的形象,使佛教不只是民间祈福膜拜的宗教,更发挥它净化社会、美化人心的教化功能。

佛光山正在展现惊人的生命力,它带动沉寂已久的佛教界,给婆婆苦海的人们,无限的光明与希望。大家应该抱持"佛教靠我"的使命感!只要我们发心发愿,必能无事不办;只要以佛法为舟航,必能到达究竟彼岸。感谢三宝加被,龙天拥护,也祈求十方护法信徒,继续给予佛光山支持和鼓励。祝福大家

诸事顺遂

欢喜自在

星云 合十

一九七六年元月一日

心安天地真花香月圆

一九七七年新春告白

怀想昨年,
步步弘法足迹都是佛事,
心心善念美意都是功德。
时光易逝,大家的功德法财不失。
今年欣逢建山十周年,
十年的岁月,
十年的善缘,
因为有大家的支持,
才能成就佛光山这一方净土,
心中有无限感激,
但借这封书简,聊表谢意。

各位护法、朋友们:吉祥欢喜,福慧双至!

又是春风新绿时,祈愿无穷生命得以圆满,万千美事得以成真!

去年六月,适逢美国建国两百周年纪念,经过"中国佛教会"常务理事会议决议,推举我率领"中国佛教会美国访问团"访问美国。这一行是台湾佛教界首次访美,因而造成两地极大的轰动及回响。佛教自印度传来中国,古来有言"大法东来";今日佛教会前往美国,希望"大法西去",菩提种子也能在美洲地区开花结果。

访美期间,除了参加美国建国两百周年庆祝大典,也到美加各佛教道场和大学,如加拿大佛教会、美国佛教联合会、夏威夷州立大学等地,与当地佛教徒联谊、交流,了解佛教发展的情况。

美国的生活水准很高,但精神生活却空虚匮乏。不少道场希望我们派遣僧才到美国弘扬佛法,也建议我们成立道场。感受到培养国际弘法人才的重要性,于是,回台后立刻筹备成立"英语佛学中心",也顺利在十一月正式开学,由此展开了佛教国际化的新里程。

心定法师与白圣、道安、圣印法师等人,也在二月间代表"中国佛教会"前往泰国参加世界佛教徒联谊会;四月,心定法师再度代表"中国佛教会"前往韩国参加亚盟及世盟大会;八月底,慈惠法师在"教育厅"的指派下,前往韩国,参加东国大学召开的"国际佛教学术会议",并提出所撰写的论文"僧伽在工业社会中所扮演的角色"。

如今,我们的佛教与美国、日本、韩国佛教的交流已日益频繁,反映出未来佛教将朝向国际化发展,因此,在培育人才、佛教现代化、学术发展各方面更显得重要与迫切。

庆幸的是,赴日深造的慈容、依戒法师已学成回台,另有依空法师等数十位青年出家,开创了佛光山第一批大专学生出家的先例。诸如此类,在在彰显出佛教层次已逐渐提升,这些现象确实教人既欣慰又振奋。

三月,《佛光学报》的创刊,更开启了佛教学术研究的先端。这不仅是作为佛光山开山第十年的献礼,更扩展了佛教的深广度。这份学报是由慈惠法师担任主编,蓝吉富教授担任执行编辑,本期内容上有东初法师的"丛林制度与禅宗教育"、牟宗三先生的"天台宗之衰微与中兴"、杨白衣先生的"唯识三十颂之研究"等,希望《佛光学报》能提供有识之士钻研浩瀚佛学的参考,达到培养佛学研究的风气、发扬经论真义等目标。

另外,为了充实青年学僧的内涵,我常聘请专家、教授到丛林大学作专题演说,如:请"中央研究院"院士屈万里教授讲授"竹帛及其相关的问题","中国文化学院"文学研究所潘重规所长讲授

"交通部长"林金生伉俪到佛光山礼佛（一九七六年四月三日）

"敦煌漫谈"。此外还有道源法师、净海法师等人来山为学生授课。

不久前，我礼请印顺导师莅临佛光山参观，除了参观丛林大学及各殿堂、单位外，也请他跟大家开示。昨年，佛教文化馆东初长老、"行政院长"蒋经国先生、"国策顾问"陈立夫先生、"交通部长"林金生先生、国学大师钱穆伉俪、成功大学唐亦男教授等人，以及日本花园大学木村静雄教授、"日华佛教关系促进会"、韩国佛教亲善使节团、英国吉尔大学教育研究所所长布朗教授夫妇等人，都相继造访，对佛光山的建筑、慈善、文化及教育，深表赞许。

五月，为弘扬佛教文化，及配合亚太地区博物馆研讨会，台北历史博物馆特举办"佛教文物艺术特展"。展出的佛教文物逾千件，计有绘画、雕塑与铸像、书法及文字史料、建筑图片、法器、服装、经典、各国佛教史迹和邮票等十一大项。我让心平法师率领学院全体师生前往参观,希望他们从这些佛教文物中,了解佛教的文化与历史。

当然,让佛法深植社会,净化人心,更是弘法的主要目标。十一月,我在台北艺术馆作第二年佛学讲座,三天的讲题分别为:"从现实的世界说到佛教理想的世界"、"从入世的生活说到佛教出世的生活"、"从古德的行谊说到今日吾人修持的态度"。

除此,去年的讲演,我多以禅宗为题,或以文学角度来谈,或以禅法本身来论,如:于成功大学讲说"禅话漫谈",于中兴大学讲说"禅师与禅诗",于"清华大学"讲说"文人与禅",于屏东农专讲说"谈心与谈禅",于高雄师范学院讲"什么是禅"等。也为高雄医学院师生讲演"法界圆融",为慈云服务队讲"入佛三门",为师范大学学生讲演"佛教与文学"。

八月底,在佛光山召开"台湾佛教联合会议",我代表"中国佛教会"出席,会议中,决议成立电视弘法小组加强传教;年底,"中国佛教会"在佛光山举办"弘法人员讲习会",希望造就更多的弘法人才。我深信佛教要能走进人心,首先必须走向人间,各种佛学讲座、文化教育、慈善福利等,都是方便权巧,皆能人作佛事。

在各界慈善人士的支持下,"佛光山慈悲基金会"在六月正式成立,其宗旨是将佛法透过慈善事业,融入社会,庇荫有情,解决贫困问题,并增进社会福利。随后在寿山寺开设了"佛光施诊所",也在宜兰,与李江南、郭成昌居士等人,发起创设"佛教普门医院",九月开幕后,佛教界开办的第一所医院于焉成立;佛教首座老人院"佛光精舍"也于十一月正式启用,让老人有一处颐养天年的安乐净土。

现代社会结构变动,小家庭制度日趋普遍,老人的孤寂感也与日俱增。有感于此,五月份,举办重视银发族的"老年夏令会"活

与参加首届老年夏令会的会员于佛光山朝山会馆前合影(一九七六年五月十七日)

动。"家有一老,如有一宝",我们不只以佛法滋润老人的精神生活,更盼望唤起大众一齐重视老人的社会经验,重建他们的信心。未来,在育幼、养老、救济等慈善事业的推展上,希望能做得更多,真正做到"老吾老以及人之老,幼吾幼以及人之幼"的普世关怀。

前年接引大佛开光典礼同时,首次举办"护国牖民万缘法会"之后,去年再度举行,并为四百八十尊接引佛像开光。二月,佛光山上更是梵音宣扬,除举行万佛菩萨戒法会及佛学讲座外,圆满日当天更举办"信徒大会",一万余位护法檀那云集佛光山,真是一片欢喜祥和。

大会上,我也向大家报告一个好消息:"内政部"已批准今年度将由佛光山传授三坛大戒,这是佛光山开山以来首度传戒,我预计新建一座戒坛,目前已积极进行筹备工作,务必使这场戒会庄严、殊胜。还望大家多多护持,共同成就此一桩盛事!

怀想昨年,步步弘法足迹都是佛事,心心善念美意都是功德。时光易逝,大家的功德法财不失。今年欣逢建山十周年,十年的岁月,十年的善缘,因为有大家的支持,才能成就佛光山这一方净土,心中有无限感激,但借这封书简,聊表谢意。晚冬好将息,祝福大家

日日进步

时时欢喜

星云 合十

一九七七年元旦

一九七八年新春告白

我深深感到,
纵使文化工作寂寞、艰辛,
若能有助于佛法的延续与流传,
给予大众精神的食粮、佛法的滋润,
我亦乐此不疲!
因此,我一直致力佛教的教育事业,
期能培育出更多佛门龙象,
将来都能传灯三千,宣扬佛法于国际。
十载时光,
一片麻竹荒山已然殿宇辉煌,
一隅偏居已渐渐迈向世界;
十载时光,
多蒙大家护持,感谢众缘的成就。
未来,也让我们共同为佛教齐心努力,
为有情执起一盏盏明灯,让人间处处都是净土。

各位护法、朋友们:大家好!

岁月倏忽如过隙白驹,佛光山自一九六七年开山以来,匆匆已届十载;细数十载,都是万千善美因缘。今值元旦,愿将每一分善美回向十方有情,一切皆圆满!

就在去岁将尽之际,为了纪念佛光山开山十周年,更祈望大行佛门慈悲利众的精神,于十一月中旬,启建"万缘水陆法会",这是佛光山开山以来第二次举办水陆法会。内坛设在大悲殿,大坛、华严坛、法华坛、净土坛等则设在"中国佛教研究院"各教室。也礼请到恒一、盛修、德荣法师等领导内坛佛事,参加法会的护法信徒可说是络绎不绝。

十二月,首度传授"佛光山万佛三坛大戒",这次的传戒着重培养戒子庄严的行仪,及信仰、思想的教育,对生活起居严格要求,并依照大陆丛林传戒规矩,请授经阿

佛光山首度传授万佛三坛大戒,教界誉为模范戒期(一九七七年十二月一日)

阇黎升座开示。除了由我及真华法师、煮云法师担任三师外,也礼请到海内外诸山长老,如月基、悟一、隆道、开证、竺摩、普净、镜盦、天恩法师等为尊证阿阇黎和授经阿阇黎。戒会的殊胜、缜密,被誉为历来传戒的模范戒会,此时日本临济宗浥蒲逸外管长一行人也来山参观。

过去这一年,也相继举办了"盂兰盆法会"、"冬季禅七共修法会"、"蒋公逝世两周年纪念法会"、"冬令救济"等,这些不论是为世界祈禳,为人民祈福,或提供大众修身养性的法会活动,都是希望借着大众的力量,让慈悲遍十方,让智慧传法界。

佛光山因为有大家发心的护持,始能日益成长茁壮;十年来,我们透过文化、教育、慈善各方面,弘扬佛法,庇荫有情。在去年三月举行的信徒大会上,我特别以人、事、道三方面,向大家介绍佛光山,一来让大家了解我们所推展的佛教事业,二来加强彼此的信仰,互通友谊。

佛教之间的互动与融和,也有了更进一步的发展。为促进与日本佛教与民间的友谊,"中国佛教会"安排我与圣印法师、慈惠法师等人前往日本,访问全日本的佛教会及各大宗派寺院,并参加"中日佛教关系促进会"成立四周年纪念大会;九月,慈庄法师也率领"日韩佛教访问团"前往日韩访问。此外,"中华佛教居士会"与日本灵友会,在我与丹羽廉芳禅师、中岛秀次先生等人的介绍下,缔结为姐妹会。

另外,去年有日本曹洞宗永平寺副贯首丹羽廉芳,以及日本临济宗浬蒲逸外管长率团来山;英国国会议员罗伯兹、法尔、怀特等一行人来山访问;"国防部政战部主任"王昇先生、"警备总部"徐文隽先生一行人也来山拜访。其他,尚有巴西圣保罗大学四维教授、美国潘沙拉克市柏克斯市长、日本国际部长镰田良昭先生以及大正大学校长、"行政院长"的三公子蒋孝勇先生、台南太子龙纺织公司董事长吴修齐先生,都相继来山参访,可谓诸上善人云集一方,呈现一派祥和、清净的极乐胜境。值得一提的是,九月,汤加王国图普四世之皇后,由何应钦将军之千金陪同莅临佛光山,其表示,在佛光山看到了佛教的兴盛以及社会的进步,由此足见台湾人民精神生活的充实。

近年来佛教日渐蓬勃发展,渴望汲取法水甘露的人也与日俱增。昨年十一月,应台北佛教界之邀,在台北中山堂举行为期三天的佛学讲座,我想应该让大家对佛教各宗派有更深入的了解,因此以"从佛教各宗各派说到各种修持的方法"为题进行讲说,由慈惠法师台语翻译。首日开讲前,由佛光山男众唱颂"钟声偈",及巴利文三皈依、忏悔发愿偈,梵音缭绕,令全场大众感动不已。

屏东佛教界举行弘法大会,我亦应邀前往演说"如何建立幸福的人生"及"如何发展人性的光辉"。为因应时代的需求,让佛法更容易为人接受,讲座当中,也安排"中国佛教研究院"及普门中学学生演唱佛教圣歌,并搭配幻灯片的播放,反应良好,回响热烈。

另外,弟子们开始着手整理我多年来的讲演纪实,编辑成"讲演集",不久应能付梓刊行。佛光出版社于元月出版的《佛教圣歌集》,意将佛教歌曲推广出去,再创作、再发挥,期使歌声传于三千界内,佛法扬于万亿国中。为方便佛教界彼此联络,让大众能认识各寺院道场,第一本详载台湾寺院庵堂的精装书《台湾佛教寺院庵堂总录》于焉出版问世。感谢华宇出版社的朱蒋元、朱其昌父子,历尽千辛万苦,耗费两年的时间,多次环岛访查,才能完成此书,更功成不居地交给佛光山出版社发行,为台湾佛教留下了非凡的历史。

我认为以文化弘法无远弗届,影响更深。《觉世》旬刊自接办以来,已逾十五载。四月,再增刊发行《觉世》杂志版,每月出刊一期,内容更多、更广、更深,希望与旬刊携手并进,分别满足不同读者的需求。相信以这两份刊物为桥梁,可以接引广大信众入佛门,也能让他们进一步了解佛法义理。

七月,于彰化福山寺成立"佛光大藏经编修委员会",集学者数十人,从事大藏经的整理汇编,采各版藏经,作文字校勘、全经考订、重新标点分段,以及名相的释义、经题的解说等,让经典切合时代的需要,更现代化、普遍化,不致令人望经浩叹。

回首过往的同时,我深深感到,纵使文化工作寂寞、艰辛,若能有助于佛法的延续与流传,给予大众精神的食粮、佛法的滋润,我亦乐此不疲!

出版经典、书籍,让佛法流传千古,人才更维系着佛法命脉的兴衰与断续。因此,我一直致力佛教的教育事业,期能培育出更多佛门龙象,将来都能传灯三千,宣扬佛法于国际。去年八月,佛光

佛光山于一九七七年接办冈山私立正气中学,并更名为私立普门中学。图为主持普门中学校务会议(一九七七年七月二十七日)

山"中国佛教研究院"与美国东方大学缔结为姐妹学校,这对东西文化的沟通、学术的交流,展开了新的一页;对中美人民的友谊、民间的交流,加深了彼此的关系。佛学教育也因应客观环境需求,将"丛林大学"更名为"中国佛教研究院",并依序设有"研究部"、"专修部"、"东方佛教学院高级班及初级班",希望借由更完善的学制,提升学生素质,奠定深厚的佛学基础。

七月,接办"私立正气中学",并自冈山迁校到佛光山,更名为"私立普门中学",由慈惠法师担任首任校长。我以为"普门"者,是普度众生之门,是观世音菩萨慈悲精神的弘扬;是普为社会大众之门,是孔子有教无类理想的实践。所以,普门中学是以佛教慈悲济世的精神,来造就五育健全、品学兼优的青年。

佛光山为培养僧才及僧团团结,举办首届"僧伽讲习会"(一九七七年七月十五日)

年初,为了增进各佛教学院之间的联谊及观摩,在台中万佛寺举行"中国佛教会教育团体联谊会会议"。会议中,通过了组织章程,并推选我及悟明、隆道、成一、圣印法师等九人为委员,成立委员会,也蒙大家厚爱,公推我为主任委员。未来将加强佛教教团间的联系与合作,更希望能为佛教教育事业争取合法的地位。

有鉴于佛教僧团的组织及教育亟待提升,七月中旬,佛光山邀请全台各寺院住持、监院及重要执事,举办首届"僧伽讲习会"。但愿能为僧团的凝聚力及僧才的培育,略尽绵薄之力。

一九七八年,标志着佛光山已走过十个寒暑。十载时光,一片麻竹荒山已然殿宇辉煌,一隅偏居已渐渐迈向世界;十载时光,多蒙大家护持,感谢众缘的成就。未来,也让我们共同为佛教齐心努力,为有情执起一盏盏明灯,让人间处处都是净土。专此　顺颂

诸事有成

福慧无量

星云 合十

一九七八年元旦

心灯亮了

一九七九年新春告白

忆及早年在宜兰雷音寺时,
我办了各种接引青年的活动,
如组织佛教歌咏队、设立学生会、青年弘法团,
带领佛教青年到各地弘法,
乃至代表中华佛教文化馆,
为影印大藏经的环岛布教宣传。
日后这些青年,如慈惠、慈容、慈嘉等人,
纷纷皈依佛门,更成了佛教界的翘楚。
今值新岁,古有应景诗说道:
"不除今夕除何夕?才过新年又旧年。"
光阴似水,日月涓滴不息,
我们唯有放大视野,向前迈进,
才能跨越小格局,拥抱全世界。

各位护法、朋友们:新春平安吉祥,四时如意!

寒暑推移,转瞬间又过了一年。眼见大地一派新气象,我不禁自问,心地是否也能"寒随一夜去,春随五更来"呢?

去年,就在腊月残冬时节,美国宣布与台"断交"。为此,我也日夜忧心焦虑,身为出家人、佛教徒,面对当前的处境,究竟能做些什么?应该做些什么?

因此,我以《以六度精神来荷担忧患,开拓未来》为题,发表一封给台湾佛教徒的公开信,信中提出"以布施的精神来奉献社会,以禅定的境界来应付变局,以忍辱的心态来荷担忧患,以持戒的风范来恪遵律法,以精进的行动来护持政府,以般若的智慧去开拓未来"六点,为目前的情势作一些建言。

此外,还率领佛光山僧俗二众行脚托

与煮云法师率领僧俗二众百余人行脚托钵,将所得悉数作为社会捐款及冬令救济(一九七八年十二月二十一日)

钵,将募得款项悉数作为社会捐款及冬令救济之用;佛光山佛教学院及普门中学全体师生,也展开捐献等一系列活动。

　　此刻,佛教徒更应勤于修行,以道德化育社会风气,并积极协助政府安定社会民心。我认为社会不是受谁的肯定而存在,是靠人民的团结而强盛的。瞻望未来,祈望大家都能虔心自修,同心同德,齐心为民!

　　"佛教需要青年,青年需要佛教",为了组织佛教青年,来从事弘法利生的事业,并配合当前政府的需求,给予适当的指导,共同奋斗。十一月,我联络开证、灵根、宏印诸位法师,及李中和、王金平等人发起筹组"中国佛教青年会",有全台各界代表八十余人,正式具文向"内政部"提出申请。"中国佛教青年会"将以服务、兴教、救世为工作目标,这是因应当前社会的需要,也符合青年对佛教的渴求,我想它的成立应能为佛教未来的历史,揭开新页。

忆及早年在宜兰雷音寺时,我办了各种接引青年的活动,如组织佛教歌咏队,设立学生会、青年弘法团,带领佛教青年到各地弘法,乃至代表"中华佛教文化馆",为影印大藏经的环岛布教宣传。日后这些青年,如慈惠、慈容、慈嘉等人,纷纷皈依佛门,更成了佛教界的翘楚。一九六九年,我为了接引大专青年学佛,举办大专青年学佛营,欣慰的是,当中也有一些青年由此和佛教结了缘,如吴怡教授、张尚德教授、王尚义先生等人。佛教也因为有这些青年的带动,而能创造新局、走向新时代。

在发挥道场功能,及文化、教育推展上,雷音寺在一九六三年时,遭台风毁损,经十多年的筹款、重建,终于修建完成,并于十月举行重建落成典礼。现任住持心平法师,也是当初的青年之一,他年轻有为,一心以弘法为己任,相信由他担任住持,应能为宜兰地区的佛教作出贡献。

为了北部地区的佛教信徒,能就近参加佛教活动、接触佛法,因而设立佛光山台北别院。感谢十方信施的护持,台北别院终于在三月落成启用,由慈庄法师担任住持。启用之初,即举办一系列弘法活动,如佛光念佛会、佛学研讨、佛教文化讲座等活动。五月,为促进佛学研究风气,于台北别院成立"佛学研讨会",开办至今,邀请到杨白衣、蓝吉富、杨政河、游祥洲、杨惠南教授等人,作专题演讲。二月,佛光出版社在台北火车站前广场大厦九楼开设第一所佛光书局,以方便大众就近购买佛教书籍。

在教育方面,三月,"中国佛教研究院"迁往台北开课,由蓝吉

佛光山台北别院住持慈庄法师晋山典礼（一九七八年四月二日）

富教授担任主任。另外，我们邀请日本原始佛教学泰斗水野弘元教授，先后在佛光山及台北别院、台湾大学、文化学院等地，作佛教学术专题演讲及座谈会，也邀请到日本佛教大学文化研究所所长惠谷隆戒教授、哲学家牟宗三先生、香港佛教学者霍韬晦教授作专题演讲。日本佛教大学佛教通信教育部台湾区也在佛光山开学授课。

"为学要如金字塔，要能博大要能高"，这种种安排，无不希望能充实青年学子的佛学内涵，使其养深积厚，日后能为佛教发光发亮。

这一年，佛教出版界更是佳音频传。为了让信徒对佛门朝暮课诵有深刻的认识，佛教梵呗能普及流传，佛光山"中国佛教研究院"研究部学生录制《佛教梵呗大全录音带》，并于十月正式发行；

新文丰出版公司推出《宋藏遗珍》六册；大乘文化出版社所出版的《现代佛教学术丛刊》，也已出版四十余册了。

在国际往来及弘法上，首先要向大家报告的是，去年六月，慈庄、依航至洛杉矶准备佛教道场的筹建事宜，我随后于七月底前往勘察。经过一番评估后，决定买下位于梅屋（Maywood）的一间基督教堂，作为在美国的第一座道场，我将之命名为"白塔寺"。访美期间，我也应东方大学校长天恩博士之邀，以"禅学"为题，作一场演讲，并至越南寺讲说中越两国在历史、文化及佛教上的关系。

此次西行弘法，承蒙东方大学颁赠荣誉哲学博士学位给我，更聘我为该大学客座教授，心定法师为讲师。在普鲁典博士、斯里兰卡毗雅兰达、德国阿难达比丘等人的支持下，也成立了以推动国际佛教、促进世界佛教徒友谊为宗旨的"国际佛教促进会"。同时接受印海法师、了知法师、文殊法师、超定法师的邀请，至各寺参观访问。

于美国买下位于梅屋的基督教堂，命名为"白塔寺"，为佛光山在美国的第一座道场

三月中旬，在台北别院召开"中日佛教关系促进会五周年大会"，由丹羽廉芳禅师与我共同主持，与会贵宾有圣印法师、佛教居士会李骞先生、韩国白冈法师、日本中岛先生等人，会上大家达成往后密切联系、加强沟通了解的共识。日本大正大学校长中村康隆伉俪，应"教育部"的邀请来台访问，期间也到佛光山"中国佛教研究院"参观，并为全院师生作一场演讲。

此外，还有世界佛教徒友谊会总务长麻布照海先生、日本大阪佛教会本愿寺布教使横川章应、东方界出版社佛教访问团团长牧井重昭，及日本各大学教授、学者组成的"东方界"会员，泰国副僧王颂绿柏提拉然目尼率领的"泰国佛教访问团"、泰国国际通讯社、法国佛教会会长禅定法师、新加坡世界友谊会毕俊辉等人，莅临佛光山访问。

国画大师张大千伉俪也在烟花三月间，来山礼佛，同时与本山"中国佛教研究院"师生进行座谈，并赠送一幅亲绘的"一花一世界"，作为纪念。五月底，蒋经国先生在"中央通讯社"社长魏景蒙先生陪同下，第四度到佛光山。经国先生对佛光山庄严宏伟的建筑及僧伽教育表示赞赏。除此之外，"内政部长"邱创焕伉俪、国民党元老何应钦先生、世界长跑小将蒲仲强，还有"救国团"总团部引导中美营知识研习会、侨校教师研习会、台南县政府职员等，皆相继到佛光山礼佛、参访。

日本东京大学文学博士岸边成雄先生，为拍摄完整的《佛教仪规》影片而来佛光山；五月，香港第一影业公司亦在佛光山拍摄"新白蛇传"的外景。

去年十月，首次在台北"国父纪念馆"举行为期三天的佛学讲座。这次的讲座我以"生活与信仰"、"生活与道德"、"生活与修持"为题，为大家指引一条光明、平坦的人生大道。"中国佛教会"

摄于敦煌莫高窟

常务理事悟明法师在讲座首日致开幕词,胡秀卿女士、游祥洲先生、叶政行先生担任司仪,同时为让更多人同沾法益,也应大众的要求,由慈惠法师担任台语翻译。

讲座前,更有佛光山历届大专佛学夏令营学员的"献诗"节目,以及由慈容法师担任指挥,普门服务队、能仁学会及佛光佛学研讨会等团体演唱的三宝歌,佛光山"中国佛教研究院"同学的梵呗赞颂,李中和、萧沪音等合唱团及普门中学学生演唱的佛教歌曲等节目。希望借由讲座及各项节目的结合,让社会大众感受到佛法的平实与佛教的现代化。

揽笔至此,心中有一些感想:一九七八年,我们虽然历经动荡的时局,但仍有固若磐石的信心,坚持走过风雨飘摇时节;一九七八年,我们走向世界,让佛法的弘扬有了新气象;更加强了国际的往来及佛学教育的深度,让佛教的种子遍布更广。

今值新岁,古有应景诗说道:"不除今夕除何夕?才过新年又旧年。"光阴似水,日月涓滴不息,我们唯有放大视野,向前迈进,才能跨越小格局,拥抱全世界。祈求三宝慈光加被:

国家富强

人民安乐

星云 合十
一九七九年元旦

一九八〇年新春告白

回忆昨年,深觉众缘成就的微妙与不思议。
一九七九年,在大家共同努力下,
创下许多"佛教的第一",
诸如首届佛教儿童夏令营、
第一个佛教电视节目、
中国佛教有史以来最大的赴印度朝圣团等等事迹。
多年来,佛光山本着
"十方来十方去,共成十方事;
万人施万人舍,同结万人缘"的精神,
于红尘中作道场,愿人间和谐安乐,
未来我们将续振法鼓,大破众生迷梦。

各位护法、朋友们:福慧增长,吉祥万福!

　　客岁已过,新岁又来。就在岁月新旧交替前夕,我率领佛教史上阵容最庞大的"台湾佛光山印度朝圣团"前往佛教的发源地朝礼圣迹。二十一天的时间,我们一行近两百人,除了朝礼印度菩提伽耶、蓝毗尼园、拘尸罗城、王舍城、鹿野苑、泰姬陵等地,也走访了香港、泰国的佛教寺院,进行了一次成功的佛教交流和民间交流。

　　印度的观光事业并不发达,卫生条件也不好,在困难重重中,我们仍然无畏无惧,包了两架专机,载满赈济当地贫民的粮食、衣物、毛毯,及中国佛教的资料、书籍、佛像,与当地人民结缘。最难得的是团员们个个欢喜愉快,健康无病,也能够在巡礼佛陀圣迹中,升华自身的精神与道念。

　　走上国际之余,去年也有一些国际、社会团体到佛光山进行访问、交流,如全球华侨代表一行六百多位侨胞,在"侨务委员会"毛松年委员长率领下到佛光山参访,是政府有关单位首次正式行文率领全球侨胞代表参观佛教道场;"国际青年夏令营学术研习会"成员,在"救国团"总团部王赞禹先生陪同下,到佛光山研究佛教与中国文化艺术的关系。

另有"国际宗教联盟会"会长素查尔等人,自泰国来佛光山请领圣土回国奠基;日本驹泽大学佐藤达泉教授、日本东京大学镰田茂雄教授,分别到佛光山研究中国佛教寺院生活及仪礼;教廷"非基督徒"秘书处秘书长罗沙诺博士,也在年底到佛光山考察佛教的宗教教育;"中国电视公司""挑战"节目为介绍佛光山,来山拍摄影片,并访问我创寺缘起与经历,同时举行一场篮球友谊赛。

马泰佛教亲善访问团、日本日莲宗亲善访问团、菲律宾总统马科斯夫人领导的国家舞蹈团、阿根廷警察总监沙夏英少将夫人玛利亚女士、高雄医学院学生、大专院校文艺学科教学研讨会成员、"国策顾问"黄季陆先生、"新闻局"宋楚瑜先生等人,也接踵而至,来山进行访问。

佛教的蓬勃发展,令政府意识到订定符合现代社会需要之宗教法令的重要性。为此,"政务委员"高玉树先生、"内政部"民政科彭添乾科长等人,及"立法院内政委员会"所组成的宗教考察团,相继到佛光山进行考察,了解佛教发展的实际情况,以作为宗教"立法"的参考。在接受高玉树先生访问时,我针对寺庙管理人、信徒资格,及佛教学院和学生资格等问题,提出个人的浅见,希望能为宗教"立法"作出一些实质的贡献。

四月,蒋经国先生约见我及隆道、悟明、成一、圣印法师等佛教界代表,约谈中,经国先生相当认同佛教的社会价值,询问寺庙分布状况及弘法情形,并且就宗教和社会各方面的关系交换意见,足见现今佛教的发展和进步,已备受政府瞩目与重视了。

教育推展上,"中国佛教研究院"专修部新开设"佛教行政科",以教授各种弘法业务为主,承蒙"省政府民政厅"第一科科长刘宁颜先生,首先为学生讲授"宗教相关法令"。其他尚有寺院行政、佛教布教法、佛教应用文牍等课程。此外,我也请到北城烹饪讲习班余昭德先生教授烹饪,希望厚实弘法资粮,培养僧众成为允文允武的大器;我一向注重教学观摩与交流,因此与"中国内学院"院长慧岳法师达成共识,两院联合举办一场佛学研讨会,首开佛学研究交流的风气。

两年前接办的普门中学,由于学生人数持续增加,因此扩建"普中生活大楼",于八月正式启用。去年初,弟子依空不负众望,考取日本东京大学印度哲学研究所,成为第一位考取该研究所的外国比丘尼。

此外,除了继续举办"大专佛学夏令营"外,更于八月首创"佛教儿童夏令营",在轻松又富教育意义的课程和活动中,将善美的佛法种子,深植幼小心灵,相信对他们未来的人生,会有正面的影响;也成立了"妇女法座会",希望由妇女扩及整个家庭,人人都能有正确积极的人生观。

夏令营期间,获悉弟子慧和法师往生的消息,我赶到宜兰为他主持三时系念及告别式,感谢他一生奉献佛教。慧和法师俗名李决和,是西来寺住持慈庄法师的父亲。早年即是缘于他专程到台北邀请我到宜兰雷音寺弘法,而展开在台湾的弘法事业。他一生对于佛教事业,诸如慈爱幼稚园、宜兰念佛会、佛教儿童星期学校、兰阳仁爱之家等,无不尽心竭力、为教忘躯,其心其德教人甚为怀念!

文化发展的领域上,也有一些小小成就:昨年,弟子们将我过

在台北"国父纪念馆"举行的"佛教梵呗音乐会",是佛教音乐进入"国家殿堂"演出的开始(一九七九年一月十日)

去弘法讲演记录编辑成的讲演集,于三月正式出版;《普门》杂志也于十月创刊问世,由慈惠法师担任发行人,祈望透过这本"雅俗共赏,老少咸宜"的杂志,将佛法以浅显、优美的文字表现出来;十一月,沟通佛光山各别分院的《佛光通讯》创刊,并出版一万套的佛光山风景明信片。目前佛光出版社更积极筹编《佛教辞典》,期望将来能为佛学研究提供更广泛充实的资料。

九月起,由佛光山制作的电视弘法节目"甘露",每周一次,在"中华电视公司"播出,首开佛教电视弘法先例。由于此节目主题正确,处处劝人为善,对净化人心、移风易俗,大有助益,而于十一月,同时荣获"行政院新闻局"以及"教育部"颁"社会教育建设金钟奖"、"社会教育贡献奖"。十二月再推出"金山活佛"连续剧,佛教弘法由此走上电视,迈向新里程。感谢大家对佛教节目的支持与爱护,谨在此表达我由衷的敬意与谢忱,祈求"杨枝一滴真甘露,

于台北"国父纪念馆"佛学讲座现场(一九七九年十一月七日)

洒得山河大地春",佛法甘露滋润万千心灵!

佛光山台北别院为庆祝佛诞节,把我撰写的小说《玉琳国师》改编成《万金和尚》话剧,四月初,首次在台北台湾艺术馆公演四天,也得到热烈回响。

七月,"中国佛教会"首次组团访问美国,希望能达成教界的团结。自从一九七八年十二月与美"断交"后,人心动荡不安,社会大众深切感受到佛法的重要,在热切的渴求中,各界的演讲邀约不断,我也积极四处讲演,愿尽一己之力,给大众丰实的精神资粮。除了在佛光山台北别院讲说《般若心经》八天,也先后应邀至凤山"国父纪念馆",及各大专院校等处演讲。另外,去年在台北"国父纪念馆",我以"佛陀的宗教体验"、"阿罗汉的宗教体验"、"菩萨的宗教体验"为题,作了三场佛学讲座。

回忆昨年,深觉众缘成就的微妙与不思议。一九七九年,在大家共同努力下,创下许多"佛教的第一",诸如首届佛教儿童夏令营、第一个佛教电视节目、中国佛教有史以来最大的赴印度朝圣团等等事迹。多年来，佛光山本着"十方来十方去，共成十方事；万人施万人舍，同结万人缘"的精神，于红尘场中作道场，愿人间和谐安乐，未来我们将续振法鼓，大破众生迷梦。

最后要向大家预告，今年春节，我们将启建为期一个月的平安灯法会，及"佛教故事电动花灯展"，将佛教故事透过花灯展现，让大家在巧妙的设计当中领略佛法大意，欢迎大家届时莅临参观。

专此　顺颂

家家平安

户户吉祥

星云　合十

一九八〇年元旦

一九八一年新春告白

去年春节期间,
为响应政府迎接自强年活动,
首度举办"佛教故事电动花灯展"欣赏会
和"万佛平安灯会"。
"佛教故事电动花灯展",
是将佛教里诸如天女散花、佛陀成道、
戒杀放生、顽石点头、
达摩面壁等寓意深长的故事,
制作成花灯展示,以达到社会教化的功能。
同时展出三千盏平安灯,
祈求檀那信施皆幸福,世界大众得平安。
展出期间,吸引百万余人前来观赏,
人潮可说是络绎不绝,热闹非凡。

各位护法、朋友们:大家新年好!

在年初之际,怀想过去一年,只觉往事历历在目。一九八〇年,我们开创了许多事,扩大了佛光山,也丰富了佛教的历史;我们运用音乐及媒体,让佛法弘传的方式更多元、更现代。这样精彩的一年,有很多事要向大家报告。

去年春节期间,为响应政府迎接自强年活动,首度举办"佛教故事电动花灯展"欣赏会和"万佛平安灯会"。"佛教故事电动花灯展",是将佛教里诸如天女散花、佛陀成道、戒杀放生、顽石点头、达摩面壁等寓意深长的故事,制作成花灯展示,以达到社会教化的功能。同时展出三千盏平安灯,祈求檀那信施皆幸福,世界大众得平安。

展出期间,吸引百万余人前来观赏,人潮可说是络绎不绝,热闹非凡。这样殊胜

一九八〇年中国文化大学成立印度文化研究所,由我担任第一任所长(一九八〇年五月二十四日)

的景象,不但各个报纸纷纷报道,"中国电视公司"更特别拍制成纪录片,以飨大众。这次的活动,承蒙高雄寿山寺念佛会、台北佛光别院信众、顺成建材行,以及潘孝锐、李南忠居士等人,大力赞助;祈愿佛恩加被,护法檀那皆安乐!

二月初,首度实行封山。这半个月的时间,佛光山所有僧众闭关静修,沉潜学习。除了日常功课外,每晚安排有共修时间,由我亲自指导徒众各种修持法门。我认为一个弘法者,唯有精进于自我修持,在度众上,才有源源不绝的力量与资粮。相信利用这段封山期间的精进用功,对他们的修持及内学,必然有相当的助益。

去年三月召开的信徒会员大会,首创万人朝山礼佛,缔造了佛光山十四年来最为殊胜、热闹的朝山景况。当天,全山回荡着宏亮的佛号声,蜿蜒在宁静的灵山胜地,震慑不少观光游客在旁虔诚合掌,或融入参与其中。

在教育事业上,也有几件事情要向大家报告:去年六月,政府在政策上,决定将现有宗教教义研修机构,纳入教育行政系统管理,"教育部"也将修订大学法及私立学校法等相关教育法令,以便执行这项教育政策。五月间,我受中国文化大学校长张其昀先生之请,担任华冈印度研究所所长,李志夫教授为副所长,慈惠法师为主任秘书,他也同时受聘为中国文化大学日语系及哲学系专任讲师。

第一届正式招收十三名研究生,心定、依日、依淳等也都不负众望,顺利考上。这是台湾第一所佛教研究所,相信将会是培养印度佛学及社会文化人才的摇篮。我也计划让弟子前往印度留学,并兴办佛教事业,一方面能对印度的学术发展及政治社会做更深入的研究,一方面也能作为中印文化、教育的交流枢纽。

六月底,佛光山普门中学举行首届毕业生毕业典礼。八月,普门中学幼保科为了协助现代家庭教育,奠定幼儿学前基础,再设立一所幼稚园。普门中学自一九七六年开办至今,校务不断增长,去年更荣获教育厅颁发"军训成绩优良奖"。此外,东方佛教学院也增设夜间部幼儿保育班,让白天有工作但有志研习幼儿保育专门学业的人,有机会接受专业训练。

另一方面,佛光山"中国佛教研究院"专修部新开设"法界圆觉科",这是专门讲述法界圆觉系统的课程,除了由我讲授《大方广圆觉修多罗了义经》外,另聘有慈惠、慈嘉、李志夫、徐景文、杨白衣、杨政河、唐亦男等人担任教授。

也开设"佛教音乐科",课程内容包括梵呗和法器、国乐演奏、作曲、现代佛教圣歌教唱等,师资上,延聘金嗓子李广慈老师教授梵呗,还有名音乐家李中和居士、名声乐家萧沪音居士、名国

一九八一年新春告白

慧开法师与普门中学附设幼稚园师生合影(一九八〇年六月)

乐指挥祈宝珍居士等人。开设"佛教音乐科"的缘由,是因为佛教虽有梵呗,却只限于殿堂中的早晚课诵。我希望借由佛教圣歌将佛教音乐推入人间,用音乐接引青年,让佛法透过音乐,而广泛流传。

为了使佛教音乐更大众化、人间化,记得在一九七九年时,佛光山丛林学院突破传统,首度在"国父纪念馆"举行"梵呗音乐会",将传统梵呗结合舞蹈、国乐,于"国家殿堂"呈现给世人欣赏。一九五四年,宜兰念佛会曾油印过"佛教歌集",后来歌咏队队员杨锡铭、周广猷将歌赞重写、补充,由佛教文化服务处影印发行;去年更进一步搜集增补,集成《佛教圣歌集》,交由佛光出版社印行流通。

去年,我也为"信心门"节目作词,李中和居士谱曲;另外,在披荆斩棘间,完成了《佛光山之歌》,并由台北工专吴居彻教授作

曲。歌词里,描绘出佛光山的景致、内涵,也包含了我对佛教的理想、远见、抱负和宏愿;这是佛教第一首表现寺院精神的歌曲。

我希望对于唱者、听者,都能达到"乐声所至,不言而化"的教化作用。

运用电视媒体弘法,也是一项利器。继前年在台湾艺术馆演出《万金和尚》,及在华视播出的"甘露"节目之后,去年九月,由佛光山电视弘法委员会提供,周志敏小姐制作的社教节目"信心门",在"中国电视公司"播出,这是佛教第二个电视弘法节目。据电视公司的调查,每期收看"信心门"节目的观众达一百万人,显见"信心门"对净化社会、教化人心的影响力。

除了电视弘法,至各地讲演弘法亦是不可少的。在中国国民党高雄县委员会区级训练工作委员会研习会上,我讲说"人生当如何自强";应逢甲理工学院之请,讲说"如何开展大乘佛教的精

与第六期佛光山大专佛学夏令营的学员合影于四十坡

神";应高雄师范学院之邀,讲说"佛教空慧学";瀛海中学邀我讲说"现代青年应有的道德观";于宜兰佛教自强爱台弘法大会上,以"宗教界对自强爱台应有的认识"为题,进行讲演。

年底,在台北"国父纪念馆"举行三天佛学讲座,讲题分别为"从人的过去现在到未来"、"从心的动态到心的静态"、"从世界的起源到世界还灭"。除此,我与慈容、慈怡、心定法师等人,也应毗卢寺之邀,为该寺举办"佛教布教人员讲习班"的学员授课。

现今社会青少年犯案、吸毒、结党等问题层出不穷,在青少年的教育与辅导上实亟待加强。五月,中国文化大学潘维和校长及李志夫教授即针对"作育青年"一题,与我交换意见。为了辅导儿童及青少年的品德、生活,佛光山也定期举办"儿童夏令营"、"大专佛学夏令营"等端正身心的短期进修,去年更针对青少年群族,首办了"青少年冬令营",希望这种种活动,让儿童、少年、青年都能从佛法熏陶、课程安排中,建立正确的人生观。为了让平时忙于家务的妇女也能够接触佛学,我们更成立"妈妈夏令营",提供妇女朋友一个求知的因缘。

在这样一个快速变迁的时代,我们必须抱持开放的态度,才能与世界共同脉动,因此,宗教间的融和与沟通更形重要。去年四月,辅仁大学校长罗光总主教莅临佛光山,与我畅谈"世界各个不同宗教的情况"及"如何促进世界各宗教间联谊"等问题。我认为宗教间应相互往来,尽管教主、教义不同,但都是在为人间的善美与和平而努力,唯有异中求同,同中存异,互尊互重,才能增进彼此的和谐,促进世界的和平。

此外,镜鋐法师率领的佛教青年访问团,远从马来西亚至佛光山参访,并就"怎样办好佛教青年团体"一题,与"中国佛教研究院"师生进行座谈;印度华侨总会会长叶干中,率领加尔各答培梅中学教务主任等人,至佛光山共商弘扬中华文化于印度的计划。

另有圣印法师带领的中华佛学院学生一行人、"立法院外交委员会"交通考察团、国际哲学会议成员、美国中华文化暑期研究会成员、法国静心禅寺明礼法师、越南旅居法国摩拿帝寺住持玄微法师、"总统府战略顾问"何应钦上将、刘玉章上将、张国英上将等,以及斯里兰卡捐赠眼球助盲的哈申西华眼科医师伉俪、泰国移民局官员等人,相继到佛光山参访、交流。

去年,为纪念一九七九年印度朝圣,而发行佛教界第一套书签及月历;佛光出版社也陆续有《净土十要》、《念佛四大要诀》、新标点《缁门崇行录》及《佛说稻芊经》等书籍出版。还有,"佛光大藏经编修委员会"迁至彰化福山寺,并成立"藏经编辑部",往后将致力于"佛光大藏经"、"佛光大辞典"的编修工作,将经典重新分段、标点、汇整、校勘,以平实易懂的面貌呈现。

佛光山海外首座道场美国别院"白塔寺",于六月举行道场启用暨佛像开光典礼。这是一所教堂改建而成的佛堂,由慈庄法师担任首任主持,并成立第一个由佛教团体创办的"佛光山白塔寺中华学校",使当地华人子弟能够学习固有的传统文化。白塔寺的落成,标志着佛光山迈向国际化的第一步,相信未来佛法终能弘扬五大洲,佛光普照满人间。

我一生提倡欢喜,而欢喜是必须经过努力奋斗,结缘才能获得。"给人欢喜"是我信受奉行,始终不渝的信念

人生有来去,四季有更迭,世间所有事物,不会因为我们的留恋而停驻,却会因为我们的积极、勤奋而精彩;纵然岁月不居,希望却不会老朽。于此年岁交替之际,祝福大家

日日好时节

岁岁都平安

星云 合十

一九八一年元旦

一九八二年新春告白

去年,我与睽违四十年的母亲,
于东京太平洋饭店相见了。
一时之间,竟抓不住心中的感受。
想起十五岁受具足戒时,
母亲赶了几十里的路,前来探望我。
当时,她因舍不得离去而泪流不止……
转眼,如今"星星白发犹少年",
为了补偿母亲,
我特别安排她住在饭店三十二楼的总统套房。
不过,虽然里头有豪华餐厅、客厅,
习惯简朴的母亲,却未曾使用过一次,
连我要带她到外面参观日本皇宫、
东京铁塔也不肯。
她眼睁睁地看着我说:
"我是来看你的!"

各位护法、朋友们:大家好!

送走了一九八一年,一九八二年的到来,已是佛光山开山十五周年了。

我一向非常注意佛光山的组织和僧伽教育,因此在佛光山宗委会下,设立了"五堂"、"二会",作为佛光山初步的组识架构。所谓"五堂"是:宗务堂、教育堂、文化堂、慈善堂、福利堂,"二会"是"计划工作会"及"策进工作会"。并且以"以文化弘扬佛法,以教育培养人才,以慈善福利社会,以共修净化人心",作为弘法的四大宗旨。当然,佛光山的发展,五堂二会不能概括未来的一切,只有逐步地修正了。

除了制度之外,我在僧伽升等上,也做了一些修订。我建立僧信两众序列等级评定制度,僧众列"清净士(六年)、学士(十二年)、修士(九年)、开士(十五年)、大师"

等序级，依其事业、道业、学业的表现，作为各阶段级别的评鉴标准，正常的话，四十二年可能升任到大师。

我非常重视僧众的教育，从过去的"寿山佛学院"、"东方佛教学院"，到现在改为"中国佛教研究院"，学生已有三百余名，为了加强宗门思想，我特地集合大家在怀恩堂，讲授"怎样做个佛光人"，一共五讲，内容是：

第一讲：佛光人是常住第一，自己第二；
　　　　佛光人是大众第一，自己第二；
　　　　佛光人是事业第一，自己第二；
　　　　佛光人是佛教第一，自己第二。

第二讲：佛光人要先入世后出世；
　　　　佛光人要先度生后度死；
　　　　佛光人要先生活后生死；
　　　　佛光人要先缩小后扩大。

第三讲：佛光人不私收徒众；
　　　　佛光人不私蓄金钱；
　　　　佛光人不私建道场；
　　　　佛光人不私交信者。

第四讲：佛光人不私自募缘；
　　　　佛光人不私自请托；
　　　　佛光人不私置产业；
　　　　佛光人不私造饮食。

第五讲：佛光人要有宗教情操；
　　　　佛光人要有因果观念；
　　　　佛光人要有惭耻美德；
　　　　佛光人要有容人雅量。

因为时间限制,五讲之后,尚未完成的,只有以后再补充了。我们是集体创作的僧团,大家对佛光山的宗门思想、宗门戒律必须达成共识,方能长住久安。

由于山上人多,各种建设来不及增加,去年一月,把编藏处移到福山寺,由慈怡法师主持编务。二月间,施工十年的"净土洞窟"终于完成,这是台湾首座依佛典《阿弥陀经》极乐世界盛况所兴建的教育场景。兴建之初,有人说:"为何不建阎罗十殿、十八层地狱,让人有所警惕?"但我觉得,与其让人心生恐惧不敢做坏事,不如建设极乐净土,使人向往它的殊胜美好而行善积德,这不是更积极吗?

佛光山的建设工程,从一九六七年五月十六日开始创建。我

一九八二年新春告白

佛光山开山十五周年暨大雄宝殿落成（一九八一年十二月二十五日）

曾将工程计划分为四个时期，每期五年，预计二十年完成建设。第一期完成的包括：东方佛教学院院舍、图书馆、斋堂、大悲殿、观音放生池、宝桥、香光亭、龙亭、开山纪念碑、弥勒佛圣像等。第二期完成有：头山门、觉华园、果乐斋、西来泉、不二门、大慈育幼院、朝山会馆、大智殿、接引大佛、佛光精舍等。

至今，除了完成上述工程，去年十二月，大雄宝殿落成，东西两边的回廊建筑将之定名为"东禅"、"西净"。目前本山第三期工程的朝山会馆别馆、普门中学校舍、活动中心、环山道路、万寿园、佛教文物陈列馆，相继完成后，就等着第四期工程的开展。加上台北普门寺、高雄市普贤寺等，也都在积极施建中。另外，在善化也设立了"慧慈幼稚园"；受托接管的圆福寺，为配合政府推动"发扬国

佛光山净土洞窟内的五百罗汉(慧延法师摄)

民道德、净化社会人心"政策,举办国学研习班,并办有都市佛学院;三月在佛光山召开的信徒会员大会,参加者近万人。

十二月,佛光山庆祝大雄宝殿落成,同时传授万佛在家戒会以及"护国息灾水陆法会"。大雄宝殿落成那一天,"省议长"高育仁先生和海内外教界许多人士均来参加此一盛会,加上各地来的信徒,一时竟达十万人。"大雄宝殿"四个字,是国宝画家张大千先生题款;还有"三湘才子"张剑芬先生题对联:"兜率娑婆去来不动金刚座,琉璃安养左右同尊大法王"。殿内安置了两座全世界最高的宝塔灯,高三十台尺,计七十二层,镶嵌有七千二百尊佛像的光明灯,代表佛法的智慧光明,能遍照人寰,为世间带来和平与希望。

经过多年倡导的人间佛教,也逐渐引起社会人士的重视。"立法院"唯一单身"立委"李天仁先生,于桃园县林口竹林山寺举行佛化婚礼,我与"立法院长"倪文亚一同为他福证,在场人士都觉得典

嘉义圆福寺"国学研习会"开学典礼,与学员合影(一九八一年七月一日)

礼简单庄严又隆重,"法务部长"李元簇先生还誉为"模范婚礼"。

确实,正见的佛教需要多加发扬,如本山一直在推动的"改良拜拜"。据"民政厅长"刘裕猷先生保守统计,全台各寺院、宫庙,一年焚烧的纸箔费用高达四十亿元。他呼吁各地的寺庙也能像佛光山,佛殿不设"金炉",信徒参拜不必烧金纸,将省下来的款项,用在社会慈善公益事业,更是功德无量。

去年寺庙教堂的条例又再引起宗教界的重视。政府希望总名称定为"寺庙教堂管理办法"或"宗教保护法",而宗教界希望能订定一个各宗教都能遵守的"宗教法"。因为现在的宗教单位主管人员没有资格的限定,所以地方士绅、黑道纷纷把持寺庙管理人,引发许多"外行人领导内行"的弊端。因此"内政部"也多次召开"佛道人士茶话会"、"宗教教义研修机构事宜"。

我认为大家不必反对订宗教法,只期盼各宗教都能平等共存。在"内政部"宗教教育座谈会上,我也提出三点建议:一、认定佛学院毕业生资格;凡寺院住持、管理人,应有佛学院的毕业学历。二、保障学生出路,以提高教育品质。三、应拟订奖励宗教教义研究机构办法。

在八月供僧大会上,我提议订定四月初八佛诞日为"佛宝节"、十二月初八佛成道日为"法宝节"、七月十五日为"僧宝节",获得大众的热烈鼓掌赞同。

去年,也有许多友人来访,让我们感到"有朋自远方来,不亦乐乎"!例如,元月份有各国驻台官员团二十七人专程访问本山;三月间,诺贝尔奖审核人,也是美国伯克利大学校长桑德士(Sauders)博士伉俪来山访问,并对全山讲演"艺术与自然的关系"。萨尔瓦多共和国执政党主席杜华德夫人及副主席古帝耶雷斯夫人,也在四月来山礼佛。

此外,王永庆先生专程访问佛光山,我们促膝长谈三小时,他没谈台塑企业,我也没说佛光山,我们只是谈社会医疗,以及眼角膜捐赠的问题。二月,蒋纬国将军二度来佛光山礼佛;美国伊利诺伊大学马尔文博士夫妇,在五月时来到佛光山访问;历史小说家高阳先生来山讲说"历史小说的写法";亚东关系协会驻日代表马树礼先生、谢东闵先生,以及何应钦先生等,分别在六月、八月造访佛光山。

这一年,我在海内外大学作了多次的讲演,除了美国的耶鲁大学、康奈尔大学,我应"政治作战学校"之邀,以"现代人生应有的观念"为题,呼吁全体预官学生知因果、明因缘,做一个有道德、智慧又勇敢的现代军人;应东海大学校长梅可望先生之请,担任哲学系教授,并讲说"中国禅宗之特质";到中国文化大学讲"佛教的真谛",到淡江大学讲"从佛教的观点看未来的世界";十一月,在台北"国父纪念馆"讲"佛教的财富观"、"佛教的道德观"、"佛教的未来观"。凡此奔波讲演,唯愿甘露法水能润泽众生,皆得自在清凉。

所谓"靠山吃山,靠海吃海",屏东山居的居民抗议政府,为什

台湾佛光山寺总本山——大雄宝殿，一九八

十二月二十五日落成(佛光山馆藏，林艺斌摄)

大雄宝殿

佛光山大雄宝殿于一九七五年奠基，以印度佛陀说法处金刚座下五谷砖为基石，意指承继佛陀教法，开展佛教未来。建地一千零八十坪，殿内供奉释迦牟尼佛、阿弥陀佛、药师佛三宝佛，设有两座七十二层高宝塔灯，镶嵌七千二百尊佛像；周围供奉一万四千八百尊释迦牟尼佛圣像，可供千人早晚课诵、法会佛事。

佛殿门上方"大雄宝殿"为张大千先生所题，两侧对联"兜率娑婆去来不动金刚座，琉璃安养左右同尊大法王"为"三湘才子"张剑芬先生作品。大雄宝殿两侧，东禅楼内可吃茶、谈禅论道，西净楼设有大雄宝殿服务处，方便来者点光明灯及各项功德。大殿前丹墀"成佛大道"，可容纳万人以上聚会。

么靠海的渔民可以捕捉时节的鱼群,甚至还给予奖励,可是他们捕捉山鸟,却是犯法？像台湾南部恒春镇,每年秋冬季,都有很多过路的飞鸟,如红尾伯劳、灰面鹫等。靠山吃山,固然不合环保意识,对这些候鸟、鱼群,世界各地也有禁止滥捕的法令和海洋法规等。为了保护这些"过客"不被滥捕滥杀,名作家张晓风教授发心倡印护生书签八万张,我也首先响应,在书签上题字。

去年初,台中慈明寺圣印法师带领中华佛学院举行毕业旅行,也前来佛光山与"中国佛教学院"、东方佛教学院交流联谊。我认为佛教各个寺院、佛学院,不能闭关自守、自立门派,应该经常联谊、交流,才能对佛教的发展、人才的培养有所助益。

十二月的第三届"世界佛教僧伽大会",真是海会云来集,有法国明礼法师,新加坡传南法师,香港洗尘法师、觉光法师,越南心珠上座,韩国义玄长老、印度圣雄法师、台湾白圣长老等代表出席。我也亲自率领心平、慈庄、慈惠、慈容、慈怡等及印度研究所同学,前往阳明山中山楼参加开幕式,列席人员达一千七百余人,谢东闵先生应邀致词。相信这次大会,不仅为未来世界带来自由和平的希望,也象征佛教的复兴、发展,更是主办地主——台湾佛教的光荣。

活动期间,我们邀请世界各地僧伽代表前来佛光山普照。承蒙他们赞誉佛光山有过去大陆丛林规模与制度,也有现代化的弘法方式和设备,是振兴佛教的榜样。此外,感谢"中国文艺协会"致赠给我"荣誉奖",本山也获颁"教育文化社会慈善奖";仁爱之家的依融、绍觉,更荣膺"好人好事代表";普门中学获得高雄县教育局评鉴成绩优异。我想,这些都不是个人的力量和功劳,一切成就,应归于三宝的加被和信众的护持。

感谢慈庄法师的神通广大,在锲而不舍的寻觅之下,去年,我与睽违四十年的母亲,于东京太平洋饭店相见了。一时之间,竟抓

日本雕刻家大野省三居士致赠千年樟木鲷鱼雕刻作品，现典藏于佛光山宝藏馆（一九八一年九月二十二日）

不住心中的感受。想起十五岁受具足戒时，母亲赶了几十里的路，前来探望我。当时，她因舍不得离去而泪流不止，我只好留下来安慰她，并在母亲的棉被下藏了一夜。

转眼，如今"星星白发犹少年"，为了补偿母亲，我特别安排她住在饭店三十二楼的总统套房。不过，虽然里头有豪华餐厅、客厅，习惯简朴的母亲，却未曾使用过一次，连我要带她到外面参观日本皇宫、东京铁塔也不肯。她眼睁睁地看着我说："我是来看你的！"这就是我的母亲大人，希望在忙碌的弘法之余，能有机会陪她走一走，以尽人子之心。

年轻求学时，曾在禅门典籍中看到"临济儿孙满天下"的词句，激起我无限的雄心壮志。发心效法祖师大德为了绍隆佛种，不惜身命，前仆后继的精神，将佛法传遍世界各地，让菩提种子，不断开花结果。

"世界佛教僧伽会"召开期间,世界各地僧伽代表至佛光山参礼。前排左二起:心珠、本人、白圣、觉光、斯里兰卡伟布拉萨、香港洗尘等法师(一九八一年十二月六日)

佛光山开山十五年之际,至诚感谢诸佛菩萨的加被、至诚感谢护法檀那的护持,因为仰仗十方诸佛菩萨的加被,与所有善心人士的护持,使佛光山十五年来所创办的各种佛教教育、文化、慈善等事业,得以顺利进行。今天佛光山所有的成就,如果是一份荣耀,我愿至诚地奉献给伟大的佛陀;如果是一份功德,我愿至诚地回向给所有的护法信徒。祝福大家

福慧无量

法喜无量

星云 合十

一九八二年元月一日

一九八三年新春告白

走过五十多年的僧侣岁月,
我明白弘法利生,推动人间佛教,
必须有无限的方便、无量的法门。
现代科技即是一项不可或缺的利器。
在电视传播里,
佛光山从"甘露"到"信心门"的制作,
无不希望借由媒体,将佛法弘传于社会。
我们的努力没有白费。
我以为时代考验着佛教,
佛教也应时代的更迭而渐次丰富,
我们唯有充实自身、因应时代,
始能在历史洪流中奋起向前。

各位护法、朋友们：新年如意！

时入初岁，新意拂扫娑婆大千，祈祝神清气爽，平安吉祥！

思及过去一年，最教人欣喜的是，经过韩国法山法师及杨白衣教授居中联系，佛光山与具有一千三百多年悠久历史的韩国灵鹫山通度寺，缔结为兄弟寺，此事被各界誉为佛教传统与现代的结合，其意义至为深远。

在缔结协议书中，双方达成协议，将共同促进佛法的宣扬及增进彼此感情的联谊，共同为复兴佛教、造福社会的理想而努力。通度寺素有"佛宝寺"之誉，是有历史、有传统的古寺；佛光山虽然只有十六年的历史，却是以佛法为根本，谨遵佛教传统，作现代化的发展。两寺能结为兄弟寺，实是"以古证今"的最佳证明，对世界和平、佛教融和的展望上，具有实际的功效！

佛光山与韩国千年古刹通度寺举行缔结兄弟寺仪式。左为通度寺住持性波法师(一九八二年十月二十三日)

十月,我率团赴韩,祝贺通度寺一千三百年的寺庆,并拜访另一座被誉为"法宝寺"的海印寺。有"僧宝寺"之称的松广寺,其住持菩成和尚一直与佛光山保持密切的往来,所以我们也前往参访。接着,我从韩国转往日本,访问了日光中禅寺、比睿山的延历寺、鉴真大师的唐招提寺、奈良的东大寺等,这些寺院,都具有相当的历史价值,值得我们仔细参访、用心学习。

另一项盛事是,佛光山与日、韩教界共同发起的"国际佛教学术会议第五届大会",十一月在佛光山盛大举行。会中邀请"行政院副院长"邱创焕先生、国民党中央党部社工会郑森棨先生于开幕典礼中致词,印顺长老也来函致意,东京大学名誉教授中村元先生作专题演讲。接着,日本东京大学文学教授镰田茂雄先生、佛教大学校长水谷幸正教授,韩国东国大学名誉教授赵明基先生、延世大学名誉教授闵泳珪先生,以及佛光山"中国佛教研究院"唐一玄、方伦等诸位老师、学者等,针对"亚洲佛教的源流"一题做论文发表,并进行讨论。

感谢大韩传统佛教研究院金知见院长、《中外日报》社本间昭之助社长及杨白衣教授的鼎力相助,让筹备工作能够顺利进行,使大会臻于圆满。我于会中提议筹组"国际佛教学术协会",也得到大众一致赞同;此协会的设立必能为佛教培养时代新血,延续佛法慧命于永恒。

我相信,有这么多佛教的权威学者与高僧大德们,云集一堂,共探佛教的过去与未来,对于加强各地文化、佛学的联系切磋,定有相当的影响力。

佛光山在僧信二众齐心奋斗下,如今道场的建设渐渐趋于稳定,也逐步扩展。感谢高雄客运为便利朝山游客,自六月初起,增开专线,每四十分钟一班,客运车直达佛光山头山门。

去年,接办近三年的嘉义"圆福寺",在道场不敷使用的情况下决定重建,三月取得重建执照,随即举行重建安基典礼;五月,台北别院更名为"普门寺",由慈容法师担任住持;高雄别院亦更名为"普贤寺",由慈惠法师担任住持,并于元月举行动工仪式。另外,三月间也组团首访欧洲,希望开发这块佛法贫瘠的区域。

而西来寺筹建中的"公听会",慈庄、依航等人历经重重考验后,终于在去年通过,允许建造。承蒙美国各大报纸,竞相为我们宣传、呼吁,多承相助,谨此致谢。

教育方面的表现更是可观。普门中学去年三月接受高雄县教育局正式评鉴,不仅教学设施完善,深获肯定,优良的学风及办学精神也获得赞许。无独有偶,佛光山大慈育幼院于四月接受"内政部"首次评鉴,评为优等。这种种嘉许,对于尽心推展各项教育事业的我们,可谓莫大的鼓励。

为了国际弘法的需要,早在开山之初,我即派慈庄、慈惠、慈容、慈怡、慈嘉法师等人前往日本求学,而今都能担当大任,住持一方。负笈日本四年的依空,也不负所望,顺利取得东京大学印度哲学研究所文学硕士学位,载誉归台;普门中学应届毕业生依超考取成功大学外文系,教人不胜欣慰。我亦在普门中学设立"奖学金",鼓励青年学子用功读书,充实自身学识。

另外,私校法修正案于二月经"教育部"法规会通过,今后各大学设立宗教系所或经立案之宗教院校,设立宗教科目已属合法。经过教界多年努力,佛教教育终于纳入正轨,佛法更因此能正式踏入大学校园,这不仅是宗教之福,更是莘莘学子之福!

在家信众的佛法教育也是值得重视的。觉华园完工后,更设立"民众图书馆",开放给信徒、游客使用,采开架式自助借阅方式。希望借此让所有入宝山的人,都能满载法宝而归,进而为社会营造清新的书香气息。

去年二月举行的"一九八二年信徒大会",安排了七十位引礼师分班教授学佛行仪,我也以"如何做个在家信徒"为题,为大家作一场专题讲演。还有,弟子将我在各地讲演的内容整理成的讲演集,第二集也在六月出版了。希望能提供一些愚见,以供大家研究佛学乃至待人接物上的参考。

过去一年,来山访客可谓络绎不绝。十月底,诺贝尔文学奖得主索尔仁尼琴来访,当他参观大雄宝殿时,很自然地合掌礼敬,流露出对宗教与文化的尊敬,对于佛教学院及各项建筑艺术亦赞赏有佳,频频赞叹其中的稀有难得,更留下亲笔签名作为纪念。

谢东闵先生、郝柏村上将、联邦德国国会议员佛英克·彼得逊等、沙特阿拉伯内政部次长阿瓦济博士、韩国佛教曹溪宗中央宗会

谢东闵先生(右三)参访佛光山(一九八二年八月九日)

事务处处长金法长法师、名政论家丁中江先生与丁懋时先生、中国文化大学印度研究所师生、台大法律系学生,及"中国电视公司"工作人员等,均来到山上参学,各国驻台官员团也第三次莅临。衷心希望他们能把真正的佛法带回到自己的国家、团体,让佛法常留心中。

九月底,蒋经国先生约见宗教界代表,我与白圣法师、张培成等十人应邀前往。谈话中,经国先生期勉各宗教倡导俭朴生活,发挥改善社会风气的功能。另感谢中国国民党中央委员会秘书长蒋彦士颁给我"华夏奖章",鼓励我对加强国际佛教交流活动所作的贡献。我感受到社会各阶层人士乐于接触佛教,并给予高度的评价。由此,可以看出佛教给予世人的利益,已获得各界的肯定。

走过五十多年的僧侣岁月,我明白弘法利生,推动人间佛教,必须有无限的方便、无量的法门。现代科技即是一项不可或缺的利器。在电视传播里,佛光山从"甘露"到"信心门"的制作,无不希望借由媒体,将佛法弘传于社会。我们的努力没有白费。去年,由"中国电视公司"制播的"信心门"节目,荣获"行政院新闻局"颁发"社会建设金钟奖"。

此外,高雄寿山寺获"内政部"评定为寺庙教会兴办公益慈善事业绩优单位;嘉义圆福寺也荣获"台湾省民政厅"颁赠绩优宗教团体奖状,这些成果,都是来自十方共成的因缘。去年元月,有八十年以上历史的美浓朝元寺,其一砖一瓦都是从台南运至美浓竹头角兴建,其大雄宝殿要拆除重建,我亦应邀参与安基典礼。

八月,"台湾省政府民政厅"假佛光山东禅楼举办"国学教师研习会",参加成员都是各县市担任寺庙国学讲师的研究教师,我受邀为大家讲说"宗教现代化"。另外,为了庆祝文艺节,"中国文艺协会"、青溪新文艺学会、青年写作协会高雄县分会等三大团体,在西净楼举行庆祝大会,与会贵宾有郭嗣汾、陆震廷、王牧之、李冰、魏端等人。会上承蒙"中国文协"及青溪新文艺学会赠给我"净化社会,美化人生"纪念牌,我也不揣浅陋,以"佛教与中国文学"为题,向与会的作家作文艺专题演讲。

去年讲演活动频仍,除了在台北"国父纪念馆"讲说"佛教对命运的看法"、"佛教对神通的看法"、"佛教对知见的看法",我也在各大校园、公司、军界等不同领域,举行佛学讲座及随缘开示。如:应统一企业公司董事长吴修齐之请,开示"佛教艺术的生活";高雄中山大学首任校长李焕先生,几次邀请我为全校学生讲演"禅的艺术"、"禅与生活";为台北技术学院应届毕业生开示"佛教的智慧与人生观";应中正预校校长王明洵先生之请,为全校师生讲说"艺术的人生"。

建寺历史八十年以上的美浓朝元寺,受邀主持观音殿观音菩萨圣像开光暨大雄宝殿安基典礼。我右侧为朝元寺住持慧定法师(一九八二年一月十二日)

　　此外,也应高雄市"救国团"之邀,至市立图书馆开示"如何进德修业";于屏东中正艺术馆讲演"如何增进人生幸福";在彰化县政府大礼堂举行三天佛学讲座,讲题为"谈天说地"、"谈你说我"、"谈情说爱";在高雄中正文化中心至德堂,宣讲"佛教对因缘的看法"、"佛教对感情的看法"、"佛教对行为的看法";分别为"海军陆战队"、国民党省党部、省训团讲演"现代社会的人生观"、"佛教服务观"及"社会宗教化";于佛光山普门寺宣讲"金刚般若波罗蜜经"等等。

　　佛学深度的内涵不但开拓人生,更能美化世间,去年至普门寺讲经前,先由慈容法师带领信众演唱佛教圣歌,让听众在优美祥和、意境深远的音乐声中,进入最佳的闻法状态。而一直为我作台语翻译的慈惠法师，获得许多人的肯定，也是我讲演时不可缺少的。佛教不舍弃一个众生，慈惠法师传神的翻译，正是让不懂国语的人，也有闻法的机会。

讲题方面，我更是细细琢磨，针对现代人对生活的不安定感，我提出"佛教的信仰生活"、"佛教的艺术生活"、"佛教的智慧生活"等看法；为了让佛教能走向现代，开创新局，我提出"佛教的现代化"等理念；为阐扬佛法深广的内涵，我提出"禅的艺术"、"佛教与中国文学"、"佛教对知见的看法"等。我以为时代考验着佛教，佛教也应时代的更迭而渐次丰富，我们唯有充实自身、因应时代，始能在历史洪流中奋起向前。

时代考验着佛教，佛教也因时代的更迭而渐次丰富。时光如流，十六年的岁月倏忽即逝，佛光山已由一片荒芜到满山殿堂巍峨的气象。感谢佛光人多年来的护持，未来让我们一齐继续为复兴佛教、建设人间佛教、开创人间净土而努力！专此　顺颂

福慧无量

星云　合十

一九八三年元旦

福山智海

一九八四年新春告白

全球化是未来世界乃至佛教发展的必然趋势,
因此佛教间的交流往来更形重要。
除扩大国际弘法活动外,
我们也提供各国青年研习佛法的机会。
目前已有来自斯里兰卡、印度、印尼、
加拿大、泰国、韩国、香港、
马来西亚等十多个国家和地区的青年学生,
在佛光山研究佛学。
期待他们都能像玄奘大师一样,
把中国大乘佛教的菩提种子遍植十方土壤,
使得大乘佛教能够在世界各国开花结果,
芳香供养法界。

各位护法、朋友们:大家好!

韶光荏苒,未曾待人,在寒风暖意交互推波之下,我们又向新的一九八四年迈进。

去年元旦,"佛教文物陈列馆"在同样生气蓬勃的新时节,正式开幕了,这是台湾第一座专门典藏古今中外佛教文物的博物馆。多年来我至世界各地弘法时,会留意佛教文物,慢慢地收藏,目前已有将近三千件。除了文物,馆内并陈列有佛教的历史渊源、文化分布、经典佛画,以及中国历史人物与佛教往来的相关典故等。让信徒游客从观赏中,对佛教有一个具体的认识和了解。

感谢名画家吕佛庭赠送长达四百余页的大字正楷《金刚经》;韩国禅画大师石鼎法师赠送达摩禅画;新加坡福海禅院宏宗法师赠送玉制如意古董,还有,马寿华和王云五先生在佛光山开山之初,为作建寺基

——宝藏馆(佛光山馆藏，林艺斌摄)

佛光缘美术馆之一——宝藏馆

　　佛光山宝藏馆，原名"佛光山文物陈列馆"，设于菩提路旁，"净土洞窟"的上方，佛光缘美术馆总馆则位于大雄宝殿后方。

　　创办佛教美术馆，为我心愿。目前全球有二十三座美术馆，分布在亚洲，如大陆的宜兴、扬州、苏州，台湾的台北、宜兰、台中、彰化、台南、高雄，香港，以及马来西亚、新加坡等；大洋洲，如澳大利亚的悉尼、布里斯班、墨尔本，新西兰的南岛、北岛等；欧洲，如巴黎、柏林、瑞士、奥地利等；美洲，如洛杉矶、多伦多、休斯敦等；非洲，如南华寺等地。结合佛教与艺术，让艺术生活化，生活艺术化。

佛光山全球二十三座美术馆之第

佛教文物陈列馆（今名宝藏馆）华藏世界，重重无尽的佛国（佛光山文化院提供）

金所募集的二百多幅书画等，都为陈列馆增色不少。

"佛教文物陈列馆"的设立，意在提升社会大众的精神生活，在元旦之际开馆，象征这一年将如这些古物，含藏着历史的精致与智慧，展现给现代的人们。在此，也感谢郭乃彰小姐对于陈列馆的布置与管理出力甚多。

去年年初，我带领"佛光山印度朝圣团"一行八十四人，远赴印度巡礼圣迹。再次踏上佛陀祖国，内心可谓悲欣交集，对佛陀的景仰，是无以言之的孺慕情怀；对印度佛教的衰微，则因伤痛不忍而思奋起。

目前佛光山发展迅速，大家对外界应有相当的认识，不可闭门造车。唯有走向世界，贴近人群，佛教始能深入社会民间，契合人心所需。希望佛门弟子皆能发心立愿，为佛教扩展新路，让印度乃至世界各地，重新展现佛教的光辉。

在马来西亚佛教总会主席金明法师及新加坡佛教界安排下，

率领佛光山印度朝圣团一行八十四人,巡礼圣迹,与弟子们在尼亚塔波拉寺院前留影。我右侧为慈惠法师,左侧为慈容法师(佛光山宗史馆提供,一九八三年一月六日)

九月,我也率领"佛光山马新佛教弘法访问团",至两国进行密集的弘法、访问活动。十四天的时间,我及心平、心定等一行二十余人,参访了各大佛教道场,走访新马的政要首长,如:新加坡教育部高级官员洪金珠、马来西亚拿督刘惠城等,并举办了十几场佛学讲座及皈依三宝典礼、座谈会。所到之处,每场都有两万人以上的人潮,可说是人情浓厚,令我们不时感受到当地华侨、信徒们的热情与求法之热切,以及教界长老的关心与厚待。对于他们为当地佛教事业推展所做出的努力,更是万分敬佩。相信在他们的积极、奋勇下,未来新马佛教的发展必能辉煌而灿烂。

全球化是未来世界乃至佛教发展的必然趋势,因此佛教间的交流往来更形重要。除扩大国际弘法活动外，我们也提供各国青年研习佛法的机会，目前已有来自斯里兰卡、印度、印尼、加拿大、泰国、韩国、香港、马来西亚等十多个国家地区的青年学生，在佛光山研究佛学。期待他们都能像玄奘大师一样，把中国大乘佛教的菩提种子遍植十方土壤，使得大乘佛教能够在世界各国开花结果，芳香供养法界。

此外，为了鼓励男众青年学佛，我们成立"男众佛学院"，也增设了"台北女子佛学院"、"彰化福山佛学院"。欣见有愈来愈多的青年男女学佛，我们唯有加强僧伽教育，为佛教培育更多佛门龙象，使其将来都能弘化十方，利乐有情，方不辜负青年学子的发心，十方大众的成就。

佛光山与中国文化大学合办的"中国文化大学印度文化研究所"，已获得立案通过，是第一个由政府正式认定的佛教研究所。对佛教而言，这是佛学研究的再提升；对台湾社会而言，可以栽培印度学术专门人才，促进文化交流，对张其昀博士及有心研究印度文化的人，更是一段难遭难遇的因缘。

另外，由"佛光山大藏经编修委员会"编纂之《佛光大藏经》第一辑《阿含藏》四册已经付梓，这是继清朝《龙藏》之后，至今三百余年来，再一次的修藏事业；佛光出版社也将我过去讲演的内容，整理成佛光小丛书百册，并于十月出版。我之所以辛勤耕耘于文字这块田地，无非希望借此让研究佛法者及社会大众，对佛教有全新且更深入的认识，进而把握佛法精髓，让自我与大我的生命更光风霁月。

让人欣喜的，西来寺的兴建计划，经两年审查后终于通过，相信未来必能增强东西文化的沟通、交流，丰富当地人民的生活内涵与精神思想；而"第十六届世界佛教徒友谊会"也将在西来寺举

新加坡菩提学校舞狮欢迎"佛光山新马佛教弘法访问团"(一九八三年九月)

行。届时必定又是一个具国际历史意义的盛事。

佛光山澎湖海天佛刹已于三月中旬奠基动工;十月,普贤寺举行大雄宝殿启用及佛像安座仪式,并由慈惠法师继续担任住持;十一月的万缘法会中,佛光山地藏殿、万寿园附设万寿堂亦落成启用。而佛光诊所设置的云水医院,正式于元月五日展开巡回义诊,将医疗服务送到穷乡僻壤,这是抱持"有钱的人为贫苦的人看病"的理念,来造福偏远地区的民众。

三月,举办的信徒大会,其殊胜及意义更胜于以往。除开幕典礼内容的创新,也于大会中颁予各别分院住持袈裟,以免逐一晋山,劳动许多信徒,同时,为参加者举办甘露灌顶皈依典礼。此外,海外藏胞来台致敬团德松活佛等九人、韩国通度寺代表镜日法师、印度维摩拉法师、斯里兰卡可利德法师等贵宾的参与,更增添此次大会的国际性、融和性。感谢大家对佛光山长年护持,希望借由每年大会的举行,让每个人都能寻得本性、寻得佛心、寻得信仰,将佛法深植心灵,于生活中实际应用。

一九八一年,"普门文库"的供僧法会上,我建议每年农历七月十五日盂兰盆会为僧宝节,并发起供僧运动,幸蒙教界各方人士赞同,在各地纷纷举办。去年,光是在佛光山庆贺年度僧宝节的供僧法会,就有全台信徒五千人齐聚一堂,场面极为隆重庄严。

为集思广益,达到最有效的会议功能,我把宗委会扩大为"住持、主管联席会议"。其宗旨在以集体创作的方式,树立佛光山各项人事、经济制度,以稳固教团的根本,一方面为佛教保持原有传统,一方面为佛教开创新的路线,期能发挥最大功能,为社会做出更多的贡献。

去年四月,演艺工作人员成立"艺人学佛会",获得谢东闵先生的支持,并于会中鼓励演艺人员多多重视精神建设、自我充实,显见佛法对社会人心的必要性与积极作用。

由佛光山电视弘法委员会制作的"信心门"节目,继前年获"行政院新闻局"颁发"社会建设金钟奖"后,去年再度荣获"最佳社会建设奖","中国电视公司"则因录制"信心门"节目,获得"法务部"颁赠"教化功宏"银盾一面,"中广公司"第三广播网,更于七月起联播,嘉惠更多民众。承蒙各界肯定,唯愿本着佛陀慈悲济世的精神,做人间暮鼓晨钟,普度沉迷的梦中人。

在这一年里,我四处讲说佛法,除了四十几场对外的专题讲演外,与信徒的开示亦不下百场。由大学到机关,从"海陆空军队"到国民党各级党部,从都市会堂到乡村小镇,从寺庙殿堂到各地工厂,我都尽量针对社会各阶层的需要,带领大众一窥佛法真谛。

继前年的因缘,去年再度前往彰化县政府大礼堂讲"谈因说果"、"谈迷说悟"、"谈空说有";在台中中兴堂讲说"谈心的秘

摄于朝元寺

密"、"说梦的神奇"、"论鬼的形象"。在大甲镇中正纪念馆讲"行为平坦的道路"、"身心安住的家园"、"生命升华的世界",也应台南市政府、议会之邀,在台南中正图书馆育乐堂讲"修身之道"、"处世之道"、"养心之道";在台北"国父纪念馆"讲说"人证悟之后的生活怎么样"、"人死亡之后的生命怎么样"、"人涅槃之后的境界怎么样"等等。

每场佛学讲座,听众闻法欢喜,频频点头鼓掌回响,也感谢媒体各界的报道。我唯有谨守"弘法是家务,利生为事业"的愿力,提供一些浅薄的意见与体会,让社会大众对佛教具备正确的认知,在会心一笑中,领略佛法妙义,活出有声有色的生命风华。

　　时入元旦,万物又将展现丰美的生命。愿以此情此景,祝福大家都能为心灵除旧布新,拓展新机!专此　顺颂

　　诸事吉祥

星云 合十
一九八四年元旦

一九八五年新春告白

现今回顾过去的努力,
在策划未来时,
心境反而有云淡风轻、坐看云起的豁然。
佛陀说法四十九年,
靠着双足游走恒河两岸。
如今,我们借着现代新闻媒体资讯发达之便,
把佛陀慈悲的教法,
散及世界各地的角落。
台湾宝岛已在国际上走出一片天地,
在振奋欣喜之余,
我也盼望佛教能具有立足台湾、
放眼天下的宏观。

各位护法、朋友们:大家新春如意!

爆竹一声除旧岁,桃符万象更新年。春风轻拂,透露着又一个新年的到来。佛光山从筚路蓝缕开山以来,突破佛教传统的弘法方式,走入"国家殿堂"宣讲佛教应该要现代化,人间佛教应该有自己的事业等等。然而接踵而至的风评,是毁誉参半。

现今回顾过去的努力,在策划未来时,心境反而有云淡风轻、坐看云起的豁然。

回想昨年,那真是多灾多难的一年。三次的矿灾灾情:六月十日,土城海山煤矿坑七十名身陷坑内的矿工全数罹难;七月十日,瑞芳煤山矿坑一百零一名矿工罹难;十二月五日,三峡海山一坑也是多数矿工罹难。这些灾情,让台湾的采矿事业走向末路之途。

从电视上看到矿灾发生时,坑外挤满了无助的家属,亲人离散,生死别离的哀

佛光山一九八四年度信徒大会中首度制订信众组织制度(一九八四年三月三日)

嚎,犹如人间炼狱;看到他们闭目双手合十祈求上苍的专注,心中不禁为他们向佛陀祈求:"让生者消灾免难,健康如昔;让亡者往生佛国,莲登九品。"

事情发生后,本山在大悲殿启建十天的"三时系念"佛事,为罹难者超荐;我也把在台中市政府主办的佛学讲座中,三天托钵所得的善款,全数转予矿灾灾民,聊表微心薄意。

兰阳仁爱之家由于院舍不敷使用,从一九八一年开始兴建"扶轮长寿馆"。承蒙宜兰县政府、扶轮社陈趾斯先生,及诸位善心人士经费上的支持,终于在去年初落成了。由性梵法师创办,后交由佛光山管理的"新竹无量寿图书馆",也改组成为财团法人。

另外,佛光山信徒讲习会(麻竹园)及普贤殿在去年相续开工兴建,台北别院"普门寺"于四月中旬举行落成法会。对普门寺的期许,诚如我在法会上所颂:"普门今落成,法水润全身,佛光照信徒,大地尽回春。"回想初到台湾时,就希望有一所普门大开的寺院,能够供养十方大众;今日,也愿以"普门寺"普度无边有情,都能迈向菩提大道。

普门寺落成以来,确实展现了在都会弘法的力量,如创办《普门寺通讯》,举办为期一周的"大专佛学研究会",成立"大专青年佛学中心",承办皈依典礼和各种大型的佛学讲座。

佛光山发展至今,在教育事业上设有佛学的专门教育,有对信徒、大专青年、儿童及社会的种种教育。可以说,对各阶层、各领域的教育无不尽力尽心推动。去年普贤寺也首次开办"都市佛学院",提供社会大众在参与佛学讲座之外,还能有系统性的佛学教育。十一月,"中华文化复兴节"时,"教育部"颁发"社会教育有功人员奖"予我,其实,这项殊荣是属于全体佛光人的!

多年来,七众弟子胼手胝足开垦出这片佛光净土,无论在佛教文化、教育、慈善等事业,已然走出一条佛教现代化、国际化的康庄大道。在度众弘法方面,虽然有种种的方便权巧,但始终坚持传统佛教不变的精神。有鉴于此,佛光山宗务委员会订定了严密的制度,来统理僧团,也可以让现今已无典章制度,甚至百弊丛生的佛教,作为参考。

除了僧团,信徒大众也是佛教重要的一环。去年信徒会员代表大会特订:凡是佛光山会员信徒,皆要进入有组织的制度,在完善的人事制度下,与僧众共同为佛教努力,并且决议通过每年农历二月一日为"信徒香会"。

慈善事业上,一月份,佛光山慈悲基金会以冬令慰问车,至大树乡所属十八个村庄,慰问贫寒及伤残民众,并各赠毛毯及其他日用品;嘉义圆福寺举办冬令救济,发放赈济品;普门寺信徒廖林水玉居士,捐赠本山施诊医疗队巡回救护车;普门寺"友爱服务队"本年度扩展社会慈善、救济、福利等服务,总名为"友爱中心";佛光山施诊医疗队自八月起,由每周一日增加为每周五日,至各地巡回义诊。去年春节,也在龙亭内,设有终年免费的施茶服务。

在此要感谢诸位发心支持,共同成就这些慈心善举。今后,更愿透过各项慈善事业,照顾孤幼、贫病、老弱无依者,并且普被飞禽走兽,泽及生者亡灵。

佛光山上辉煌殿宇及一切硬体设备,已受到政府及国际友人的认定。去年初,在"新闻局"安排下,联邦德国的国家电视公司来台拍摄"佛教在台湾",并选择普门寺"供佛斋天法会"为拍摄重点。"新闻局"黄洪海先生及华视采访组人员,陪同巴拿马第二电视台前新闻部主任,现任"新闻评论"节目主持人路易斯·卡里欧先生,专程拍摄佛光山的精神特色。

还有,荷兰雷戴尔克市市长费瑯客先生及多位建筑师、智利第十三电视台主持人及摄影师,来山拍摄纪录片;《读者文摘》记者维那可专程访问报道佛光山等。

佛光山施诊医疗队巡回义诊,至大树乡十八个村庄慰问贫寒及患病民众(一九八四年一月十一日)

佛陀说法四十九年，靠着双足游走恒河两岸。如今，我们借着现代新闻媒体资讯发达之便，把佛陀慈悲的教法，散及世界各地的角落。台湾宝岛已在国际上走出一片天地，在振奋欣喜之余，我也盼望佛教能具有立足台湾、放眼天下的宏观。

佛教不仅要走上国际，寺院之间的联谊也是不可少。过去一年，我们与各地友寺往来十分活跃，如应证严法师之邀，前往花莲与印顺导师、真华、戒德等十位法师，共同主持"慈济综合医院"安基洒净仪式，我也赞助台币十万元，聊表寸心；四月，我受台中慈善寺住持振光法师的邀聘，参加推动佛教弘法事业晋山升座典礼。

东势明山寺住持藏心法师邀请我，至明山讲堂宣讲"从生活到生死"、"从修身到修心"、"从做人到成佛"；到北港妈祖庙佛学讲座；应台北五股智光禅寺住持如学法师之邀，参加其开山十周年及大殿落成典礼；至高雄元亨寺，在其大殿落成典礼举行的佛七法会中，为信徒开示；受邀参加汐止弥勒内院举行慈航法师圆寂三十周年纪念法会，并代表致词。

其他，与海外教界交流的如：到韩国参加第六届国际佛教学术会议等。一月，前往美国，关心西来寺的建寺事宜，并接受"中华之声"广播电台的邀请，制作"佛光普照"广播节目，每日播出半小时，很受当地华侨的欢迎。

近年来马来西亚佛教徒为了兴隆三宝，积极大举法鼓，利益群生。去年四月，我应马来西亚青年总会的邀请，前往槟城主持"护国息灾吉祥法会"，并作佛学讲座，讲演"心经要义"；马来西亚佛教青年总会和太平佛教会更是大力推动法务，联合邀请，于是，六月再率弟子心平等十八人，去启建万缘法会，并于槟城大会堂，举办两天佛学讲座，讲题为"修身之道"、"修心之道"。十月，马来西亚佛教青年总会也组成菩提、般若两团前来佛光山及普门寺参访。

受聘为台中慈善寺永久导师。我后面为慈善寺住持振光法师(一九八四年四月十一日)

十二月,马来西亚槟城妙香林寺重建落成开光,接受其邀请宣讲《观世音菩萨普门品》。

今年,在台北"国父纪念馆"的三天佛学讲座,讲题分别为"佛教的女性观"、"佛教的福寿观"、"佛教的政治观"。除此,也于台北社教馆讲说"佛教的教育法"、"丛林的教育法"、"特殊的教育法";应台中市政府之邀,于台中市中兴堂讲演"佛教的慈悲"、"佛教的报恩"、"佛教的忏悔";应台中市政府之邀,于台中市立文化中心礼堂讲演"佛教的政治观";应新竹少监典狱长刘守中之邀,前往新竹少年监狱开示"守五戒脱离苦海";在台北普门寺、高雄普贤寺宣讲《六祖坛经》,在新竹社教馆讲"如何美化人生",在台南讲"如何树立新人生观"等。

泰国比丘转通法师读了我的《海天游踪》,被书中描述到印度祈求舍利的虔诚所感动,特地将金刚舍利转赠佛光山供奉。槟城

赴韩国参加第六届"国际佛教会议",并与通度寺住持月下长老(左)合影(一九八四年七月二十五日)

日落洞佛教青年团,出版我的讲演选集,定名为"浪涛",以此来响应和推动生活佛教。

我想目前世界各国相继翻译我的"讲演集",表示人间的佛教、生活的佛教,已逐步为大众认识与接受了。

去年,龙发堂事件经由电视的报道,掀起媒体、宗教、专家学者、政府机关、病患与家属等狂热且激烈的连锁反应,各界都以自己的观点来评论,一时之间成为社会大众最为关注的焦点。

我认为一个精神病患,就像家庭里埋伏的一颗定时炸弹。谁来

马来西亚槟城妙香林寺重建落成开光典礼（一九八四年十二月十九日）

帮助他们呢？当社会的慈善事业不够完整时，民办事业也是解决社会问题的一大助力。佛门慈悲为怀的事业，就因为收取款项而引发社会的舆论，实有欠公道！其实收费是慈善事业的直接助缘，在双方同意下是合法的，不该因此而加以诽议，或扣上诈欺罪名。

事件还未被炒作时，媒体不也十分赞扬龙发堂的善行吗？然而随着事件的发展，新闻报道竟随波逐流，转向恶意的中伤、责难；不客观地扭曲真实，是有失道德与公正的。

面对社会的人情冷暖，该如何看透黑暗面？观看现今世界的动荡、社会的乱象，唯有佛法才是人类的救星。身为宗教家，我愿全心致力于弘扬佛法，期许大家一起努力，将佛光法水遍洒世界各地，让每一个人共沐佛光、同沾法益。专此　敬颂

新年进德人人齐欢乐

春节行慈家家报平安

星云 合十

一九八五年元月一日

草木放光

一九八六年新春告白

有人问我,这些年来是否遭遇什么艰难困苦?
我只能说,一切都很自然。
所谓"难",只要敢当,
难就不为难;
所谓"苦",只要心甘情愿,
苦就不为苦。
十八年的开山过程,
所有艰难困苦,我都甘之如饴,
尤其有佛菩萨的加被,社会的支持,
十方信众的护持,
更加振奋我的愿心,欢喜地弘法利生。
如今回首,一切唯求尽心而已。

各位护法、朋友们:大家平安吉祥!

岁月轮转,一回身,佛光山已在人间弘法度众十八年。有人问我,这些年来是否遭遇什么艰难困苦?我只能说,一切都很自然。所谓"难",只要敢当,难就不为难;所谓"苦",只要心甘情愿,苦就不为苦。十八年的开山过程,所有艰难困苦,我都甘之如饴,尤其有佛菩萨的加被,社会的支持,十方信众的护持,更加振奋我的愿心,欢喜地弘法利生。如今回首,一切唯求尽心而已。

为了和弟子有更密切的联系,我计划于本山设立一个"传灯会",为徒众订定一系列培植训练及福利办法,诸如举办各项讲习会、奖励徒众留学办法等等,这些将来都会拟定一套制度和规章。目前台北普门寺住持慈容法师、萧碧霞师姑及杨慈满居士,都各捐赠一百万元作为传灯会的基金,感谢他们的支持。

佛光山信徒大会,与僧信二众合影于不二门(一九八五年三月二十一日)

除了僧众教育、制度设立外,我也关心信徒的教育,去年二月麻竹园正式启用,取名"佛光山信徒讲习会",提供作为信徒住宿及召开会议、讲习之场地。三月,即于麻竹园祇园厅举行"第一届信徒梵呗音乐比赛大会",也陆续举办各种讲习。

感谢美国俄克拉荷马大学校长奥克博士,对我在佛教教育工作上的认同,致赠纪念牌给我,并派黄大中博士来山,洽商与佛光山"中国佛教研究院"交换学生及学术交流等活动。六月,"中华汉藏文化协会"在台北政大公企中心大礼堂正式成立;七月,举办"一九八五年世界佛教青年会学术会议",计有十五个国家地区的二十六个团体三百余人参加,这是有史以来由僧团自行独立承办大型会议的创举;十月,我即在台北普门寺主持此协会的第二次理监事联席会议,为推展国际佛教活动,发起筹办世界显密佛学会议。

在演讲弘法上,我仍旧马不停蹄,盼望能将法水遍施人间。去年高雄市教育局请我以人生哲理的观点,探讨对社会病态、心理病

"中国文艺协会"作家访问团于佛光山大雄宝殿前合影(一九八五年六月二十一日)

态、民俗病态的疗法;彰化县政府邀我以"入佛之门"一题,进行三天演讲;每年在台北"国父纪念馆"举行的佛学讲座,这次我以"禅"为主题,讲说"从衣食住行来谈禅宗的生活"、"从风趣洒脱来谈禅宗的人物"及"从教学守道来谈禅宗的特色"。马来西亚竹林寺开光落成,我前往主持,并到槟城讲说《八大人觉经》。这是两年来,我第五度受邀前往,每场讲座皆座无虚席;马来西亚人民的人情味与向道心,总鼓动我弘法度众的愿心。

"文协"作家访问团一行,由郭嗣汾先生率领到佛光山访问,并举行文艺座谈会,应他们的盛情邀约,我也班门弄斧地以"文艺与人生"为题,作了专题演讲。

徒众将我多年来在各处的讲演结集成讲演集,已发行到第三版了,由李仁玉小姐翻译的韩文版,亦以《普通佛陀、普通众生》一名问世。此外,佛光文化出版社出版的《佛光小丛书》,美国国会图书馆更专函中央图书馆索取,以供珍藏;《佛光山灵感录》、《佛光大藏经·长阿含经》也相续出版,除此之外,我亦嘱咐佛光出版社全力护持华宇出版社发行《世界佛学名著译丛》,而《觉世》旬刊创刊一千期,也在去年底举办"觉世与我"征文特刊,以为庆祝。

几年来的努力,持续受到海内外的肯定,增强我们无比的信心与力量。像是在台视每月播出一次我的佛学讲座节目,三月,在三十多个广播节目中,荣获"行政院新闻局"颁发"广播电视社会建设金钟奖",评定为第一名;台视也从五月开始,每周一次播出我主讲的《六祖坛经》。很欣慰佛教的媒体弘法,已受到社会人士的欢迎与肯定。

六月,"美国佛教青年总会"在洛杉矶成立,会上推选我为理事长。此外,"中华汉藏文化协会"也在六月底正式成立,此协会之成立相信能为沟通汉藏佛教、文化,及国际活动做出具体的贡献。在大会投票选举后,我当选首任理事长,慈惠法师为副秘书长,心定法师为监事,并于九月底举行第二次理监事联席会议,会议中决定发起筹办"世界显密佛学会议",以推展国际佛教活动为努力方向。

在教育方面,普门中学附设幼稚园,荣获高雄县政府教育局评鉴为最优幼稚园。此外,省政府颁发"兴办公益慈善及文教建设绩优"之匾额及奖状,奖励佛光山多年来在佛学讲座、电视弘法、出版佛书杂志、巡回医疗义诊、冬令救济等各方面,对社会的贡献。对于这些肯定,我除了合十感谢,也自我期许:为法为众,奉献身心。

于交流参访上,去年年初,我再度率领"佛光山印度朝圣团"一行七十六人,展开为期二十一天的圣地朝礼;美国十四航空队会员及眷属共一百余人来山访问;韩国驻台官员金相台伉俪、泰国僧

"世界佛教青年会一九八五年学术会议"于高雄中正文化中心举行开幕典礼,我被推举为世界佛教青年会荣誉会长(一九八五年七月二十九日)

皇秘书长等一行人、斯威士兰王国财政部长米尼伉俪等相继来山。

"政府资政"张宝树先生,也在九月,陪同日本国会议员滩尾弘吉等人来山访问;"台湾省政府主席"邱创焕先生率领全省县市长、"省府秘书长"刘兆田和省府各主管一行莅山礼佛。其他,如高雄市长许水德先生、夏元瑜教授,以及名作家上官予、应未迟等人,也来山礼佛参访。

去年有一件重大的事,就是在我六十岁生日前夕,我宣布退位。对我而言,仿佛有重新迎接新生命的感觉。十八年前,我空着手到高雄麻竹园开创佛光山,现在也是空着手走,来来去去,没有不同。就像我一再跟徒众强调的,佛光山不是我个人的,是大众

一九八六年新春告白

为了佛教法脉永续,人才世代交替,将临济宗四十八代法脉传授给第四十九代,即佛光山寺第二代心平和尚

的、是十方的,佛光山不会因住持换人而改变弘法的方针。

住持退位,在佛教界是很平常的事,而我已连续做了十八年的住持。在佛光山的组织章程中,订定住持为六年一任,得连任一次。早在六年前,我便有意退位,然而当时佛光山尚属扩建时期,不宜交卸职务,大众要求我破例连任二次。如今本山建设,大体完成,为了佛教法脉永续,人才世代交替,我将正法递付临济宗四十九代、佛光山寺第二代心平和尚。

我退位及新任住持晋山典礼,于九月二十二日举行。我将衣钵等信物传予心平和尚,并期勉善自护持,绵延勿替,而为说偈言:"摄山栖霞寺,分灯到台湾;佛光永普照,法水广流长。"心平和尚则宣誓以师心为己心,以师志为己志,秉持佛光山宗旨觉世牖民。

典礼中,我亦向大众说明坚持退位的原因:

一、法治重于人治。人有去来、老病死生;"依法不依人",才能常住。

二、世间之事,不是"非我不可"。佛法的弘扬,社会的净化,是要靠大家共同来成就的。

三、退位不是退休。退位一样可以弘扬佛法,服务社会,普度众生。

四、加强新旧交替。佛光山寺交给第二代住持,正表示一代胜过一代。

除此,传法大典上,并由栖霞山四十八世传人法宗法师、悟一法师、达道法师及我四人,共同传法予四十九世衣钵传人,有心定、慧龙、慧开、慈庄、慈惠、慈容、慈嘉、慈怡、依严、依敏、依融、绍觉、依恒、依空、依谛等人受法。

当天有各界首长及信徒一万多人参加此一盛典,国民党台湾省党部主委关中、高雄市长苏南成等先后致词。从此"恪遵佛制,薪火相传,以制度管理,以组织领导",树立了道场民主化的典范。

佛光山即将迈入第二十年了,各项教育、文化、慈善等事业已成熟茁壮,各地道场的建立也逐步设立。去年,澎湖海天佛刹、基隆极乐寺、石门北海道场第一期工程山门相续举行安基典礼。值得庆贺的是彰化福山寺历时十二年的建设,终于竣工,并于七月举行落成暨佛像开光典礼,同时启建万佛在家五戒菩萨戒;前年创设的福山佛学院第一届学生也在今年学成毕业。

未来佛教发展的方向,应教内礼仪规章统一、教团彼此尊重包容,以及各寺院间要沟通往来。对于佛教事业的发展,我尚有两个未完成的心愿:一是办报纸,净化人心;二是办大学,培育人才。希

一九八六年新春告白

作为一个出家人,我愿全心致力弘扬佛法

望在不久的将来,这些心愿都可以实现。

　　新的一年,新的开始,祈求佛陀加持,让佛光照耀家家户户,法水流进人人内心,这是我最殷切的企盼!专此　顺颂

　　福慧圆满

星云 合十

一九八六年一月一日

一九八七年新春告白

佛光山上的一草一木、一楼一殿,
都是大家一点一滴汇聚而成;
佛光山的弘法事业,
在大家护法护教的努力下,
俨然在世界各地撒下了种子。
未来,
祈望全世界的佛光人,
追求属于自己生命的净土,
也能开展成就他人的清净世界。

各位护法、朋友们:大家好!

岁残年尽,人生又走过一年,这是一九八七年的开始,祈愿人间安和乐利、万象更新!

开山至今已二十个年头,这二十年里,我始终致力于开山、教育、文化、讲演的工作。我自一九八五年退位后,虽卸下佛光山宗长一职,但是,徒众说"师父"是没有退位的。所以行政工作由各职事担当,而在思想启发、宗风道心教导上,我仍乐于为大众奔忙。

去年七月底,为了让继位的住持能顺利做事,并为自己在未来弘法、修道上,重新定位与调整,我飞往美国西来寺闭关半年潜修。闭关,是三十年前的愿望,想不到三十年后才能实现。虽说是方便关,也为自己订下了计划表,每日早上五时醒来,忙着读经、写作、打坐、拜佛、学习英文,真是忙得不亦乐乎。

其间,我体悟到生活里忙中有闲、闲中有忙,忙忙闲闲、闲闲忙忙,才是人生最幸福的事。也由此,我写下一首偈子:"佛光山人西方来,摩迦尊者东土去,来去去来均如是,永作世间闲忙人"。

这段闭关期,承蒙大家殷勤护持,世界各地的大德如:孟加拉僧王伟素达难陀上座、夏威夷宗教大学宗教研究所查善尔教授、斯里兰卡毗雅达西上座、台湾十大杰出建筑师陈仁和居士等,都前来关心闲话,企业家吴修齐居士更三度来访。另外,印海、幻生、浩霖等诸位法师也都曾到访。

在闭关期间,唯一遗憾是,得知煮云法师圆寂的消息。整整四十五年的同参道友,遽尔西归,怅望云天,怎不伤怀?台湾佛教三十多年来,弘传发展,煮云法师功不可灭。我因无法返台祭奠,只能撰述一副挽联:"你我同戒同参同学同事同弘佛法,人称同兄弟;相互忍苦忍贫忍谤忍难忍气吞声,谁知忍别离。"并委托慈庄法师专程送去,以表哀思。

一代高僧广钦老和尚及著名的佛教学者杨白衣教授,亦相继往生佛国。他们留予世人的是无尽的慈悲愿力与高尚的道德风范,虽然生者皆有死,但他们为世间奉献的生命光华,将永垂不朽。

回顾去年,除闭关外,五月份在台北普门寺举办为期十天的佛经讲座,宣讲《六祖坛经》。为使信众都能深入了解经文,请慈惠法师台语翻译,依空法师书写板书,慈容法师则担任维那,引领开经。希望在场的每一位听者皆能入法味香,心领神会。于普门寺期间,蒋纬国将军与谷正纲先生在百忙中抽空前来与我讨论佛法。也应高雄市政府之邀,在中正文化中心至德堂,举行三天的"净土思想与现代生活"系列讲座,欲借阐明净土思想的殊胜,帮助大家在现实社会里,享有更清净美好的幸福生活。

除了这两场大型的佛学讲座,我更四处云游行脚,弘法度众。在美国、马来西亚等地讲演,也应"台视新闻热线追踪"节目之邀,以"撒播欢乐的种子就从你开始吧"为主题,与天主教罗光主教、基督教周联华牧师、伊斯兰教马经武监察委员,以及台大心理学教授贾志宏女士等人座谈。长期以来,我一直主张人间佛教是"将欢喜布满人间"的,因此座谈会上,我就目前社会暴戾风气,提出"你对我错、你大我小、你有我无、你乐我苦"的观念,作为大家行事待人的参考。

此外,四月时,我受邀在阳明山中山楼召开的"国民党第十二届第三次中央委员会会议"上列席发言。我主张开放民主的门槛,培养人才,力倡化敌为友,有容乃大,也呼吁重视宗教,共同促进和谐与和平。郝柏村先生也来山访问,邀我前往军中弘法,五月即应"国防部"之邀至监狱布教,以"解脱之道"为题进行讲演。

接着,参加一场台湾移植医学会举办的学术研讨会,与许多专业医师谈佛教对器官捐赠的看法。各别分院所举办的观音法会、念佛共修、弥陀佛七、金刚妇女法座会等活动,我也随喜开示,欣见社会各界对佛法的渴求,我想只要是有利于大众的,我都满心欢喜地愿与各地信徒结缘,为他们讲说佛法。

而宗教、友寺、朋友之间的往来,是最令人欢喜与感谢的,因为朋友的来访,总带给我们无限的鼓励祝福;借由交流,佛教的发展也更为增盛,更能福利社会大众。像京都净土宗系的大学校长水谷幸正先生莅临佛光山,对佛教大学在台设立分校进行咨议,此举可谓跨出中日佛教发展的第一步;与南传比丘苏曼那法师会谈中,他表达将成立比丘尼教团的信心,我也乐观其成。

"行政院副院长"林洋港先生,带领自强活动团员四十余人来山参访各项文教设施;女作家组成的文友合唱团,在邱七七领队

第一届"世界显密佛学会议"在佛光山举行(一九八六年十二月二十六至三十日)

下,来山访问。还有,"中国钢铁公司"于麻竹园举办了"一九八五年国际钢铁学术会议",席间,他们邀请本山到澳大利亚建寺弘法之事,就等待因缘的成熟了。

十二月,在佛光山举办"世界显密佛学会议",集合了十九个国家地区的佛教菁英于一堂,包括日、韩、斯里兰卡、马来西亚、澳大利亚、瑞典、香港等地学者专家三百余人,以及来自美、加、尼泊尔、印度的西藏喇嘛,他们分别代表藏传佛教"黄、红、白、花"宗派,共同莅临,讨论佛教未来的发展,这是佛教界首次探讨有关显密融和问题的世界性学术会议。

会议结束,再移师台北,于中山国中体育馆举行三天的"祈求世界和平显密大法会"。感谢蒋经国先生、加拿大总理布赖恩·马尔罗尼先生均致贺电。也感谢高雄市苏南成市长颁给我"高雄市

佛光山第一期信徒讲习会（一九八六年一月二十四日）

市钥"，让我成为高雄市荣誉市民。

除了国际交流、弘法讲说，我仍心系僧俗教育的提升，因此元月时，举办首届"信徒讲习会"，接着又举办了四期，课程内容规划为行、解二门，希望大家除了发心修持、参与活动外，更能潜心于慧解门，充实自身的佛学素养。而为了增进僧信二众信仰传承，去年举办的"信徒会员大会"，增加了衣钵传法大典，将临济衣钵分灯国际信众，让法统广布流传。会上有世界各地信徒代表二万余人齐聚一堂，颇有灵山胜会的盛况。

万人盛会，固然有一时千载的难遭难遇，而个人真诚的邀请，也让我感动。去年，收到屏东市七岁张琲昕小朋友的来信表示，和母亲一同听了我在高雄的讲演，感到非常欢喜，期盼我能到她家里应供。闻此真挚之语，从来不到信徒家里应供的我，也乐于前往了。

从寿山佛学院到东方佛教学院,从东方佛教学院到"中国佛教研究院",僧伽教育已迈入第二十三年了。其间,相继成立台北女子佛学院、彰化福山佛学院等,去年更成立英文佛学班;把中国佛教迈向国际化,应是今后开拓佛教弘法事业的当务之急。

我时常在外弘法讲说,没有太多时间与学生、徒众、信徒们相处,两难之余,只有把握机会,以文字接心。于是分别撰写"给佛学院学生的一封信"、"给徒众的一封信"、"给佛光人的信函",期盼大家在做人、处世、为学、修道上,都能有正确的态度和观念。

另外,教人欣喜的是,台南慧慈幼稚园荣获台南县教育辅导团评鉴为全县第一名;五月中旬,佛光山普门中学与韩国东国大学附属中学校缔结为姊妹校,今后两校将加强相互的观摩与交流。

文化方面,四月初,《觉世》旬刊自一〇一四期起,改版为三十六开袖珍型书册,每十天发行四十万份,且免费赠阅给本山信徒,聊表心意;由韩国李仁玉小姐翻译的《星云大师法语——一切众生皆是佛陀》,承蒙韩国佛教新闻周刊的肯定,向全国读者推荐为佛教百册必读的佛书之一;十月,《佛光山简介》正式出刊,希望大众能更了解佛光山。藏经的编辑目前也已略见成果,《佛光大藏经》阿含藏部分,已付梓的有《长阿含经》、《杂阿含经》及《中阿含经》,《增一阿含经》也可望在今年出版。《佛光大辞典》、《佛教史年表》已进入校定阶段,相信出版后,对佛教又是一个划时代的贡献。

去年的慈善工作仍积极落实:台风造成的灾情,我们积极响应捐款活动,以实际行动支持灾民重建家园;佛光山慈悲基金会于年初,扩大举行冬令赈济活动,将救济财物分送各贫户,并为高雄县贫病民众做免费医疗服务;佛光山设立的医疗巡回车更拓展服务地区,定期深入偏远山区照顾贫病患者,施诊医疗队的永胜法师,则膺选为去年"好人好事"代表。

佛光山的一草一木、一楼一殿,都是众人点滴汇聚而成;期许佛光弟子,除了开发自己的生命净土,也要开展成就他人的佛国世界(摄于佛光山如来殿丹墀)

此外,大慈育幼院由于环境卫生、设备完善、生活教育良好,获得政府表扬,在五月"台湾省社会处"假麻竹园举办"全省公私立育幼院观摩研讨会"上,被列为全台育幼院观摩对象,萧碧凉老师更荣获"台湾省一九八六年度资深绩优保育人员"的表扬。

佛光山近二十年来,始终朝着文化、教育、慈善、共修四大方向,为人们耕植心灵的福田。除了致力内在的净化,外在的硬体建设也是不遗余力。经过六年的周折,六次公听会、一百三十五次协调会议后,位于美国加州西来寺建筑执照终于获得洛杉矶政府批准,于去年三月开工兴建,并在十二月举行大雄宝殿的上梁典礼,未来它将是北美洲最大的中国传统宫殿式佛教道场。西来寺是一座多元化弘法功能的殿堂,不仅是僧信二众修行的道场,往后也将提供社区举办文化交谊活动,甚至国际会议、各项展览、文教集会等活动。

北海道场第一期工程业已竣工,于年初开始启用,未来亦将朝文教事业发展,并定期举办朝山及八关斋戒法会。为了接引更多人学佛,分别于高雄前镇和关岛成立布教所,提供当地人有一信仰之处。本山大慈庵寮房也在九月开工了,这是继男众大觉寺之后兴建的住众寮区。希望所有女众弟子无论在哪里弘法,回来山上,都应回到大慈庵报到。

佛光山开山二十周年,也是《觉世》旬刊、慈爱幼稚园三十周年,普门中学创校十周年纪念。因此我们举行一系列纪念活动,报告各位发心护持的成果。

佛光山上的一草一木、一楼一殿,都是大家一点一滴汇聚而成;佛光山的弘法事业,在大家护法护教的努力下,俨然在世界各地撒下了种子。未来,祈望全世界的佛光人,追求属于自己生命的净土,也能开展成就他人的清净世界。专此 顺颂

法喜充满

六时吉祥

星云 合十

一九八七年元旦

以小观大

一九八八年新春告白

我自佛光山宗长一职退位后,
本以为从此过着云水三千的生活。
不意,现在的我,
出入不是机场就是高速公路,
脚步不曾停驻,
"空中飞人"、"车厢办公"已变成我的
生活写照了。
想想近五十年来的生活中,
从未有稍歇的念头,
虽引退住持之位,
也不过是一种传承交棒。
身为衲僧,为人师者,是不会退的。

各位护法、朋友们:大家好!

在奔波弘法之际,不知不觉我已迈入耳顺之龄,佛光山也已开山二十年。一九八五年,我自佛光山宗长一职退位后,本以为从此过着云水三千的生活。不意,现在的我,出入不是机场就是高速公路,脚步不曾停驻,"空中飞人"、"车厢办公"已变成我的生活写照了。想想近五十年来的生活中,从未有稍歇的念头,虽引退住持之位,也不过是一种传承交棒。身为衲僧,为人师者,是不会退的。

去年年初,佛光山举行五天的冬令赈济自强活动。将冬令救济扩大到屏东雾台乡、台南北门乡、嘉义竹围区、彰化二林镇等地,计有五县十六个村镇千余户受惠。也捐助书籍给附近原住民村落,并施予医疗义诊。

为庆祝开山二十周年,全山大众及护

法信徒，集思广益举办了各种活动与法会，如春节为期一个月的"平安灯花灯竞赛"、"佛学院联合毕业典礼"、"佛光文学奖、摄影奖"、"报恩庆生民俗技艺园游会"等。在此殊胜因缘下，有三十三位青年发心出家，剃度典礼上，我以一偈"庆生法会俱宝华，狮儿出家真堪夸；法王座下添新锐，南北东西是一家"，期许他们未来都能成为佛门龙象。

一系列活动中，"佛光篮球队"在六福村刘俊卿教练领导下，以球会友，以球传教。还有南北十多场巡回布教，有心定、慈惠、慈容、慈怡、依空等主讲，各地政府机关纷纷赞叹此举具有慈善、社会教化的作用；"巡回义诊队"由永胜带领三辆医护车及各地区医师，前往偏远地区环岛施诊。年底，信徒才艺及大慈庵会说话的九官鸟表演节目，不仅带动另一波庆祝活动，义卖义演所得更成为今年三月前往泰北弘法赈济施诊的资金。

住持心平和尚在灵山胜境的素食品尝会上，带领百位出家众共同制作百公尺长的寿司，以祝愿佛光山法脉源远流长。同时，庆祝普门中学创校十周年，以"更快、更高、更远、更新、更美、更好"为主题，举办一场"佛光人运动大会"。

为了恪遵佛制，效法古德典范，发扬行脚参学、刻苦自励的传统精神，去年四月，佛光山派下徒众及学生共一百零八位法师，以一个月的时间，从台北走到高雄，完成六百公里的托钵行脚。威仪、宁静、整齐的行伍，真正"走出国家富强的道路，走出佛教兴隆的道路，走出人间光明的道路，走出佛子正信的道路"。行脚僧们头顶斗笠，日晒雨淋，脚底的水泡，破了又长，长了又破，翻越峻岭，走过僻壤，只为撒下粒粒菩提种子，遍弘佛法在红尘世间。

与全台一千两百位六十岁以上长者齐聚佛光山,共沐报恩庆生大法会(一九八七年九月十三日)

感谢大众的成就护持,沿途受到各地方首长、佛教会、寺庙、学校、善男信女及各界人士的支持与赞助,圆满这场殊胜的"行脚托钵法会",写下台湾佛教史上的新页。所得善款,全数作为成立"财团法人佛光山文教基金会"之用。

六十岁生日前,徒众永全提出邀请全台六十岁以上长者齐聚佛光山,一同庆祝"开山二十周年报恩庆生大法会"的建议。我一向不喜欢大家为我个人而劳师动众,但是看着那一千两百位寿星,在本山徒众的热忱接待和精彩晚会的热烈祝福下,各个满心欢喜的表情,好似这天也是他们一生中最光荣、最快乐的日子。让我感觉,这世间不只是我一个人的,于是收起"母亲在,不可言寿"的个人观念,随缘随喜地参与这场"以天下父母为我父母,以天下长者为我兄弟姐妹"的活动了。

前年,为纪念大仙寺第九代祖师开参法师圆寂十一周年,我带领佛光山职事、佛学院男女众学部同学前往参加,也亲自主持精进佛七。大仙寺有三百多位住众,常住规定做苦工十五年后,才可换得一间寮房。想到佛光山的人众,开山二十年来,在繁忙的弘法事业和寺务发展上,不辞辛劳,对常住从未有任何的要求。而今大慈庵竣工,终于能给大家一个安住的空间来安心办道。不管是男众的大觉寺或女众的大慈庵,大家要精神相依、思想一致、清净、平等、和乐地安住于道业上。

十月,佛教界诸山长老、大德、信徒们云集高雄栖霞精舍,为禅宗临济宗法脉第四十七代传人月基老和尚荼毗献供大典致哀。典礼庄严隆重,佛光山百余位出家众迎请默如长老主法,并由我简报月基老和尚的一生行谊及致谢词。

去年七月,佛光山澎湖海天佛刹举行佛像开光典礼,此寺不仅是当地最大的寺院,也为在地信徒提供一处心灵的加油站。为了方便来山大众,在民众图书馆设立"轮椅代步服务中心",而"信徒服务中心"、"会员服务中心"也正式启用了。

佛光山走向国际化的过程实属千辛万难,尤其,美国西来寺建寺经历种种考验。不过,西来寺尚未完成使用,海内外许多团体与宗教人士却已闻风,纷纷前来参观这一座美洲首座具有传统中国宫殿式的寺院。去年,有日本净土真宗佛教团体八十余人、香港鹿野苑退居和尚、栖霞山诸位长老、美国众议员梅罗马丁先生等前来普照,加州州务卿余江月桂女士也多次前来关心西来寺工程。

回顾去年的宗教交流，二月，在台北天主教总主教公署举行，罗光主教主持的"八大宗教联谊会"，有来自各教界的领导人物共聚一堂，讨论宗教间的各项议题，我也应邀向大家报告"世界佛教显密二宗佛学会议的经过与结果"。我想，各宗教的教义虽有不同，但追求真善美、促进人生幸福的目标应是相同的。还有，我与中国佛教协会会长赵朴初，首度于泰国曼谷相会，对于两岸佛教的交流和人心对宗教的渴望，都有着深切的期盼和期许，但也只有随缘了。

此外，应马佛总主席金明法师暨新加坡佛教界之邀，我率领二十人的访问团，前往新马等地弘法访问。在马来西亚佛教青年总会邀约下，也参加在槟城举行的"南北大师喜相会"讲座会，与代表南传佛教的达摩难陀法师共论教义，透过这个因缘，让更多人深入了解南北传佛教。十一月，应世界佛教徒友谊会、世界佛教青年会的邀请，前往泰国讲述"从台湾的现状说到未来佛教的希望在哪里"。

去年也有多位教界、友教人士来山，像泰国高僧朝礼团僧王秘书长索彭长老及各住持法师等二十六人、泰国青年会居士三十二人、尼泊尔皇室顾问洛克达桑先生率领"尼泊尔比丘尼访问团"、摩诃菩提协会总秘书长斯里兰卡沙拉比丘、马来西亚吉辇佛教会一行三十人，以及日本九州大谷大学佛教学科二十位学生分别莅山访问，相信透过友谊往来，对未来宗教发展、彼此融和是有助益的。

年初，《中华日报》首创佛教副刊，我为其命名为"无尽灯"。想起在大陆学生时代，便欢喜阅读副刊，也撰文投稿；近几年，举办多次文艺作家会议，与痖弦、王蓝、司马中原、郭嗣汾、刘枋、应未迟等人都有交流往来。去年七月，为庆祝开山二十周年，更举办首届

一九八八年新春告白

尼泊尔皇家顾问洛克达桑先生率领"尼泊尔比丘尼访问团"参访佛光山,并赠雨花舍利(一九八七年六月八日)

"佛光文学创作奖"评审会,由诗人余光中、《联合报》副刊总主编痖弦先生等担任评审。

为弘扬佛教文化的思想与精神,成立"佛光山世界佛学研究中心";六月,《佛教史年表》和《佛光大藏经·增一阿含》四册出版付梓。徒众将我讲说内容集成的《讲演集》第三集已出版,我在台湾电视公司所讲的禅宗公案典故,也编辑成《星云禅话》一、二、三集出版发行。

佛光山以文教起家,我期许所有出版品都能"从出世到入世,从教内到教外,从艰深到浅白",让普罗大众都能汲取甘露法味。

去年元月,"台北女子佛学院"由台北松江路迁至石门乡北海道场,让学生有了一处专心修学的地方。"新竹无量寿图书馆"也举办第一期夜间佛学院;在幼稚教育方面,举行"佛光山幼稚教育发展中心联合佛学讲习会";佛光山丛林学院各级学部,举办为期十天的"联合讲习会"。举办这些讲习课程,是希望大家有更多机会进修研习,相互交流,凝聚共识,一同为个人道业与佛教弘扬而努力。

在外求学的徒众,也频传佳绩,为教争光。如:依法通过托福考试,前往夏威夷大学攻读哲学博士班;印度留学的依华,在国际大学比较宗教学硕士班,以甲等取得第一名结业成绩;中国文化大学华冈研究所的永明,以全班第一名的成绩,获得"教育部"研究生奖学金;慧开获得"全台优秀青年代表"。祈盼佛光子弟们,都能互相砥砺,体恤常住栽培的苦心,在学业上努力精进。

去年,依然南北奔走,在高雄普贤寺宣讲《六祖法宝坛经》;在台东岩湾监狱讲"如何安住身心",在台南六甲监狱讲"讲心",也应邀前往绿岛和"国防部"监狱讲"命运",凤山"海军明德班"讲"人的五大毛病"。想起自一九五三年至宜兰弘法开始,就不断地前往监狱弘法,因为我相信,唯有佛法能解救人心,让人获得身心上的安顿。从最初被拒绝到现在的主动邀请,已过数十年的岁月,而我也几乎走遍全台的监狱了。

无论科技文明如何演进,"宗教"始终是人性永恒的追求,尤其佛法更是人心所需。相信未来的佛教事业、佛法的弘传,会在这多变的时代环境里,走出更宽大、更多元的领域;佛法的宏观,必能

深远影响人心,利益大众,让我们齐心努力!祈愿

　　国家平安兴隆

　　全民吉祥如意

　　　　　　　　　　星云 合十
　　　　　　　　　一九八八年元月一日

共生共有

一九八九年新春告白

几个不眠的夜晚,我踱步在静寂的泰北山区,
不断思忖如何满足广大众生对佛法的渴求——
举办弘法大会的构想,逐渐在我心中成形。
几经策划、设计,
终于在去年九月,于台北林口体育馆、
彰化县立体育馆、高雄中正体育场三地,
分别举行"回归佛陀时代弘法大会"。
透过迎佛、禅坐、念佛、梵呗唱诵、
上灯供佛、说法开示、万人皈依等,
将佛陀请到现代的人间。
一时之间,仿佛灵山再现,
让现代人也能在佛陀的法音中,
感受佛法的慈悲、法治、无诤、喜悦……

各位护法、朋友们:万事吉祥,新春如意!

时光飞快,一年又过。犹记去年年初基隆极乐寺在重建时,发生工寮倒塌事件,幸而大众同心齐力,终于平安无事。想起佛光山开山至今,工程上遇到的困难不知凡几,像放生池就倒塌了三次,丛林学院的边坡、大佛城,也曾发生土石流,都是靠着全山大众、学生冒险患难,锲而不舍地与大自然风雨搏斗,始能克服挫折,完成建设。

就在刚放下极乐寺的工程事件,接着举行冬令赈济的同时,传来蒋经国先生的辞世消息,实令人伤感。蒋经国先生对推动台湾民主改革有极大的贡献,他也几度造访佛光山,肯定佛教对人心的贡献。这天,住持心平和尚率领全山大众诵经祭悼,聊表对经国先生的哀思。

去年,在台湾救灾总会谷正纲、杨龙章先生、泰北救总工作团龚承业团长多方协助,以及台视公司周志敏小姐、慈容法师的策划安排下,"佛光山泰北弘法义诊团"在三月成行。除了本山出家众外,还有医生、护士、新闻记者、护法居士等一行五十八人。前后十天,我们走访了万养、金三角、热水塘、唐窝、美斯乐、密尔、满星叠、帕当等二十个难民村。

在那里,人民的生活、物资、教育、经济等各方面都相当贫乏。尤其,他们离乡背井,没有居留权,吃不饱、睡不好,一过就是二十年。他们说,没有饭吃还不打紧,没有佛法,精神上没有依靠,才是最大的苦难。看到他们那种对宗教的渴求、对信仰的认真,闻言不禁令人鼻酸。为此,除了随团医师、护士的义诊外,我亲自主持了观音寺的开光,也举行皈依典礼。希望佛法为他们带来甘露,使其身心都能获得安顿。

几个不眠的夜晚,我踱步在静寂的泰北山区,不断思忖如何满足广大众生对佛法的渴求?举办弘法大会的构想,逐渐在我心中成形。几经策划、设计,终于在去年九月,于台北林口体育馆、彰化县立体育馆、高雄中正体育场三地,分别举行"回归佛陀时代弘法大会"。透过迎佛、禅坐、念佛、梵呗唱诵、上灯供佛、说法开示、万人皈依等,将佛陀请到现代的人间。

一时之间,仿佛灵山再现,让现代人也能在佛陀的法音中,感受佛法的慈悲、法治、无诤、喜悦、无欲、平等,众生心与佛心一同跳跃,与法相应,与佛相契。这个活动,造成十余万人与会的盛况,显示佛教正以一种积极、具时代性的形象走向社会。

在林口体育馆时,为了响应佛光山与台视爱心节目制作周志敏小姐发起的器官捐赠运动,我将自己和徒众等四十多份器官捐赠志愿书,交给长庚医院张昭雄院长,借此抛砖引玉,祈愿大家也把生命升华、延续,将慈悲散播人间,效法佛陀"舍身饲虎,割肉喂鹰"的大悲精神。

佛光山于北、中、南三区举办"回归佛陀时代"弘法大会(一九八八年九月十七日至十月一日)

四月时,我率领"佛教金门前线弘法团"五十人,至金门等地弘法。期间,我们参观了古宁头金门战史馆、陶瓷厂、马山观测所,也访问了花岗石医院、金刚寺、海印寺,并假李光前将军庙举行一场显密联合法会。我也在擎天厅,以"从佛教的禅定谈处变不惊庄敬自强"一题作讲演。

去年,本山举办了中国佛教史上首见的"短期出家结夏安居修道会",为忙碌的在家学佛者,提供一个体验僧团生活的因缘。本来预计数百人参加,未料竟达八千人报名,囿于场地与活动品质,两相为难下,只有录取千余名,分三梯次举行,表示"佛陀座下千二百五十人俱"的意义。

此外,针对不同对象举办的"教师佛学夏令营"、"儿童夏令营"、"信徒讲习会",以及《中央日报》主办,佛光山协办的"大专禅学研习营"等课程,都为惶惶于生活的现代人,提供了安顿身心、学习佛法的好因好缘。

一九八九年新春告白

佛光山首次举办教师佛学夏令营(一九八八年七月十六日)

在工程建设方面,去年三月,在信徒大会之日,举行了本山金、玉佛楼奠基典礼。这两栋大楼将规划为四众弟子专心念佛、参禅、钻研法义的场所,并提供信众住宿之用。为此,我写下一偈:"金佛玉佛两座楼,法堂戒坛中央坐,四众弟子齐安基,佛光普照寰宇周。"期盼建成后,能充分发挥功能,成就众生的法身慧命。

佛光缘文物展览馆于三月八日动工,而"财团法人佛光山文教基金会"在三月获"教育部"许可设立,六月经高雄地方法院公告,合法取得"法人登记证书",由慈惠法师担任执行长。经过十年策划与兴建的西来寺,也终于完成竣工了,它是北美洲最大的中国式寺院,不仅是一座道场,更是中西文化融和、交流的处所。在七月佛像开光后,也于十一月举行落成典礼了。

感谢美国前后两任总统里根及布什先生,都各派代表致贺,加州麦卡锡副州长、洛杉矶市布莱德市长、美国众议员马丁·尼斯先生均亲临致贺；北美事务协调会陈锡藩处长，及洛杉矶市议员胡绍基先生、前蒙特利尔公园市长陈李琬若女士、加州参议员威廉·盖博、阿罕布拉市长博克先生、中华生命线创始人曹仲植先生、作家陆铿先生、统一企业负责人高清愿先生等人，也都前来参加盛会。

逢此盛会，西来寺同时传授三坛大戒暨在家五戒菩萨戒。此次戒会甚为稀有，有来自南北传的三师十二尊证大和尚，戒子则来自尼泊尔、斯里兰卡、缅甸、美、法、英、韩、新、马、台、港等十六个国家地区。这是美洲地区首见的汉传三坛大戒戒会，不但打破地域的限制，更增进了南北传佛教的交流。当中启建的万缘水陆法会，也是美洲大陆首见的。

"第十六届世界佛教徒友谊会暨第七届世界佛教青年会"也走出了亚洲，首次在西半球举行，共有八十四个佛教团体，二十三个国家地区，五百余人参与盛会。令人欢喜的是，中国佛教协会代表团、"中国佛教会"代表团、"中华佛教居士会"代表团同时出席大会，气氛和谐友好，首开两岸中断多年的交流，为佛教融和的远景揭开了序幕。

大会中，我揭橥和平团结之义，提出"以无我观致力和平，以慈悲行实践和平，以尊重心谋求和平，以平等心进取和平"，以及"容纳异己才能团结，分工合作才能团结，充实力量才能团结，牺牲奉献才能团结"等几点意见，祈愿为扰攘的世间提供一点方向，以佛教包容、平等的精神共同创造一个和谐无诤的世界。

在这一年当中，有许多团体相继访问佛光山，如中华四川料理重庆饭店调理部长黄村宝先生，带领日本同业专程来山研究素食料理；"监察院院长"黄尊秋先生率"副院长"、"监察委员"等人来山；"省主席"邱创焕先生率各县市正副"议长"一行人上山礼佛祈福，并举行自强活动；菲律宾十三频道电视台"旅游时代"（Travel

美国西来寺落成典礼,以及"第十六届世界佛教徒友谊会暨第七届世界佛教青年会"联合开幕(佛光山宗史馆提供,一九八八年十一月)

Time)节目制作小组,上山采访并录影;斯里兰卡比丘佩马洛卡(Ven Pemaloka)率国家电视制作人,采访有关南北传问题及西来寺落成等事,并拍摄成专辑;印尼苏北记者团,也上山了解文化、教育等事业;"新闻局"委托制作的公共电视节目"庙会",特别以佛诞节为主题介绍佛光山;日华佛教文化交流协会,由团长平川彰博士率领,抵华参观访问,首站即直奔佛光山。

另外,"经济部"专业人员研究中心中外来宾三十八人、中南美洲九个国家各级政府首长、日本国良商式株式会、韩国真言宗、韩国东国大学学生比丘、香港天主教学习团、美国国会参议员戈尔先生及加州副州长麦卡锡夫妇等一行十八人、美国加州州务卿余江月桂伉俪等,都相继来佛光山访问。彼此学习、交换意见下,实丰富了佛教的历史。

在培养人才方面,十月,佛光山派下各幼稚园负责人讲习会于普门寺召开,主要是针对各幼稚园园长、负责人的在职进修。相继也办有"财务讲习会"、"职事讲习会"等,都是为了培养各种专业人才,及开发徒众潜力,不断自我进修而举办的。

文化方面,由慈庄、慈惠、慈容、慈嘉、慈怡、依严、依空、依淳、达和法师等九位编修委员,慈怡法师主编,永明、觉明法师等百余人共同编辑,历经十年编纂的《佛光大辞典》终于出版了,这是佛教史上第一部以白话文撰写的佛教大辞典,他们的成就可以说提高了比丘尼的地位。

长久以来,佛光山一直致力于电视弘法,去年更成立"电视中心",突破了文字局限,向有声文化领域再迈进。佛法是真理、是慧命,文化的生命跨越时空,无有阻隔,因此身为弘法者,将"佛法传遍三千界内,真理普扬万亿国中",更是终身的使命。

佛教有八万四千法门,都是为了广度众生而设,除了举办活动、会议,宣扬佛法外,佛学讲座更直接予人闻法的因缘。去年,一个月的"春季佛学讲座",我与慈惠、慈容、心定、依空等人,分别在全台各大乡镇讲了三十余场。后应香港法住学会霍韬晦教授之邀,讲说《心经》;应南部信众之邀,到屏东布教所、旗山布教所开示学佛法要;在板桥文化中心讲了"禅是生活的一朵花",为"中国钢铁公司"讲说"生命的喜悦",于台南市文化中心演艺厅讲"禅与生活";又应台湾医学生联合会、台湾大学医学系系学会合办"器官移植研习营"之邀,与大家座谈。至于海内外各别分院所举办的佛学讲座,更是不计其数了。

此外,也有许多令人欣喜的"美事":斯里兰卡斯坎那地大学佛学研究所首开大乘佛学,佛光山将推荐学者前往授课,这是南传国家首次接受大乘佛教及开设大乘佛学课程,并特选佛光山作为南北传佛教交流的道场。"教育部"评鉴普门中学为私立学校典

一九八九年新春告白

祈愿佛法弘扬,让人间欢喜无尽,人人获福无量(摄于佛光山)

范,佛光山荣获高雄县一九八八年度寺庙教会兴办公益慈善事业及推行文化建设绩优表扬;台南慈航托儿所评鉴绩优,获省府表扬。

时光如水,白驹过隙,世间正因有种种困难、挫折、无常,而显得生命的宝贵、岁月的美好。全新一年的开始,祈愿未来前进的脚步更为稳定、踏实,让人间欢喜无尽,人人获福无量。专此　顺颂

祥和欢喜

身心安泰

星云 合十

一九八九年元月一日

一九九〇年新春告白

阔别四十年来,
再次面对往年的师友、故乡的父老,
内心颇有"离别家乡岁月多,
近来人事半消磨;
唯有门前镜湖水,
春风不改旧时波"的复杂心情。
友谊法喜的增盛,
让我几次百感交集,
尤其在栖霞山寺的玉佛楼,
那是四十年前我读书时,
禁止学生到达的地方。
如今,寺里安排我上座,
我的老师们分站在两边,
一时感到时空的递变,不禁热泪盈眶。

各位护法、朋友们:大家好!

一九九〇年的春节又到了,祝福大家欢喜安乐!我在去年一九八九年的弘法历程,应该向大家作个简报。

繁花如烟、春意盎然的三月,我应中国佛教协会会长赵朴初长者之邀,率领"国际佛教促进会弘法探亲团",前往大陆弘法探亲一个月。僧俗一行二百余人,参访名刹古寺,会晤学术界、文艺界等人士,也举行好几场的讲演、座谈会,并返乡探视慈母,祭扫恩师志开上人塔墓,造访母院栖霞山寺。

阔别四十年来,再次面对往年的师友、故乡的父老,内心颇有"离别家乡岁月多,近来人事半消磨;唯有门前镜湖水,春风不改旧时波"的复杂心情。友谊法喜的增盛,让我几次百感交集,尤其在栖霞山寺的玉佛楼,那是四十年前我读书时,禁止学生到

与栖霞律学院学生合影于栖霞山寺（一九八九年四月十九日）

达的地方。如今,寺里安排我上座,我的老师们分站在两边,一时感到时空的递变,不禁热泪盈眶。四十年前,我为佛教的弘扬立下微愿,随着时光的流逝,这份为众生奉献的心愿,究竟完成多少?

面对佛教亟待复兴与大家对佛法的盼望,更振奋我为众、为教的愿力。从北京一路至南方行来,只要有机会,我就建议大陆给予宗教更大的空间,开放宗教信仰,还给寺院清净与尊严。我也向国家主席杨尚昆先生建议,将寺院的园林还给寺方管理,将古物清点造册,交还寺院所有。只盼借由此行,加强佛教文化交流,拉近两岸同胞情感,促进当地宗教的发展。

就在我离开大陆月余后,不幸发生了"六四"事件,教人不胜唏嘘! 所幸北京的政府有更大的包容力,大事化小,小事化无。

于北京大学图书馆讲"禅心与佛心",北大同学争相合影(一九八九年三月二十九日)

我们所做无多,身为佛子,唯有馨香一瓣,祈求佛陀加被,无论生者亡者,不论是非得失,大家忍耐和谐,共创未来美丽强大的中国。

"和平"是每个宗教所愿,尤以佛教最为推崇。我从北京回来之后,天下文化公司高希均教授,在远东百货公司举办"台湾心‧中国情"讲座,邀请我讲述大陆行的观感;又应《联合报》之邀,与天主教罗光主教在台北耕莘文教院,以"宗教信仰的迷思与追寻"一题进行对谈。一场讲演、一场对话,吸引不少不同信仰的人士探讨宗教问题,可见宗教是没有界限的。

在美洲的弘法,要向大家报告的是,去年六月圣地亚哥西方寺落成后,洛杉矶西来寺经过十一年筹建,终于在八月获得全部的正式执照,也开始筹办玫瑰园宝塔事宜。

除了传播佛法，西来寺也发挥广大接引、度众的功能。例如慈庄代替我接待大陆来访的师友：明旸、真禅、茗山、慈舟、清定、圆湛、合成、惠庄等长老，以及中国佛协萧秉权副秘书长等。国父孙女孙穗芳女士、大陆名经济学者千家驹教授、名记者江南遗孀崔蓉芝女士等，也都在这里皈依三宝了。

年初时，我和西来寺住众十余人，应加州议会之邀，主持新年度开议洒净法会，这是佛教仪式首度登上美国议事殿堂。十月，丛林学院西来分部开学，为美国首次开办的中文佛学院。十一月，我在西来寺宣讲《六祖坛经》，每位听讲者收费美金五十元，计千余人参加，这也是美洲大陆首次以佛门传统"开大座"讲经的弘法。不仅中美人士喜欢这种佛教仪式，此一项创举更显示美国社会对佛法的接纳，可说是美洲佛教史上值得刊载的一件事。这些都让我不禁为佛教发展的成就感到欣喜。

此外，我宣布在洛杉矶筹办西来大学，好让西方人士有深入佛法的因缘。同时，加州伯克利大学路易斯·兰卡斯特教授发起"电脑大藏经"计划，拟将梵、巴、藏、汉、日文等大藏经输入电脑，由佛光山负责汉译部分。这项工作可谓是佛教经典的又一次结集，不仅在美洲，也将是全球佛教界，乃至佛学研究者的一大福音。

为了让佛光山派下各级佛学院的教育体系更为健全、更有组织，经过数次会议讨论后，更改了学制。在佛光山教育院下，设立"中国佛教研究院"、"丛林学院"、"东方佛教学院"等三级学部。另外，也成立"日文佛学班"、"英文佛学班"，以培养国际弘法人才的深度与广度。

在佛学研究方面，去年以"六祖坛经之宗教与文化探讨"为主题，假佛光山举行台湾首次"国际禅学会议"。此次会议打破学术

率慈容法师等十五人,为加州州议会主持新年度开议洒净(一九八九年一月五日)

会议固有的形态,由中、美、日、韩等国卓越学府共同策划。海内外五十余位东西方学者,如傅伟勋、郑石岩,美国兰卡斯特、马克雷,意大利桑底那,日本中村元、水野弘元、平川彰、柳田圣山,韩国金永斗,大陆杨曾文等教授参与。学者们以中、英、日语发表论文,更凸显了此次会议的国际特色。我想,这场会议的举行,对振兴中国禅风、带动禅学研究,应有相当的影响和启示,企盼禅学的花香能遍及世界,给予世人无尽法喜禅悦!

在文教弘法上,"星云禅话"节目获得"新闻局"颁发一九八九年"金钟奖",除了台湾"中华电视台",也同时在美国亚洲电视播出;《佛光大辞典》获得"新闻局"颁予一九八九年"图书类金鼎奖"。财团法人社会大学也与佛光山文教基金会合办社会大学,期盼建立终身学习体系,提升民众的精神生活品质。

自前年首次举办"短期出家修道会"后,社会大众更欢喜踊跃地要体验出家生活了,七、八月报名参加者达五千人,足见现代人对心灵净土的向往。还有,本山第二次举办历时一个月的"行脚托钵弘法大会",一〇八位行脚僧,在护法信徒护持下,从基隆走到高雄佛光山,一步一步将原始佛教的风范展现在二十世纪的人间。它呈现出佛教的积极面,提升世人信仰理念,更发挥了佛教净化社会、美化人心的教化作用。尤其这次托钵所得,悉数作为西来大学创校基金,意义更是重大。

上述各事都是开山第二十三年的活动,承蒙十方大众热心护持,才有如此的规模和成就。为了感谢大家,在都监院安排下,十二月正式召开首次"功德主大会"。会中有各单位弘法事业报告、职事介绍、功德主以法印心、祈福法会等,僧信彼此交流了解,道情法爱深深凝聚;至此,佛光山已是一方人间净土了。

走笔至此,也要向大家报告个人的弘法心得。九月,我曾到旧金山法学博士林富村府上"佛光普照",有位女士说:"佛教一直在强调学佛、成佛,但我们知道成佛不是一件简单的事,让我们有种望尘莫及的感觉,为什么佛法不能实际一点,让每个人不一定都要成佛,只要能做到比'人'高一些就好。"我闻言感触颇深,佛教要普及、深入人心,必须提倡生活的佛教,否则天天高喊成佛、了生死,曲高和寡下,信徒只好放弃信仰佛教了。

这正是佛光山致力推动人间佛教的原因!我马不停蹄地在全世界奔走,用心揣摩什么样的佛法能与大众相应。像去年《蓝与黑》作者王蓝、《滚滚辽河》作者纪刚分别来访,以及与作家林清玄座谈时,我们谈及"佛教与文学"的关系;访问美国蒙特利市中美金龄会,为老人讲"如何欢度老人生活?""雅音小集"郭小庄小姐及其团员来访,我和他们谈"艺术与宗教"。乃至应"国防部"之邀多次到军中讲演,也到金门、马祖战地,在南竿中正堂、北竿中正堂、东引介寿堂,甚至于"海、陆、空三军官校"主持"人生佛学讲座"。

我为社会大学讲"佛教对当代社会病态的看法",提供"明因果、持五戒、知感恩、有惭愧、肯包容、能惜福"的对治之方;应"救国团"李钟桂主任之邀,对以服务为职责的年轻人讲"如何树立工作者的形象";面对"兰屿励德训练班"的同学,我鼓励他们"吃得苦中苦,方为人上人",训练坚强的意志,并且勇于认错,为自己的行为负责。

三月,香港青年协会假九龙油麻地梁显利社区服务中心大礼堂,举行三天佛学讲座,我应邀讲演"胜鬘夫人十大受"、"普贤菩萨十大愿"、"因果报应十来偈"。

九月,我到澳大利亚勘查卧龙岗市捐给佛光山建寺的土地,访问市长佛兰克先生时,他听说我们要建一座庄严的中国宫殿式寺院,闻之大喜。之后,我前往夏威夷主持夏威夷大学、诺雅大学、夏敏纳大学联合举办的佛学讲座"禅心与佛道";在马来西亚沙捞越州美里民事中心开示,在沙捞越州首府古晋肯雅兰戏院讲说后,接着又到香港沙田大会堂,以"禅师与禅诗"、"禅心与人心"、"禅道与禅法"为题,作了三天讲演。

另外,我也应香港政府之邀,分别为亚皆老街的越南船民、芝麻湾难民营这许多受难的人开示"解脱痛苦的法门"。他们都是因为越战而逃离家乡的"船民",落难香港已三年了。在开示后,大众纷纷要求皈依三宝,我也临时为他们举行一场皈依典礼。

应香港政府之邀,前往亚皆老街及芝麻湾难民营,为越南的船民们举行皈依三宝典礼(一九八九年十一月三十日)

　　如今,已是一个国际化、地球村的世纪,我除了穿梭云游在世界各国,也期勉佛光人,立志在道业上求增长,在思想上要胸怀世界,学习诸佛菩萨"常作佛事,永不休息"的弘法利生精神。立愿将佛法东风,带给有情众生无尽春意!最后祝福大家

　　法喜安乐

　　动静自在

星云 合十
一九九〇年元旦

一九九一年新春告白

想起母亲首度自大陆至西来寺时,
为她在佛前准备香花供养,
她却说:"佛不要香,也不要花,
只要凡夫的一点心意。"
我所以风尘仆仆,讲说十方,
无非也只想尽一份佛子的微尘心愿,
愿佛光永不熄灭,法水川流不息,
希望人间佛教滋润众生心!
以及发挥慈悲乐观、
积极进取的精神,
将佛教的光明、希望、欢喜,
散布在世界每一个角落……

各位护法、朋友们:大家好!

去年二月,佛光山举行一九九〇年信徒香会时,我向大家介绍第一次来台湾的母亲。那时,她对着两万多名信众说:"我要我的儿子好好接引大家,让每一个人都能成佛……我没有什么东西可以给你们,我只有把我的儿子送给你们……"母亲有着"大我"的情义,我当然更是认定自己终生为教、为众的使命了。

佛光山自开山以来,制度的建立已渐落实。我一九八五年退位,宗委会却一直还保留我的名额。为了健全体制,去年我坚持辞去职务,依严也表示跟着辞去,好让其他人参与。第二届的宗委会选出了心平、慈庄、慈惠、慈容、慈嘉、慈怡、心定、依恒、依空九人担任宗委,相信这千载一时、任重道远的会议,将依典章制度建立集体领导的典范,写下佛光山另一章历史。

在教育方面，西来大学在七月正式向美国政府申请立案了，这是中国佛教在西方国家成立的第一所高等学府，还被评为设备完善优良的学校。近百年来，西方人士到中国办了很多大学，当我们有能力时，也愿意在美国建一所大学以为回馈。加州政府教育厅高等教育审查委员席拉霍金斯、凯文吴尔福克、山姆古柏等，审查核准立案后表示："以后若有人要申请建校，我们一定推荐当事者来请教西来大学。"这真是西来大学创校史上最珍贵的一刻。

新文丰出版社负责人高本钊居士将出版社所有的书籍，送一整套给西来大学。台南麻豆"普门仁爱之家"将负责人胡荣理居士生前的藏书二百六十余册，也全部赠给佛光山女众学部图书馆。感谢众多护法朋友的法布施，更为佛光山教育事业受到肯定而欣慰。在培养人才上，夏威夷大学恰波教授多年来一直护持佛光山，现在更介绍依法到耶鲁大学跟随外因斯坦教授攻读博士学位，我勉励依法努力用功，方不辜负老师的提携。

为了净化人心，并加强信众对佛学的认识，佛光山文教基金会慈惠法师推动了全球性的"世界佛学会考"。这是不分男女老幼，甚至不认字者也可以参加的考试。考区遍布台、港、澳、亚、美等地，包括潘维刚"立委"、高雄县余政宪县长等，有二十万人以上参与，为佛教弘法史上开创另一个新纪元。

一月，由佛光山文教基金会主办的"佛教青年学术会议"，有来自台湾各佛学院、硕博士生、各大专佛学社团、夏威夷大学、韩国东国大学等数百位在学青年，齐聚于佛光山，共同探讨"人间佛教"。另外，十二月召开的"国际佛教学术会议"，以"现代佛教"为题，有日本平川彰、美国兰卡斯特教授发表主题演说；日本的镰田茂雄、前田惠学，及美国傅伟勋、夏威夷娜西亚、加拿大冉云华、韩国梁银容、大陆楼宇烈等四十余位教授发表论文。

此外,佛光山文教基金会赞助的"云南大理佛教文化考察团",七月至大理实地考察,回来后,将研究论文汇集成《云南大理佛教论文集》,首开台湾佛教学术界对大理佛教文化实地研究之风。而依昱、依淳也前往大陆敦煌,参加"一九九〇年国际敦煌学术研讨会"。希望借此能唤醒大家对佛教文化的重视,并带动学术研究的风潮。

台湾社会解严后,出版社如雨后春笋般林立。去年佛光出版社应邀参加"香港第十二届中文书展",是参与国际性书展的第一步。另外,佛光山视听中心,将《星云禅话》录制成台语广播剧,在"中国广播公司"播出,并且成立"无德禅师"专线,希望听众能借此法音释疑,欢喜得度,这也是另一种观"音"法门。

去年五月,新华社香港分社社长许家屯先生出走美国。那时我正在澳大利亚,名记者陆铿先生打电话给我,希望为许先生请求于西来寺借住数日,当时我认为佛门应接十方是本分之事,所以即刻允诺。不意,各方揣测,将其行踪绘声绘影,沸沸扬扬轰动美国及两岸三地。其实,佛门自古以来就有接纳苦难人士的传统,我只是本着佛门慈悲为怀的心,并无他想。

不过,此事的负面影响,总是令人觉得遗憾。但是,花开花落,春去春来,弘扬人间佛教的脚步,仍没稍许停驻,我依然在海内外云游弘法。

美国西来寺落成启用后,所举办的各种活动、法会,吸引各媒体如 NAT、JVC 电视台来采访;加州州议会议长罗伯特(David Robert)伉俪也前来西来寺参访,他们赞美佛教的服务精神,认为西来寺建在加州,是加州的荣耀!经过几年来的开垦、种植,西来

主持佛光山苗栗讲堂落成典礼（佛光山宗史馆提供，一九九〇年三月九日）

寺已是一片花团锦簇，来自各地的艺术品、雕像，布置在寺内庭园，放眼望去，有如一座露天宝藏馆。

去年春节，我人在西来寺，这是第一次在海外过年。身处他乡异域，才真正体会地球村、地球人、虚空、宇宙，其实都在当下的方寸中，何来他方国土？当下即是佛国世界！

三月，"佛光山苗栗讲堂"落成，我前往主持佛像开光及皈依典礼，并以"佛教与人生"为题，作三天的佛学讲座。聊表我初到台湾时，受到客家人众照顾的一点感恩心意。

本山万寿堂增建的工程，也已趋于完工，巍然耸立的七层大楼，远远望去，颇有宫殿沿壁建筑的气势。这是佛光人一生安养的最终归处，前有大武、高屏山水，后有大佛依护，好似一方佛光净土。

年底，禅修二十年的卧龙岗市长佛兰克·亚开尔，前来佛光

于台北"国父纪念馆"讲经,澳大利亚卧龙岗市长佛兰克·亚开尔先生专程前往闻法(一九九〇年七月二十五日)

山,将二十六亩地以澳币一元承租给佛光山,作为在澳大利亚筹建南天寺的所在地,我问他租期多长?市长打了个禅机:"就两百年好了,两百年后我们再续约!"大众闻言鼓掌,欢喜期待南天寺早日落成,好让当地人有亲近佛法的因缘。在美洲纽约有一块原为天主教露营区的用地,如今也成为佛门圣地,我们将它命名为"鹿野苑",取佛陀转法轮之意,未来将规划为禅修教育用地。

四月,我应韩国顶宇法师之邀,前往九龙寺主持佛像开光落成典礼并作一场讲演。韩国有"佛宝寺"之誉的通度寺,其退居老和尚月下长老,也在去年九月法驾佛光山,我亲领全山大众披搭袈裟恭迎。

之后,应法国静心禅寺住持明礼法师之邀,我前往主持其道场的落成法会,并至欧洲各地巡回弘法。由于战争,许多人漂泊异乡,成为"失根的兰花",佛教徒离开自己的国家,也将佛法的种子散播到世界各地,却少有可以安顿身心的寺院。巴黎市长说:"各民族都有宗教思想,但愿大家都能将文化、宗教相互融和,各自发展。欧洲这块文明大陆,已有日本、泰国等佛寺,就是没有大乘的中国寺庙。"

所谓"人能弘道",真心盼望佛光弟子能发心到欧洲播撒菩提种子,让海外的华人在精神上获得依靠,让寺院成为信徒、侨民、本土民众交流的地方。

在讲说上,于台北"国父纪念馆"、高雄文化中心的佛学讲座,

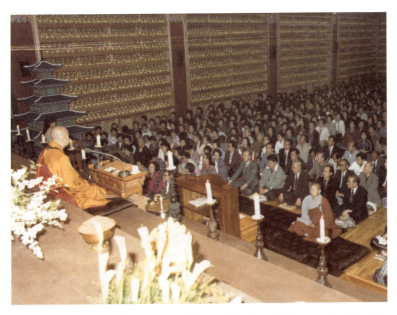

应韩国九龙寺之邀,主持佛像开光落成法会暨开大座讲演(一九九〇年四月七日)

应法国明礼法师之邀至其"静心禅寺",主持落成开光典礼(一九九〇年十一月十日)

去年以"开大座"方式宣讲"金刚经的理论与实践";十一月,在容纳两万人的香港红磡体育馆,讲说"佛教财富之道"、"佛教长寿之道"、"佛教人我之道";同时应香港中文大学新亚书院之邀,前往讲"禅与人生";应康奈尔大学亚洲学系主任约翰·马克雷(John Mcrae)之请,至康大讲"人间佛教如何生活"。

除此,我也应慧律法师之邀,前往文殊讲堂讲演"般若与人生";应蒋纬国先生之邀,至"中华战略学会"讲"宗教与战略"。其他如:高雄市政府劳工局、员林百果山国际狮子会、台中光明狮子会、高雄树德家商、罗东高职、台中县文化中心、林口"中央警官学校"等,也都随缘前往讲说结缘。

在华视"新闻广场——社会乱象何时了"及"今晚有约"节目中,与名作家林清玄居士,一同接受张小燕小姐的访问;应赵宁先

与作家林清玄先生(左一)应邀参加"中华电视公司"张小燕小姐(右一)主持的"今晚有约"节目(佛光山宗史馆提供,一九九〇年九月二十九日)

生之邀,前往台视"今夜星光"综艺节目"谁来晚餐"单元介绍佛门礼仪。

感谢黎东方教授赞誉我"将佛法亲切带入生活中来,所以佛教才那么生动蓬勃!"想起母亲首度自大陆至西来寺时,为她在佛前准备香花供养,她却说:"佛不要香,也不要花,只要凡夫的一点心意。"我所以风尘仆仆,讲说十方,无非也只想尽一份佛子的微尘心愿,愿佛光永不熄灭、法水川流不息,希望人间佛教滋润众生心啊!

有鉴于教界僧团与在家教团之"职"和"责"混淆不清,让一些有心学佛者无所适从,乃至学佛的人,行解不合一,佛法与生活脱节。为此,佛光山积极推动"中华佛光协会"的成立,希望能真正实践人间佛教,让佛教深入每个家庭,人人都能实践佛法。

去年八月,由慈容担任"中华佛光协会"秘书长,预计在今年

台湾高雄佛光山的选佛场（云居楼旁）

二月三日，假台北"国父纪念馆"举行成立大会。目前报名加入会员者，已有一万多名，加上欧洲之行后，沿途荷兰、英国、法国等各地信徒，也纷纷表示希望成立佛光协会。预计今年冬天就能在洛杉矶举行第一届世界会员代表大会，未来第二届将在台北召开，第三届在纽约，第四届在澳大利亚召开。期望能集中全世界佛教徒的力量，将"佛光普照三千界，法水长流五大洲"。

佛光法水走向国际是必然的趋势，二千五百年前，佛陀活跃于印度社会各阶层，现代的佛教徒更应该动起来，发挥慈悲乐观、积极进取的精神，将佛教的光明、希望、欢喜散布在世界每一个角落，让每一个人都能享受到人间净土的清净安乐，让天下的众生皆能承受佛陀慈光的温润，勇敢无畏地在人生大道上向前迈进。专此

顺颂

自在吉祥

圆满如意

星云 合十

一九九一年元月一日

一九九二年新春告白

世事无常,
任何人也都免不了身体的病痛。
十月,我的眼睛做了两次激光治疗,
十二月,又因不慎跌倒,
导致骨骼断裂,住院开刀,
让我越发体认到色身的虚幻与不久长。
腿伤期间,承蒙"行政院长"郝柏村先生、
"新闻局长"胡志强先生,
以及各界的关怀与探望,
殷切之情实令我自惭自省,
也自许复后,
必定继续为众生奔波,
心甘情愿,无怨无悔。

各位护法、朋友们:大家好!

在冬去春临之际,我回顾一九九一年的佛光山,种种弘法的成果显示佛教已迈向现代化、社会化、国际化。岁月更迭,我们的脚步必须不断向前,个人生命如此,大自然生命如此,佛教的生命也是如此。

"佛光山佛教青年学术会议"在一九九一年首日揭开序幕。以"佛教现代化"为主题,共有二十八篇论文发表和研讨。发表者平均年龄二十八岁,有志青年共逢此会,为一年之始展现了蓬勃朝气。"现代"代表进步、迎新、适应、向上,佛教的发展也应随着时代需要,做适当的调整与相应的创新。无论传教、修行、寺院、制度、组织、思想等,必须迎向社会,契入人心,才能在日新月异的洪流里,生存延续,屹立不摇。

去年二月,中华佛光协会在台北"国父

一九九二年新春告白

中华佛光协会于台北"国父纪念馆"召开成立大会。钟荣吉(左一)、吴伯雄(左二)、邱创焕(左三)、许水德(右二)、陈履安(右一)参会(一九九一年二月三日)

纪念馆"举行成立大会,由慈容法师担任秘书长。这个以信众为主体的人民团体,在组织上具有世界性,在信仰上富有人间性。我主张分会护持道场,道场辅导分会,信众、僧众彼此尊重、相互配合。僧众以寺院为主,弘法利生,信众则是推动文教活动,甚至未来也可以经由考试,提升为檀讲师、檀教师,共同广宣佛法。

因此,我提出佛光会的组织、意义:"从僧众到信众、从寺院到社会、从静态到动态、从自修到利人、从弟子到教师、从地区到世界",以"慈悲喜舍遍法界,惜福结缘利人天;禅净戒行平等忍,惭愧感恩大愿心"为修行方向。相信借由这些理念的倡导及具体活动的举办,当能达到实际效益,健全佛教的组织与形象。

短短一年,台湾全省从南到北,佛光协会如雨后春笋般纷纷成立、香港、东京、悉尼,以及美国、荷兰、新西兰、菲律宾等国家城市,也都有佛光会的旗帜飘扬。我相信透过佛光会,未来的社会弘化,将更深入、更普及。

成立后的首次活动,是在台北剑潭青年活动中心举办的"佛力平正二二八死难同胞慰灵法会"。与会贵宾有邱创焕"资政"、"国防部长"陈履安先生、"内政部长"许水德先生、台北市长吴伯雄先生、社工会主任钟荣吉先生、陈重光先生、黄信介主席、康宁祥、陈水扁、张志民等"立委",以及高雄县余陈月瑛县长、台北市潘维刚议员等人,大家为着一个共识,齐心齐力为台湾这片土地尽一点绵薄之力。

我相信世间有很多事,政治、法律不能完全公平、合理,但是,佛力、因果会还给大家一个公道。佛光山海内外道场,也同步为受难者举行超荐慰灵法会,基督教、天主教、道教等各宗教团体也举行祈祷法会。期望以宗教的力量,抚平历史的伤口、人心的伤痛。在此同时,佛光山也接受受难家属的登记,将受难者的遗骨安放在佛光山万寿园。

谈到战争,美伊波斯湾战争可谓是一场举世忧心挂念的战役。为了让伤亡减到最少,祈祷战争早日结束,洛杉矶的各宗教,包括佛教、天主教、伊斯兰教、基督教、印度教及犹太教等宗教团体,聚集在西来寺,举行"各宗教联合祈祷世界和平大会",希望汇聚宗教慈悲的力量,让人间重现平和、安乐。

为了响应高雄县余陈月瑛县长发起的"全民心灵净化运动",我在冈山中山堂作三天的讲演,讲题分别为"从人道到佛道"、"从入世到出世"、"从个人到世界";在凤山体育馆讲演"点亮心灵一盏灯",也于高雄县各乡镇陆续举办佛学讲座,一时掀起南台湾的闻法风潮。中华佛光协会也与高雄县政府合办"高雄县社区发展精神伦理建设巡回活动";在元宵节,扩大举办"万人元宵上灯法会"。

此外,心平和尚代表本山,致赠佛光山万寿堂二千个免费龛位给高雄县政府;佛光山动员出家众与短期出家学员,为凤山地区民众清理环境,期借由外在的洁净,进而扫除内心污垢与社会浮华奢靡的风气。我们相信,只要人人心中有佛,这个社会的颜色和声音就会不同了。

去年佛诞节,中华佛光协会大安分会在台北西门町发起万人连署签名活动,向政府请愿,希望将佛诞节订为法定假日暨世界和平日。这一天,佛光山派下各别分院全球同步举行浴佛法会,人人在浴佛净心中,共同营造清净、欢喜的佛国世界。佛光山视听中心、佛光出版社也特别发行《浴佛录音带》及《释迦牟尼佛传》,一起响应这个活动。

继一九七七年传授三坛大戒之后,三月中旬,佛光山举行为期三个月的"万佛三坛罗汉期戒会"。有来自美、韩、泰、尼泊尔、马来西亚、印尼、新加坡、越南及香港等十一个国家和地区、五百多位戒子海会云来集,创下汉传佛教史上戒期最长、教学最殊胜的纪录。

此次传戒,一切谨遵佛门传统规矩,包括行脚托钵,亲身体验原始佛教的弘化生活。我希望革除以往戒期天天上堂、上供、拜斋的繁杂仪式,而让戒子多多听闻大德的佛法开示,因此,除了自己与他们小参座谈外,也礼请台湾教界,甚至海外大德为戒子们授课。像韩国松广寺退居和尚菩成长老、九龙寺住持顶宇法师,美国海印寺住持印海法师、纽约东禅寺住持浩霖法师,台湾灵岩山寺创办人妙莲法师、"中国佛教会"理事长悟明法师、高雄佛教会理事长菩妙法师、金山分院住持悟一法师、"中国佛教会"秘书长了中法师、文殊讲堂住持慧律法师等等。

万佛三坛罗汉期戒会,开堂和尚心平法师授杨柳枝,由爱道堂堂主慈庄法师代表接受(一九九一年三月十九日)

过去善财童子必须跋涉山水,才有五十三参的体验,而诸位戒子,平时也未必能够礼座诸山大德,今天不费一力,就能瞻仰法相、聆听教诲,真是要感谢诸位长老大德慈悲莅临戒场授经护持。

在三坛罗汉期戒会期间,也同时举办四梯次的在家五戒菩萨戒,每一梯次多达一千余人,打破了历年各寺院传戒纪录,为此次的戒期添上不少色彩。

为了让徒众莫忘肩上所担负的弘法重任,并借参学增长见识,一月,我率领各级学部师生、职事等四百六十余人,参访佛光山全台别分院道场,让大家直接了解它们的特色与历史;十一月,也利用我在香港讲座的机会,让徒众前往学习观摩,并在讲座结束后,到广州、上海、桂林、北京等地参访。

在教育方面,中国佛教在美国创办的第一所大学——西来大学,于去年一月举行开学典礼。感谢各别分院举办大悲忏法会、佛学讲座及行脚托钵等活动,为西来大学筹募建校基金。刘枋女士更将搜藏多年的珍贵书籍,悉数捐予西来大学图书馆,还有许多人倾尽全力支持;因为有大家的奉献,才能成就这一桩美事,在此一并致谢。

文化方面也有显著的进展,大陆中国社会科学院举办的"中国敦煌古代科学技术展览",在本山文物展览馆展出三个月、十个朝代的生活智慧、十个朝代的文明脚印、十个朝代的宗教情怀,从大沙漠深处起身,重现佛山。这次展出的内容包括古代科技及敦煌艺术,现场并有十七种传统工艺技术表演。如此撼动人心的展现,可谓以傲人之姿,带领现代人走进历史,一睹文明古国壮阔的智慧精华。

这次的展览,意味着佛光山在海峡两岸的地位价值已获得肯定,也借此促进了两岸交流、宣扬佛教文化、提高佛教的地位,真可说是一场划时代的盛会。

此外,旧金山佛光书局及台北汀州路佛光书局陆续开幕;台北佛光书局与力霸百货合作,在台北力霸百货大楼举办佛教文物展;高雄佛光书局与五甲分会,一同在高雄大立百货公司举行佛教艺术文物展。这些展览不仅让佛教书籍、文物在繁华红尘中展现清澈光芒,也深获社会大众的好评与回响。台北国际学舍的春季书展,佛光出版社是唯一参展的佛教出版社,吸引不少人潮来阅读、选购。

佛光出版社与大陆艺文作家首度合作搜集、编录的中国佛教小说及散文选也出版了。选录一九四九年迄今,大陆五十位作家、五十七篇与佛教有关的散文及小说,编辑成六册。另外,《南海观音大士》画册,更荣获台湾编译馆评选为一九九一年甲类优良连环图书。

主持日本东京佛光协会成立大会暨佛学讲座(一九九一年十月二十七日)

　　本山、各事业单位及徒众也纷传喜讯。徒众依益、永有分别进入英国牛津、伦敦大学博士班就读。依恩于韩国东国大学完成硕士学位,她翻译的《星云法语》韩文版也出版了;慈善监院依静法师获得第五届吴尊贤爱心奖;普贤寺住持依来法师荣获台湾省"十步芳草光辉录"绩优人员;本山获全省各宗教团体兴办公益事业、慈善事业、社会教化事业等三项绩优成绩团体奖,心平和尚也获得个人奖。

　　文教基金会荣获高雄县政府教育局颁发的"教忠教孝"奖,表扬基金会对社会教化工作的奉献及努力;"内政部"许水德颁发"普济群伦"匾额,表扬佛光山致力于社会福利工作;"中华电视公司"播出的"星云法语",则获"新闻局"颁发的"社会建设金钟奖"。

　　三月,举办信徒香会同时,发行《佛光山做了什么》,向广大的信众作个弘法报告。为回馈檀那信众的护持,七月,"檀信楼"落成启用,设有大会堂、大斋堂、办公室、禅坐室、谈话室,提供信徒休憩、禅坐、观赏影带,或洽询事务、开会、用斋及听经闻法之场所。

在弘讲方面，五月应《远见》杂志邀请，于华视公司讲"两岸宗教与文化交流展望"；十月，应日本东京佛光协会及日中问题研究会之邀，前往日本弘法。除了与许水德先生、西原佑一会长、曹洞宗馆长丹羽廉芳长者晤谈，我也主持东京佛光协会成立大会、三场佛学讲座、皈依三宝典礼。

接着，十一月应邀在高雄市中正文化中心至德堂，主讲《维摩诘经》，五天讲题分别为"维摩其人及不可思议"、"菩萨的病与圣者的心"、"天女散花与香积佛饭"、"不二法门的座谈会"、"人间净土的内容"。五天里吸引万余人前往闻法，千人皈依三宝，五十五人剃度出家。不久，又前往香港红磡体育馆举行佛学讲座，题目为"禅净律三修法门"，三天闻法人数近六万人。

世事无常，任何人也都免不了身体的病痛。十月，我的眼睛做了两次激光治疗，十二月，又因不慎跌倒，导致骨骼断裂，住院开刀，让我越发体认到色身的虚幻与不久长。腿伤期间，承蒙"行政院长"郝柏村先生、"新闻局长"胡志强先生，以及各界的关怀与探望，殷切之情实令我自惭自省，也自许复原后，必定继续为众生奔波，心甘情愿，无怨无悔。

回顾一九九一年，我们历经多少颠簸起伏、混乱纷扰，所幸佛光人都能抱持利益众生的信念，在万千变化的现实生活中，步步踏实。未来将逐步迈入国际弘法的道路，大家不可忘失为教为众的菩提心愿。专此　顺颂

大雄大力

智慧如海

星云 合十

一九九二年元月一日

一九九三年新春告白

曾有人说:
"旧年除岁是过去的终结,
新年新春是未来的开始。"
然而,
我不知何谓"终结"?
何谓"开始"?
自出家以来,
对僧伽教育、弘法事业、
福利社会、共修度众,
始终抱持无限的希望与信心;
每个当下都是希望,都有未来。
新春将至,愿将此心奉献给大家,
在新的一年里,
生活无处不春风!

各位护法、朋友们:大家新春吉祥!

一年之始,万象欢腾,举目所见皆是新绿盎然,一派吉祥之气,令人不禁为生命源源不竭的活力而感动、雀跃不已!

一九九二年年初,我与高雄县长余陈月瑛女士,同为五十一对新人主持"佛化婚礼"。此次首见的"集团佛化婚礼",是为了革新社会风气,倡导婚嫁节约而举办,在佛陀的见证及众人的祝福下缔结连理,成为菩提眷属,其意义更是非凡。不但体现佛法的慈悲、包容及人间性,亦为新的一年注入万分喜气。

三月,李登辉先生在"总统府"副秘书长邱进益、国民党中央党部秘书长宋楚瑜等人陪同下,来山参观"中国敦煌古代科学技术特展"。他们频频赞叹展览会场的壮观,及中华文化、科技之博大精深。三个月来,参观者逾五十万人次,可见现代人对中

主持"信徒身心环保净化法会",共两万人参加(一九九二年三月四日)

华文化的推崇,也代表我们在增进两岸文化交流、带动佛教发展上的意义与成效。

佛法的弘扬是多方面的,除了文化上的着力,道场的设立也很重要。去年,在信徒对佛法的热烈需求下,佛光山海内外各地别分院纷纷成立,如:台湾的板桥讲堂、屏东讲堂、东海道场、丰原禅净中心、泰山禅净中心等一一落成开光;佛光山金佛楼、玉佛楼也举行了圣像安座法会,未来将提供僧信二众作为参禅、念佛的场所。海外的拉斯维加斯莲华寺、英国伦敦佛光山寺、澳大利亚南天寺、中天寺、纽约讲堂、伦敦讲堂、新西兰禅净中心等也分别落成或启建;南非约翰内斯堡、布隆方丹则先后成立布教所。

南美洲巴西圣保罗张胜凯居士捐献土地,兴建道场,我将之定名为"如来寺",由觉诚、觉圣法师负责,成为佛光山在南美洲的第一所道场;南非布朗赫斯特市议长汉尼·幸尼柯尔博士也代表政府,致赠市中心六公顷的土地给佛光山,兴建非洲第一座寺院——南华寺。《星岛日报》胡仙女士言:"有人说二十一世纪是宗教的世纪,从佛教的角度看,也可说是佛光的世纪。"这实在是对佛光人最有力的鼓励!

另外,三月正式成立"财团法人佛光净土文教基金会",由慈庄法师担任执行长,负责推动各种弘法寺务及世界各地的建寺工

南非布朗赫斯特市议长汉尼·辛尼柯尔博士捐赠佛光山土地,兴建非洲第一座寺院南华寺(一九九二年三月八日)

作。"财团法人佛光山文教基金会"以举办学术会议、文教活动为主,两个基金会属性不同,分别承担佛光山不同性质的工作。

自一九九一年成立中华佛光协会以来,全球各地响应热烈。去年在秘书长慈容法师的奔走下,巴黎、伦敦、巴西、纽约、棉兰、拉达克、圣地亚哥等地相继成立佛光协会。经过一年多的推动,目前已发展出五十四个国家地区,两百个分会。

五月十六日,在美国西来寺正式成立国际佛光会世界总会,共有来自三十个国家、五十一个地区,四千余位会员代表及观察员共逢盛会。除了美国总统布什先生致贺词,也承蒙多米尼克总统西格诺雷特先生、加州州务卿余江月桂女士莅临,创下佛教国际性的空前盛会,真所谓"千载一时,一时千载"。

洛杉矶蒙特利市市长姜国梁先生,还宣布五月十六日为"国际佛光日"。未来佛光会将以此次主题演说"欢喜与融和"的宗旨,

国际佛光会世界总会于西来寺成立,多米尼克总统西格诺雷特(左三)、加州州务卿余江月桂(左二)亲自到场祝贺(一九九二年五月十六日)

将"欢喜"留存人间,推动世界的"融和",引领大众迈向祥和欢喜的境界,和"佛光普照三千界,法水长流五大洲"的理想。

第十八届"世界佛教徒友谊会"和第九届"世界佛教青年友谊会暨二十周年纪念大会"首次在台湾举行。于台北阳明山中山楼举行的开幕典礼上,我就大会主题"互助、融和与欢喜"发表演说,盼望对世界各国及佛教的和平互助,能有些激励作用。二千五百多年来,佛教在不同地域、历史、文化中,几经考验,发挥了佛教融和的坚韧生命,如今世界佛教团结在一起,更加显示出佛教丰富的内涵,融和欢喜的性格。

值得一提的是,世佛会的干部大多由南传佛教国家的男众担任,历年来都是女性禁足之地,这次大会主动提名并一致通过,由慈惠法师当选为世佛会副会长,这不仅是创举,更意谓着佛教的平等性、前瞻性、未来性。

近年来,我每年都应邀到香港红磡体育馆主持"此岸彼岸"弘法

被推选为第十八届世佛会永久荣誉会长。慈惠法师(右一)荣膺副会长，系第一位比丘尼担任世佛会干部(一九九二年十一月二日)

大会，也因此与香港信众结下殊胜的法缘，红馆更被誉为"香江的一朵净莲"。所有的荣耀，除了归功三宝加被外，尤其感谢永惺法师劳苦奔波，成就这些善因好缘。去年，我以"身与心"、"空与有"、"教与用"为题进行讲演，希望为香港民众提供一些生活的智慧与良方。

国际佛光会中华总会假台北"国父纪念馆"举行的三天"佛经讲座"，我讲说《法华经大义》，另外，于高雄文化中心讲《妙法莲华经》、于美国西来寺宣讲《维摩诘经》。其他在全省各地及法国、英国、巴西等地，也都欢喜随缘说法。

初夏，应慧雄、宏慧、宗如法师等人的邀请，到印尼、马来西亚讲演。三场的讲题分别是"禅师的修行"、"心灵的净化"及"二十一世纪的展望"。在印尼，这是佛教首次获准在寺院以外的公共场所弘法。马来西亚各大华文报纸，则大篇幅报导此次我在槟城东姑礼堂，以及吉隆坡体育馆佛学讲座的盛况。他们说，我把佛教的生活力表现出来，带动大马佛教，我却认为是马来西亚民众对信仰的热忱丰富了佛教、提升了佛教。

国际佛光会中华总会与"教育部"、"农委会"、"环保署"联合举办"种两百万棵树救大高雄水源及废纸回收"活动,希望促进大家从外在环保的认识做到内在的环保。另外,与中华文化复兴运动总会联合主办的"把心找回来"系列活动,于七月中旬登场。活动主要以讲座、征文、拍摄公益宣导短片等方式,唤起社会大众正视生命及群我关系,从爱出发,从心开始。

学术上,我们举办"佛教青年学术会议"、"国际禅学会议"、"国际学术会议";文化上,由文教基金会主办的"佛光山文学创作奖"征文活动,让更多人了解佛学有哲学的内容,也有文学的优美,进而将佛法内化于生命,展现于生活。

我也为台视录制"星云禅话"和"每日一偈"等节目。分别与从事文教节目的广播人、各大报社、杂志、电台记者进行座谈,期望透过电视媒体,将佛法普及世间,深入人心。勾峰导演的电视剧《再世情缘》,是以我的著作《玉琳国师》改编而成,此剧播出随即得到热烈回响。希望这出寓教于乐的戏剧能够达到"匡正社会风气,增加人间道德勇气"的作用。此外,希代出版社将我的"讲演集"重新再版,推出《梦琉璃系列》,圆神出版社也出版我的开示语录。只要能将佛法弘扬出去,我也欢喜这些文字能广为流通。

去年,佛光山梵呗赞颂团进入了"国家殿堂"。"一九九二年台北艺术季——梵音海潮音佛教音乐会",特邀佛光山僧众至台北"国家音乐厅"演出。我们演出的收入悉数捐给阳光社会福利基金会,作为颜面伤残者的医疗基金;八月,由佛光山及财团法人净化社会文教基金会联合主办的"中韩佛教歌曲交流飨宴",亦将佛教音乐搬上舞台。"梵呗"原来是用于赞美佛陀,后来应用在传教和弘法上,并成为修持课诵。如今配合时代,赋予新的诠释,呈现给世人,相信更能深入社会每一个阶层,达到梵呗净化身心的功能。

在文教、慈善各方面更是备受肯定:佛光山经县府核定荣获绩优宗教团体、佛光会中华总会荣获"教育部"一九九二年度"社会教育有功团体奖"、佛光山义诊队荣获高雄县政府颁发"特别服务奖牌"、佛光山文教基金会荣获和风奖之"杰出社会风气改善奖"等。多年来,佛光山致力于文化、教育、慈善的推展工作,不曾间断,欣见各界对佛光山及佛光会的肯定与赞赏,虽然只是一张奖状,对我们来说却有着莫大的鼓励作用。

九月,至美洲弘法时,美国得州奥斯汀市长感念西来寺在当地的文化建设,特别颁赠我"荣誉公民暨亲善大使"证书,并邀请我到美国得州大学礼堂演讲;休斯敦市长亦致赠"荣誉公民暨亲善大使"证书。对我来说,得奖是其次,最重要的是我能为社会大众尽一份绵薄之力。

一直推动人间佛教不遗余力的孙张清扬女士,于七月舍报往生。孙女士与我因缘深厚,初来台时,许多外省籍法师因讹传而身陷囹圄,幸经孙女士等人的辛苦奔走营救,才得以洗冤出狱。她一生为佛教奉献心力,与李子宽居士出资买回善导寺,编印佛教经典流通,更变卖首饰请购日本《大正大藏经》。种种护法卫僧及对宗教热忱的德范懿行,堪为现代在家居士之典范、楷模,正如我为她写的挽联所言,"八十年岁月心中有佛,千万人入道尔乃因缘"。

数年来,为弘扬佛法,予众生安乐,无停歇地行脚于各地,徒众们亦随我四方开拓。然而弘教度众的事业是何等艰辛不易,令我不时挂念他们在待人处事、行道修持各方面的学习状况。几经思考,决定设立"佛光山传灯函授学院",每月定期以书面教学,指导他们道业、学业、事业的进修,更借此作为师徒间接心论道的桥梁。希望每个徒众都能秉持"活到老,学到老"的原则,自我学习、健全

为"中钢公司禅坐社活动中心"落成启用剪彩,鼓励坐禅共修(一九九二年一月二十五日)

僧格、自利利他,将来皆能成为佛门龙象,主持一方。

为了培育各方人才,经心平、慈庄等人一年多来四处觅地、查勘、讨论后,决定于礁溪林美山创建一所综合性大学——佛光大学,期能为社会培养人才,更期盼将来海内外人才都能到佛光大学学习东方文化。

曾有人说:"旧年除岁是过去的终结,新年新春是未来的开始。"然而,我不知何谓"终结"?何谓"开始"?自出家以来,对僧伽教育、弘法事业、福利社会、共修度众,始终抱持无限的希望与信心;每个当下都是希望,都有未来。新春将至,愿将此心奉献给大家,在新的一年里,生活无处不春风!专此 顺颂

共生欢喜

平安吉祥

星云 合十

一九九三年元月一日

千年童心

一九九四年新春告白

在倥偬奔走中,
我从北半球到南半球,
从热带到寒带,几乎绕了地球一周。
许多人说我是"空中飞人",
却不知道我在多少个清晨醒来时,
常是分不清楚置身何处?
是冬?是夏?虽然如此,
看到信众渴盼佛法的眼神,
流露闻法欢喜的笑容,
我都感动地自我勉励,
继续当个"地球人"!

各位护法、朋友们:大家好!

晨光熹微,空气特别清新宜人,一丝灿烂的曙光透出,大地明亮起来,充满勃勃生气的新年也来临了!回想去年一九九三年,有着许多令人欢欣喜悦之事,借此向大家报告,并表达挚诚的感谢。

佛光山开创以来,"以教育培养人才"一直是我们努力的方向,唯限于客观条件不足,一直无法筹办大学。如今"教育部"法规开放,数十年来的心愿终于实现。去年三月,设校于宜兰县礁溪乡的佛光大学,由心平和尚和慈惠法师代表,与礁溪乡公所签订设校协议书,也在十月举行安基典礼了,真可谓"兰阳社会称盛事,佛光大学照万秋"。

为了筹募庞大的建校基金,我甚至把近二三十年来,一些名家送我的字画、古董、纪念品、佛教文物等捐出,举办数场义

主持佛光大学安基典礼(一九九三年十月十七日)

卖会,吸引许多社会贤达仁者、鉴定专家及有志一同的教授学者共襄盛举。所谓"积沙成塔,集腋成裘",这是一所集合全球佛光人点滴善念而成的大学。而就着校地原有的景观,我更希望把它建设成一所"森林大学",以大自然的山光水色来陶冶学生的心性,相信在一个充满宁静祥和的环境中学习、成长,他们必能身心健全地发展。

典礼当日,我以一偈法语祝福:"青山绿水称吉地,兴建大学传盛事;春风化雨兰阳好,国际佛光照寰宇。"法会进行中,三公尺高的观音菩萨像的地下,突然冒出泉水来;仅仅数坪大的圆形奠基场地中,竟也下起毛毛雨,方圆外则是晴空万里,与会者无不啧啧称奇,认为是"地涌圣泉,天降甘霖"。

一月,我率领慈庄、慈惠法师等人,返乡探视母亲。并应中国佛教协会赵朴初长者之邀,在南京会见明旸长老、茗山长老等教界人士。回想在飞机上,从高空中俯瞰地面,河山广阔,阡陌纵横,这

在俄罗斯著名的红场留影(慈容法师提供,一九九三年七月十三日)

块世界最大最古老的土地上,就是我的故乡——中国大陆。同为华夏民族,不管本土化、国际化,不论统一与否,和平安乐才是两岸人民所企盼的吧!而身为佛子的我,也只能对大陆寺院,在文化、教育上勉力给予一些微薄助缘,祈望佛日光辉能早日在大陆重现。

去年七月,我的双足踏上了遥远的俄罗斯。记得沙皇时代的女王叶卡捷琳娜二世曾经宣布可以弘扬佛教,还引起学者们的重视。事隔二百多年,到今天,俄罗斯才真正蒙佛光照临,当在座每个人合掌唱颂《三宝颂》时,我不禁深深为大家的虔诚恭敬感动,相信俄国佛光会的成立将会为当地佛教的发展带来希望。

十月,来自世界五大洲七十余个国家和地区三万名会员,齐聚在林口中正体育馆,举行"国际佛光会第二届世界会员代表大会"开幕典礼,以及"祈求世界和平万人献灯法会"。有李登辉先生、

于佛光山举办首度"国际佛教僧伽讲习会"（一九九三年十月五日）

"监察院长"陈履安、"内政部长"吴伯雄、"司法院长"林洋港和"陆委会主委"黄昆辉先生、钟荣吉主任等贵宾与会。

当天，我除了以大会主题"同体与共生"发表演说，也同时发起"净化人心七诫运动"，推行诫烟毒、诫暴力、诫贪污、诫酗酒、诫色情、诫赌博、诫恶口等系列活动。大会圆满前，并为西班牙驻台商务办事处主任路培基、"立委"蔡胜邦、五位中非刚果代表团学者主持皈依仪式。

在大家的努力下，现在真的是有太阳的地方就有佛光会。佛光人不断地将人间佛教的种子撒向社会，利益大众，像举办"关怀儿童青少年"系列活动、与"教育部"合办"生命之旅"活动营、于南非举办佛光青少年快乐营、第一届世界华人杰出青少年选拔、假台湾大学体育馆举行第一届佛光人运动大会等等。

还有，今日佛教发展至世界各地，有显密之分、南北传之别，为了促进彼此的交流，提升佛教的国际发展，佛光山不断举行国际会议。像去年由国际佛光会主办的第一届国际佛教僧伽研习会，就有五大洲十六国四十多位比丘，研讨佛教趋势之现况及未来，席间我讲说"国际佛教的问题"和"人间佛教的蓝图"。

除此，我们也与友教联谊往来，如二月时，梵蒂冈驻台官员尤雅士来山访问；六月，梵蒂冈教廷宗教协会主席安霖泽枢机主教来山，邀请我前往罗马教廷拜访。此外，埔里灵岩山寺妙莲长老莅山访问，并加入国际佛光会。礼尚往来，我也应邀前往参加其观音殿落成及佛像开光典礼。印度菩提迦耶大菩提寺住持那杰格尊者、日本京都佛教大学高桥弘次校长、通讯教育部长中村永司等来山拜访；"民政司"会同"民政厅"率全省十九个宗教团体前来参访；社工会主任钟荣吉也率领十二位宗教领袖访问佛光山。相信，这种种的互动、交换意见，必定能为宗教带来美好的发展。

在文教上，一月，佛光山文教基金会在本山展览馆举办"李自健油画暨龚一舫鲍艺新春特展"，五月举办"佛诞特展"，接着又协助西来大学主办"跨越边界的佛教——中国佛教之源"学术活动。八月，"世界佛学会考"在全球五大洲各都会，设了六十五个考场，同时同步举行。为配合各国人士应考之需，除了中文，更有英文、日文、法文、葡萄牙文，全球计有十万多人参加。并为有文字障碍者设听写教室，行动不便者设无障碍教室。也在屏东、高雄看守所，宜兰、台南、台东、绿岛监狱，及香港两所监狱辟设特殊考场。

佛教不是靠迷信膜拜或盲目奉献所建立的信仰，而是经由闻思修慧，觉悟出生命的真理。让佛教从山林到社会，由理论至实践，从烦恼到清净，由生死至生活，即是我们举行佛学会考的主要目的。

去年，佛光山举办了教界首见的"佛光亲属会"，邀请本山僧众的俗亲来山相聚，由我亲自招待这些"佛门亲家"。十月，为了

台湾首座桃园巨蛋体育馆落成典礼,应邀讲演"佛教的财富观"(一九九三年九月六日)

让新出家者学习更多佛门仪规,举办为期一百零八天的"佛光山万佛三坛戒会"。希望戒会圆满后,各个都能安住身心、道业增长,他日成为佛门龙象,续佛慧命,弘法利生。

要落实人间佛教,就要将佛法与生活结合,喜见社会上工厂动土、开工、开光、婚丧喜庆等,都以佛教仪式行之。像三月时,高雄师范大学燕巢乡校区动土,我应邀前往主持;桃园县县长刘邦友先生邀我为第一座巨蛋体育馆剪彩及主持洒净仪式,我也欢喜前往,并为大家讲"佛教的财富观"。此外,我第五次前往金门劳军弘法,到"三军官校"、成功岭大专集训营讲演,乃至应台北监狱孔璧五先生之邀,为四千位受刑人开示,大家也欢喜索取平安符,希望为自己带来平安。"教育厅"更指示教育单位尽量将活动安排在佛光山,好借由宗教来熏习学子们的心性。

八月,"监察院长"陈履安先生等六兄弟姐妹,为圆满其父亲陈诚先生的遗愿"诚死火化,以不占地为原则",而进行迁葬,连同其母亲谭祥女士之遗体一起火化后,将墓园归还政府,骨灰奉安佛光山,成为首位安厝于佛寺内的首长。

承蒙社会各界的邀约,除了每年固定在台北"国父纪念馆"、高雄中正文化中心、香港红磡体育馆举行的开大座讲经外,我也到台北市立美术馆讲说"每一个人都是人生的艺术家",为《中央日报》和赵廷箴文教基金会举办的讲座讲"心甘情愿",于高雄市立图书馆中兴堂讲"佛教与文化发展",至台南市文化中心讲"心灵的净化‧生活的提升"。也在花莲女中讲"人生智慧",为中正大学、中州工专讲"禅与生活",到新竹科学园区开示"佛教的真理"等。

另外,主持基隆市、台南市、彰化县政府协办的"禅净密三修万人献灯法会",期能点亮每个人的心灯,回向家庭和谐、社会国家安和乐利、世界和平。我也应邀到澳大利亚悉尼市政大会厅、邦德大学、新西兰基督城,主持多场皈依典礼、各地区佛光协会的成立大会。

海内外也有道场的动土或落成启用典礼,如右昌宝华寺、台东日光寺、日本东京别院,及永康、北港、头份、小港等禅净中心。每一个道场的成立,都为社会大众又提供一处身心安顿的净土。

尤其坐落在森林绿荫里的澳大利亚布里斯班"中天寺",它不仅是"中国人的天堂",更是澳大利亚尊重多元文化的展现。承蒙洛根市市长罗德‧葛利的大力支持,落成时莅临的贵宾包括:昆士兰省议员彼得‧比克(Peter Pyke)、布里斯班市议员鲍勃‧渥得(Bob Ward)、格朗‧麦当格(Graeme Mcdougall)、洛根市市议员利生‧都生(Les Dawson)、多元文化妇女协会主席黛比‧佩朗尼克(Debbie Planincic)等人,及澳籍人士暨华侨信众近千人。

辛苦耕耘,必有收获与肯定。佛光山几乎年年有"奖",如本山获"教育厅"颁一九九三年度教忠、教孝团体绩优奖"弘扬忠孝"

匾额；中华总会更获"内政部"颁"绩优社会团体奖"和"教育部"颁"社会教化有功团体奖"，大慈育幼院得到"内政部"颁"优等奖"及"分项特别奖"；慧龙法师则荣膺一九九三年度好人好事代表。这种种喜事、荣誉都是海内外佛光人努力所致，所以，一切都是"光荣归于佛陀，成就归于大众，利益归于常住，功德归于檀那"！

去年海外弘法包括了日本东京、美国纽约、加拿大多伦多、温哥华、法国、瑞士、德国柏林、英国伦敦、澳大利亚、新西兰等等。在倥偬奔走中，我从北半球到南半球，从热带到寒带，几乎绕了地球一周。

许多人说我是"空中飞人"，却不知道我在多少个清晨醒来时，常是分不清楚置身何处？是冬天？是夏天？虽然如此，看到信众渴盼佛法的眼神，流露闻法欢喜的笑容，我都感动地自我勉励，继续当个"地球人"！

时光飞逝，任何人都无法留住青春岁月，唯有真理"亘古今而不变，历万劫而常新"，希望大家以道为心，建立幸福的人生。祝福大家

自在吉祥

星云 合十

一九九四年元月一日

一九九五年新春告白

悬宕已久的七号公园
"观音不要走"事件,
在一阵波澜重重的风雨中,
终于圆满落幕了!
佛教讲求"和平"、"忍耐"和"慈悲",
但是和平并不代表懦弱,
忍耐也并非没有力量,
慈悲更非滥慈悲,
我们不可误解和平、忍耐、慈悲的真义,
这是在这次事件当中,
身为佛教徒应当重新建立的观念与作为。
有所言,有所不言;
有慈悲容忍的胸怀,
也要有金刚威猛的力量。

各位护法、朋友们:大家新春吉祥!

"忽如一夜春风来,千树万树梨花开",一年之始,一切事物像是春天乍到般,展现丰富的生命力。

去年,元旦初一一早,在梵音与钟鼓声中,远从各地前来朝山的信徒齐聚一堂,由不二门朝往大雄宝殿,一片海会云来集的殊胜。次日举行甘露灌顶皈依三宝典礼,接着,三坛大戒的戒子们展开为期十天的行脚托钵兴学活动。在崭新一年的开始,我们以庄严恳切的宗教情怀和行动,为世界祈福,并且感恩过去,创造未来。

佛光大学自建校以来,承蒙大家的关爱与付出,为筹募建校基金竭尽心力,或以托钵兴学,或以义卖,或以老歌义唱,或启建梁皇法会等方式筹募。元月开始,于力霸、远东、三商、明曜等百货公司举行义卖活动,接着有陈学明先生提供个人文物珍

一九九五年新春告白

王学哲(教育家王云五之子)夫妇发心将"王云五图书馆"八万多册图书悉数捐给佛光大学(一九九四年十月二日)

品的"佛光缘森磊观佛教艺术展"、于台北举办的"老歌义唱"、台南举办的"我们的爱——名曲义唱会"等等募款活动,以及"佛光缘——当代名家艺术精品"义卖会。

由于筹募义卖活动的机缘,我接触到许多名人专家,也欣赏到不少珍贵的书画艺术品,明白艺术具有陶冶人性、清心静气的影响力。佛教与艺文,也由于这些因缘而有了几场美丽的相遇、美妙的结合。

除此,教育家王云五先生之子王学哲教授,也将"王云五图书馆"内八万多册图书全部捐给佛光大学。"佛光缘赠书运动——送书给佛光大学图书馆"活动,更深获出版界人士的支持与响应。可以说佛光大学是汇聚十方大众的愿心而成就的,这其中有许多不计名利、全力参与的义工、朋友们,为佛光大学的筹建献上爱心,将来佛光大学必定会以佛陀的智慧与慈悲来回馈社会大众。

悬宕已久的七号公园"观音不要走"事件,在一阵波澜重重的风雨中,终于圆满落幕了!佛教讲求"和平"、"忍耐"和"慈悲",但是和平并不代表懦弱,忍耐也并非没有力量,慈悲更非滥慈悲,我们不可误解和平、忍耐、慈悲的真义,这是在这次事件当中,身为佛教徒应当重新建立的观念与作为。有所言,有所不言;有慈悲容忍的胸怀,也要有金刚威猛的力量。

当我与周联华牧师、陈健治议长等人一同到市长官邸商议,达成共识后,我立即拿着签订的协议书至七号公园,向现场数百余名静坐群众宣布此一佳音。子夜时分,冷风袭人,但现场却充满着欢声雷动的热力,一时车水马龙,有的人泪雨涓涓,有的人双手合十念佛号,无限喜悦。

今天,我们让世人知道这个时代有佛教、有出家人。且看昭慧法师与林正杰"立委"等人挺身护教的精神,明光法师的始终坚持,佛光会员发动三百多部游览车到七号公园绕佛护观音,那股充分发挥组织动员及团结的力量,实在让人震撼!

相信我们留下的不只是宗教神圣与精神象征,还有艺术、文化的心血和精华;写下的不只是宗教和谐与包容、融和与欢喜的精神典范,还代表着佛教界一股为教的使命和愿力。

去年的"国际佛光会第三次世界会员代表大会"中,我仍提出"同体与共生"的理念,意在把人与人、人与地球及大自然息息相关的和谐、共尊的观念,更加传扬至全世界,希盼不分国家、不分种族、不分男女、不分贫富,共同创造一个"同体与共生"的圆满世界。

二月,佛光山与泰国法身寺缔结兄弟寺。当我与法身寺住持

一九九五年新春告白

亲临泰国法身寺,并参加万佛节平安灯会。皇家太子玛哈哇集拉隆功合掌问候(一九九四年二月二十五日)

苏达玛雅那上座(Phra Sudha A-Amayan),共同签署同盟书那一刻,南北传佛教的交流也开启了新的一页。泰国之行,处处都令我感动不已:曼谷的信徒,就像那里的天候般热情,泰国人民的佛心就像灯海中的光亮,让人叹为观止。三小时的结盟典礼中,十万余人聚集的现场,无一人起来、走动、讲话,那种肃穆而庄严的心境和仪态,不但展现出他们平时养成的素质,更为整个典礼增添一份清净的美感。

为让社会上忙于工作的女性有一短期参修游学的机会,我们成立"胜鬘书院"。也在九月和丛林学院各级学部,一齐举办第一届的开学典礼。

去年非洲佛学院成立,有十位刚果人剃度出家。教育是培养弘法人才的方法,推动佛法本土化更是我的心愿;唯有培养当地的出家人,才可望让佛法在斯土广为流传。如今,佛教的法脉终于在非洲有了传承,在历史的轨迹中,"黑人出家"写下了史无前例的璀璨篇章。南非地域辽阔,有着勤劳、纯朴、包容的民族性,无论是佛学讲座,还是皈依典礼,参与的有半数以上是当地人,亲睹此景此情,我不禁感动地提笔写下"法传非洲",相信佛教的发展,其远景必定是无限宽广的。

眼见颓风弥漫,毒品、暴力、酗酒、烟害等问题为祸日益,所谓"欲亡人者,先丧其志;欲灭人国,先糜其风",这损国损民的社会病态令人忧心,所以,继前年发起的"净化人心七诫运动",去年更

创立"胜鬘书院",让忙于事业的女性,也有短参进修的机会(一九九四年九月)

一九九五年新春告白

成立非洲佛学院,希望能推动佛法本土化(一九九四年十月)

举办"净化人心七诫活动宣誓大会"。我写了"七诫宣言"、"七诫宣誓文"、"七诫歌",跟着展开七诫篮球义赛、佛光儿童夏令营、佛光青少年明心之旅、教职人员净心斋戒会等一系列活动。

借由活动的影响力,以及传播媒体的宣导、学者专家讲座辅导、宗教人士的修持引导等方法,汇聚大众的力量,带动社会建立健康、正当的娱乐生活与价值观念。希望由每个人自身开始,人人自诫自律,并影响他人、社会、国家,共同创造佛光净土。

"花艺"亦是净化人心的一项文化艺术,能够美化环境,提升生活的品质。去年文教基金会与"中华花艺基金会"联合举办"佛教插花艺术展",不仅发扬中国传统插花艺术,更将佛教与花艺结合,且提升至学术研习的层面。

这一年，不但欧洲、南非、泰国、美国、日本、斯里兰卡、印度、孟加拉、尼泊尔等地相继成立佛光会，也有多所道场落成启用，如由依恒、依宽法师负责，历时八年重建的基隆极乐寺，终于竣工开光，嘉义圆福寺也在四月重建落成。

佛光山台北道场在农历新春正式启用，感谢陈履安、许水德、吴伯雄等各部首长，前来共同剪彩开光。为了转动法轮，我们举办四十九日的"生命活水系列讲座"，邀请罗光主教、丁松筠神父、柴松林教授、柏杨先生、梁丹丰女士等社会各界知名人士，就自己对佛法的体悟及心路历程和大众分享。

此外南非约堡讲堂、加拿大温哥华讲堂、台南新营讲堂、马尼拉佛光讲堂，都举行佛像安座典礼；巴西如来寺首度举办八关斋戒，有五十多位本地人参加，成为南美佛教史的创举。这些，都将使佛教的文化、教育、社会服务等功能，发挥得更广、更深、更走入人间。

新开办的"素斋谈禅"，则是一种蕴含文化、艺术气息的聚会。不论新闻界、企业界、艺文、歌坛各界，只要有缘，大家可以在温馨、自在的气氛下彼此交流，吃得欢喜，谈得尽兴。创新、创意能推动时代进步，佛教也是如此的，要能随时代的需要做相对的调整，并且契合人心，才能达到弘法度众的目的。

动荡的年代，更需要多一份修持、关怀与付出。为了关怀受刑人，佛光出版社和天下文化出版公司举办"开启心窗"赠书活动，由"法务部长"马英九先生，代表所属十九所监狱接受。严宽祜文教基金会、佛光山文教基金会也率先响应，捐赠《星云日记》一百套及《心甘情愿》一百本给受刑人。国际佛光会阿莲分会、本山麻竹园分会也联合南区各分会，赠送佛光出版社所有的图书各一套给高雄监狱。与台北监狱合办的"台北监狱短期出家

一九九五年新春告白

赠《星云日记》予受刑人,由"法务部长"马英九代表接受。右为远见·天下文化高希均教授(一九九四年二月三日)

修道会",也是史上首见。相信透过信仰的力量,用佛法打开每个人的心门,当能唤起人世间真善美的一面,让心灵开出美丽的莲花。

另外,我将个人稿费与版税所得三百万元,分别捐赠给阳光基金会、善牧修女会、耶稣徒晨曦会、台北市妇女救援基金会、艾滋病防治协会、心路文教基金会等六个社会团体,微薄心意,盼能抛砖引玉,让更多人为众生谋福利。

四月,名古屋发生空难,东京别院法师和信徒即刻赶到现场协助处理善后,并为罹难者举行超度法会;高雄县"八一二"水灾时,我正在欧洲弘法,闻之内心非常焦急,只有透过传真呼吁佛光会员及信徒,配合佛光山展开赈灾行动,有钱出钱,有力出力。本山除了捐助一千万元之外,也动员数百人,每日制作上千个便当、数万个饭团、素粽等,送往灾区。

摄于佛光山放生池

在讲说弘法上,去年在台北"国父纪念馆"佛经讲座的题目是"阿含经选讲",在香港红磡体育馆,我讲说"维摩经大义"。此外,于台视开辟一个新节目"星云说喻",我透过轻松幽默的佛教小故事,来让大家领纳佛法妙味。也于澳大利亚、南非,及香港和台湾花莲、台北、美浓等地举行佛学讲座,并为成功岭受训者、大学生、青年、妇女、教职员、警员等社会各阶层人士宣讲佛法。针对不同的对象，因应每个人的需要，我尽量订定不同的主题及内容，好让大家都能圆满欢喜，有所获益。

为让人间更温暖、更美好，我们时时用心、处处关心，用法水滋润无际无边的旱地，使其清凉安乐。感谢大家年年的护持、日日的奉献，心中的感激难以言尽，唯有祈求诸佛加持，龙天庇佑，祝福大家日日都圆满、吉祥、平安。专此　顺颂

禅悦法喜

自在安详

星云　合十

一九九五年元月一日

平安吉祥

新春恭喜

星雲 八十五年春節

一九九六年新春告白

我这一生得奖无数,
都觉得那是大家的护持所致。
但对于
印度全国少数民族委员会委员达摩维李奥法师,
联合全印度佛教大会
所有会员推荐而获得的"佛宝奖",
最感到欣慰。
因为这代表佛教的祖国——印度,
对一名中国比丘在"佛法"实践上的认同,
也代表佛光山在国际上已受到肯定。

各位护法、朋友们:大家好!

崭新的一年随着时节轮转,在这春临人间、风日清和时分,祈愿信施檀那皆幸福,世界大众得和平。

四季来去,花落又开,人的色身,也不得不随着时序的流转而有生老病死。去年四月,心平和尚圆寂了。心平随我到宜兰、三重文化服务处、寿山寺,再到佛光山开山,一路跟随,不曾动过离开的念头;他确实是出家人最佳的典范!如我为他写下的偈语:"四十年师徒之道全始全终,十余载住持任内一心一德。"还望大家把对心平和尚的想念,化为学习他的精神,像他一般对佛教尽心尽力。接着,佛光山依宗委会章程,选出了心定法师为继任住持,我也期盼大家多多给予护持。

之后,我因心脏冠状动脉阻塞,在台北荣民总医院接受"开心"手术,由张燕医师主刀。出家人本应具备"色身交予常住,生命付予龙天"的观念,承蒙荣总各医护人员的用心照护,此次"开心",我即抱着"色身交予医院,生命付予医师"的心情。内心无我,一切听凭医师安排,只觉坦然无挂碍。

在复原期间,得到主治医师的允许,我还前往"国家剧院"欣赏丛林学院二百位学生,为筹募佛光大学建校基金演出的"礼赞十方佛——梵音乐舞"。乃至出院后,回到本山,就假甫落成启用的如来殿,向大家说明手术治疗经过。对于各界长官、信徒种种的情谊爱护、盛情厚意,实在愧不敢当。因此,也在台北阳明山中山楼,举行一场恳谈会,向关心我的大众、会员、功德主表示感谢之意。

尽管身体老病,但一生秉持"忙就是营养"的理念,仍积极在世界各地弘法讲演。除了应"内政部"之邀,在台北国际会议厅举办"净化人心系列讲座"外,也陆续在各地举办佛经讲座,主持国际会议等。如:四月在天主教国家菲律宾马尼拉的国家会议厅,举行佛学讲座和皈依典礼,也主持"国际佛光会第一届第六次理事会",同时为马尼拉佛光协会及十五个分会的成立授证,其中第一个儿童分会成立,最是令人欣慰。所谓"四小不可轻",期盼这些菩提幼苗都能健康成长。国际佛光会在大家发心奉献下,已日益茁壮,但愿这棵大树能够枝繁叶茂,庇荫世间有情。

《佛光大藏经——禅藏》五十一册,历经十年的编修,终于问世了。《禅藏》是继《阿含藏》之后,"佛光大藏经编修委员会"再度推出的巨作,内容搜集中国历代及日本、韩国等禅学典籍,及禅门事迹、思想、语录,并加以标点、分段、注解。我认为"人间自古幸福事,夜半挑灯读禅经",禅可以发掘我们内心的本性。由此,去年三月由佛光山文教基金会主办,委请"教育部长"郭为藩先生转赠一百四十七套《禅藏》予台湾各大专院校图书馆,及全台四十六家公

于台北道场赠送《佛光大藏经·禅藏》予台湾三家电视台及《联合报》等十一家报纸媒体(一九九五年三月二十九日)

私立图书馆及文化中心。台湾各大专院校佛学社团前来拜访,我也欢喜赠送。

在台北道场举行赠送《禅藏》给传播界的赠书仪式,包括台视、中视、华视等三家电视台及《联合报》、《中央日报》、《台湾日报》、《中华日报》等十一家媒体;十月,于澳大利亚举行的"尊重与包容"音乐会上,赠予昆士兰大学、格里菲斯大学、邦德大学;韩国东国大学禅学科教授、正觉院院长镜日法师来山参访时,我亦与之结缘。希望借此带领大家一窥禅境,丰富生命的内涵。

由天下文化发行,符芝瑛小姐撰写的《传灯》,于去年元月出版。书中记载我把人间佛教推动到五大洲的状况,也叙述佛光山的弘法历史等。虽然我不愿别人为我忙碌,写书立传,但若能把这些心路历程、人生经验奉献大众,我亦欢喜"传灯"无限。

三月,佛教界第一座专业美术馆"佛光缘美术馆"开幕,同时举办了"传灯慈善义卖活动"。我把《传灯》典藏本义卖所得一百五十万元,捐赠给花东地区十二所学校,作为学校图书专款;严宽祜文教基金会也认购七百三十五册,赠予全台各大专院校图书馆,以充实藏书。

九月,佛光出版社出版《百喻经图画书》,这套书是以《百喻经》为题材,改写编绘成的佛教儿童文学,是台湾第一套佛教寓言图画书。"星云百语"继《心甘情愿》《皆大欢喜》后,又推出第三集《老二哲学》;西来大学出版社也将《皆大欢喜》译成英文出版。为了让檀讲师、檀教师、徒众们有弘讲的教材,我在心中酝酿五十年、自费出版的《佛教丛书》终于付梓成书。这十大巨册,我不敢说它有多么齐备,但自忖阅读这套丛书之后,对佛教应有一个较完整、全面的认识。

《利器之轮——修心法要》与《三十三天天外天》,分别荣获"行政院新闻局""第一次优良中译图书推介活动"、"第十三次优良中小学课外读物推介评选活动"入选图书;九月在荷兰举行的"国际期刊联盟"世界大会上,《普门》杂志的参与,成为佛教期刊

接受华视"点灯"节目访问,与总经理张家骧及主持人靳秀丽合影(一九九五年三月三十日)

的首度展出者。

历史的长河,绵远亦风采,一回身,自光复后至今,台湾佛教已走了五十个年头!去年五月,举办"走过台湾佛教五十年"系列活动,诸如:文学奖、摄影奖、历史文物展、台湾古寺巡礼等,也出版永芸主编的《走过台湾佛教五十年》一书。为期三个月的活动,提升了佛教历史文化的价值,获得很大的回响。

创办教育是我一生坚持的理念,蒙受十方大众护持,使得佛光山的教育事业得以在稳定中发展。去年,美国西来大学取得I-20,获准正式颁发佛学学士及宗教硕士学位。而佛光大学也正式蒙"教育部"核准通过建校。感谢大家对筹建佛光大学的支持,或举办佛光缘当代名家精品义卖、佛教音乐会,或举行园游会、路跑活动等,以行动来支持办学。还有,像宜兰县佛教会、国际佛光会兰阳地区各分会,为了筹募佛光、玄奘、华梵三所大学的建校基金而举行"捐资兴学"园游会,不仅表现出对教育的热忱,更显现佛教界融和的景象。

去年日本阪神大地震、菲律宾水灾、美国大峡谷空难、高雄旗津区火灾,以及台中威尔康西餐厅大火……种种天灾人祸,如洪流扑向世界,造成许多创痛与悲剧,教人无任欷歔!除了祈求佛陀加被世间少灾少难,我们更要有一些积极的作为。感谢全球佛光人及诸位善心人士热心济助,国际佛光会、佛光山慈悲基金会,乃至当地别分院,都及时发挥"无缘大慈,同体大悲"的精神,大家不分昼夜地进行救援工作,也齐心协助受难家属处理善后、举行超荐法会等。

由"内政部"会同高雄县政府委托佛光山慈悲基金会经营管理的"崧鹤楼",是全台第一座老人公寓,也于六月正式落成启用。在"法务部长"马英九先生的协助下,台湾首座公立"台南监狱明德戒治分监"启用,并请佛光山法师进驻辅导,成为首座佛教教育戒毒班。

在"国际佛光会中华总会第二届第二次会员大会暨祈求世界和平万人献灯祈福法会"上,三万人聚集桃园巨蛋体育馆,共同祈求世界和平、人民安和利乐。会中,我提出"以世界观弘扬佛法,以人间性落实生活,以慈悲心普利群生,以正觉智辨别邪正"四点,期勉大众能拥有正确且现代性的观念。此外,佛光山中华总会与"救国团"合办心灵环保运动"把心找回来系列二——时时乐清贫。处处简朴心"等等,这些都是希望能为社会尽一些净化人心的责任。

国际交流上,去年八月,伦敦佛光山和伦敦协会举办了英国有史以来第一次的"斋僧大会",英国佛教僧伽大众,包括来自缅甸、泰国、斯里兰卡、越南、日本、藏传及汉传的法师莅临,让我们感受到和谐交流的美好。

十月,被誉为南半球第一大寺的澳大利亚南天寺,获得一九九五年度最佳建筑设计奖,也举行开光典礼。澳大利亚总理基廷(Paui Keating)、总督内登(Bill Nayden)等官员均致电贺词;出席贵宾有:联邦移民部长鲍格斯(Nick Bolkus)、卧龙岗市长坎贝尔(David Campbell)、夏巴市长格兰宏(Cr. C. Glenholmes)、凯马市长惠特烈(Cr. J. Wheatley)、前总理惠特拉姆(Gough Whitlam)、新南威尔士州州长卡尔(Bob Carr)等,以及来自四面八方的人潮,见证了民族的融和。

同时,国际佛光会假悉尼达令港国际会议中心召开"第四次世界会员代表大会",我以"尊重与包容"为大会主题,呼吁大众学习与实践尊重包容。此外,"国际僧伽会议"上,有十九个国家地区的僧伽学者同聚南天寺,共议"在当今时代如何推展佛教",及"不同传统佛教相互交流的重要性"。欣喜的是每次的会议,对促使佛教登上国际舞台、彼此融和沟通上,都能产生推动的效用。

我这一生得奖无数,都觉得那是大家的护持所致。但对于印度全国少数民族委员会委员达摩维李奥法师,联合全印度佛教大

澳大利亚南天寺开光典礼吸引 10 万人潮。与代表澳大利亚总理的移民部长鲍格斯在典礼后,走在成佛大道上(一九九五年十月十六日)

会所有会员推荐而获得的"佛宝奖",最感到欣慰。因为这代表佛教的祖国——印度对一名中国比丘在"佛法"实践上的认同,也代表佛光山在国际上已受到肯定。

宗教交流与对话是时代必然的趋势,借着交流增进彼此的友谊,共创社会及人类的发展。去年七月,召开首届"天主教与佛教国际交谈会议",由心定和尚与安霖泽枢机主教共同主持开幕典礼。这项会议由梵蒂冈教廷宗教协谈委员会筹办,佛光山主办,有来自日本、斯里兰卡、泰国、美国和意大利等,天主教和佛教代表、专家学者参加。经过五天的论文发表及讨论,双方对彼此的教义有更深刻的了解,也对宗教的价值与功能达成共识。

学习是一生的,因此我们定期举办各项讲习会,诸如义工讲习会、檀讲师讲习会、佛光会员干部讲习会、住持主管讲习会、西方佛

一九九六年新春告白

首届天主教与佛教国际交谈会议，连续五日于佛光山举行（一九九五年七月三十一日）

教教师研习会、国际僧伽讲习会，希望借由这些讲习会，增加佛光人的弘法资粮。

最后要跟大家报告，今年是佛光山开山三十周年，我们将举行一系列庆祝活动。三十年岁月倏忽，但弘法事业是绵延无尽的，纵使长远，尽管不易，仍应坚守弘法者的使命，以佛法滋润每一寸土地，温润每一个心灵，愿与大众共勉之。专此　顺颂

福慧增长

自在安详

星云 合十

一九九六年元月

祥和歡喜

春到人間

星雲
一九九七丁丑年

一九九七年新春告白

母亲在民国前十年出生,
从清末民初到"文革",
以及两岸关系解冻,
走过近百年的大时代动荡,
犹如一部现代历史宝典。
她常说,一生做得最对的一件事,
就是允许我出家,
把儿子奉献给众生、给佛教。
我深知岁月难以复还,
色身也无法久长,
对母亲的思念及感恩,
过往点滴的片段,
只有留存心中慢慢重温。

各位护法、朋友们:大家好!

在春暖花开,大地回春之时,我们迎接佛光纪元三十年的到来。现今,佛光山已走向制度化、国际化、现代化,树立了人间佛教的宗风,架构好人间佛教的蓝图。

回顾一九九六年中,"贺伯"台风席卷全台,造成重大的伤害。感谢正在巴黎参加佛光会世界大会的会员们共襄义举,集台币一千一百万元,适时地表达对受灾民众的关心。而"宋七力事件",引起一连串怪力乱神的现象,使得社会大众扫邪声浪蜂拥而起。信仰的目的是发挥自己的慈悲、道德,从净化心灵中产生智慧;有了正知正见,才能不被人惑,才能作自己生命的主宰。

"中台山"出家事件,也让社会大众纷纷探讨"出家"的真义。适时佛光山有一百四十二名青年请求剃度,我借此向大众说明"出家,要皆大欢喜"。佛光山提倡人

于台北道场和《中国时报》总编辑黄肇松先生（右）共同出席"还原历史真相——高千穗丸沉船事件的回顾与省思"座谈会，主持人黄富三教授（左）。（佛光山宗史馆提供，一九九六年五月二十五日）

间佛教，我认为子女出家并不是出走，只是和一般人有不同想法，换了更宽广平坦的跑道。

二月，《台湾时报》刊载不实的报道诋毁佛光山，引起广大信众愤慨，全台信徒出于护寺、护僧之心，每晚以静坐、念佛的方式，包围《台湾时报》办公大楼，希望唤醒媒体道德的良知。感谢陈潮派居士等诸位护法金刚，为了佛光山的真相，义无反顾地挺身而出。五月，出席《中国时报》主办的"还原历史真相——高千穗丸沉船事件的回顾与省思"座谈会。这件事发生在一九四三年三月十九日，日本一艘载有一千四百人的客轮，航行快到基隆澎佳屿附近时，被美国鱼雷击中，船上只有两百人遇救。事发第五天，官方才语焉不详地发布新闻。新闻，是历史真相的参考，实不容忽失啊！

基于人道关怀，元月份，我在"中国人权协会"理事长许文彬

美国副总统戈尔至西来寺访问（一九九六年四月二十九日）

律师的协助下，前往土城看守所，探视苏建和等三位年轻人，他们受到冤枉而被宣判死刑，此事备受各界关注。人活在世上，可能会受欺负，但是因果不会辜负我们，我鼓励他们不要绝望，抱持希望勇气地活下去。我关心此案已久，深深感受到他们的委屈，期盼有关单位重视生命的可贵，毋枉毋屈。

去年，台湾首次举行民选领导人，前"监察院长"陈履安先生是佛光山信徒代表，他决定参选争取为民服务的机会。我基于同一信仰，第一个表态立场，全力支持。我常感叹被称为"政治和尚"，其实，何谓政治？如果真的有政治头脑，明知不可为，又何必在这是是非非的世界中如此表明立场？正因此乃宗教家而非政治家之举也！

我在台湾生活四十多年来，觉得自己爱台湾而非爱某一个人，是尽己微薄之力，主张人我共尊，消除族群的地域情结，从历史、文化、经济建立自他共荣、平等和谐的社会。

一九九七年新春告白

摄于法国里昂(一九九六年)

一九八八年,当时还是参议员的戈尔先生曾来访问佛光山。去年三月,已是美国副总统的他,邀请我至白宫会面。为了再叙情谊,我也邀请他四月到西来寺访问。戈尔先生是美国史上第一位莅临佛寺的副总统,不仅为华裔社区增光,也肯定了西来寺的弘法功能,这对佛教在美国的发展,具有重大的意义。

为了庆祝佛光山开山三十周年,常住举办了多项世界性会议。其中,"国际佛光会第五次世界会员代表大会",假巴黎国际会议中心召开,主题为"平等与和平"。有来自美、加、德、英、法、巴西、阿根廷、挪威、瑞典、丹麦、俄罗斯、澳、日、韩、泰、新、南非等三十多个国家地区代表、五千名佛光会员参加。贵宾有法国国会议员高乐加雅马库士先生、美国国会议员马丁尼兹女士、侨务委员长祝基滢先生、法国佛教协会会长杰克·马丁会长、欧洲佛教协会会长丹尼喇嘛、巴黎机场最高总裁比尔·马希昂、台北经济文化办事处处长邱荣男先生等多人,也感谢美国克林顿总统、戈尔副总统等捎来祝贺的电函。

国际佛光会以促进家庭和谐,乃至于人民与人民间、种族与种族间、国与国间的和平。此次会议可说是欧洲佛教史上首见的盛会,当地许多越南、柬埔寨、老挝等华侨感动落泪,表示他们移居海外多年,没有住在自己国家的土地上,不知道自己是哪里人,现在看到这么多共同信仰的人聚在一起,不禁百感交集。

我告诉他们,我在台湾弘法数十年,有三分之二的生命都在台湾度过,如果说我不是台湾人,我是哪里人呢?但是我在台湾,也没有人承认我是台湾人;当我回到大陆,当地人又说我是台湾来的和尚。我走到哪里都不被认同是当地人,后来我安慰自己,我是"地球人"。这是我后来的觉悟,只要地球不舍弃我,我就做个"地球人"。

在这同时,由于罗辅闻、文俱武等居士的大力奔走,荷兰荷华寺终于在阿姆斯特丹举行奠基典礼,未来将成为欧洲第一座中国宫殿式的寺院,可以发挥弘法功能,给众生一个安身立命之处。

另外,第一届"世界佛教杰出妇女会议",有来自三十多个国家和地区,四百多位杰出妇女聚集在佛光山,交换彼此的经验与智慧。国际佛光会中华总会各分会共同发起"庆祝佛诞浴佛法会",于南北同步举行。而香港协会主办的"梵音海潮音音乐会",更是香江地区首见的大型佛教音乐会。

我一直主张世界是融和欢喜的,宗教不同、种族不同、思想不同,都可以靠互相尊重来融和。去年就有多次宗教间的交流往来。

一九九七年新春告白

应妙莲长老之邀,前往南投灵岩山寺主持大雄宝殿落成及佛像开光典礼(一九九六年一月十四日)

如我应灵岩山寺住持妙莲长老之邀,为三坛大戒担任羯摩和尚,佛光山的徒众也前往协助。

八月,伦敦佛光协会主办一场"和平对话"。由伦敦大学亚非学院历史系主任巴烈特(Timothy Barrett)教授担任主席,我和世界宗教代表大会主席布雷布鲁克(Marcus Braybrooke)牧师、伦敦佛教协会秘书长梅多士(Ronald Maddox)先生一同主讲有关"宗教与社会的融和"问题。南华管理学院主办的"亚洲宗教与高等教育"国际学术研讨会,计有亚洲各大知名的宗教大学与台湾各宗教代表、专家学者一百五十人出席。

马来西亚佛教总会与国际佛光会马来西亚协会,共同在吉隆坡莎亚南体育场,举办"万人皈依典礼及万人献灯祈福弘法大会",竟有高达八万人前来。根据马来西亚联邦宪法规定,伊斯

"亚洲宗教与高等教育国际学术会议",与来自日本、韩国、印尼、马来西亚、尼泊尔、泰国、菲律宾与俄罗斯及香港等地知名宗教大学与台湾各宗教代表于佛光山大雄宝殿合影(一九九六年十月三十一日)

兰教为大马国教,佛教活动始终受限于寺院之内。此次盛会,马来西亚交通部长林良实医师、内政部部长黄家定先生、能力资源部长林亚礼先生、文化艺术暨旅游部长邓育桓女士、大马工委会主任梁伟强先生、马来西亚佛教总会会长寂晃长老,以及广余、明智、达摩难陀等多位长老都前来给予护持,实属稀有难得,也铭感在心。

看到许多不同信仰的部会首长、朋友、信徒,无分彼此共襄盛举,在回向祈福时,我不禁说道:"慈悲伟大的佛陀!希望在座的佛教徒,将心灵的灯光献给佛陀;在座的基督教徒,将心灵的灯光献给上帝;在座的伊斯兰教徒,将心灵的灯光献给安拉。"事后,许多人十分讶异我的开明,他们说:"从来没有一位佛教法师,敢公开教人去尊奉其他宗教的神明!"其实,佛说众生平等,假如当初的佛陀出现在这里,我相信他也会如此做的。

一九九七年新春告白

去年五月十六日，是佛光山三十周年纪念日，借此因缘，全世界五大洲、五千多位功德主回山参加功德主会议。由于诸位护法的鼎力相助，三十年来，让我们在各种文教事业上皆有成果。

继"宗教百问系列丛书"之后，文化院"宝藏小组"吉广舆及满济、永应等主编的一百三十二册《中国佛教经典宝藏精选》白话版出版了。依空主编《佛光山开山三十周年纪念特刊》以及《佛光大辞典》光碟版测试完成等等，都让三十年的佛光山增添厚实、芬香的内涵。

拙作《心甘情愿》一书，由德国柏林协会督导车慧文教授、日本大阪协会陈一普智夫妇，分别翻译成德文、日文。而由永文制作、金马奖导演王童先生执导的《佛光山开山三十周年纪念影片》也完成试镜。这些，都是感谢功德主们护持佛光山走过三十年历史的真诚回馈。

除此，佛光山文教基金会赠送《禅藏》予各大专院校的行动，更在世界各地热烈展开，有美国伯克利大学兰卡斯特、普林斯顿大学詹姆士·强生、哥伦比亚大学萧本格等教授代表二十七所大学受赠。也赠送欧洲英国大英图书馆、剑桥大学、牛津大学、伦敦大学亚非学院，以及德国、瑞典各大学图书馆等十余个单位。

有鉴于原住民地处偏远，资源取得不易，佛光出版社联合《山海》杂志社、台湾儿童文学学会、《普门》杂志社等十个单位，举办"让爱遍城乡，送书到山地"活动，致赠三万五千多本儿童读物，给二百九十三所山地原住民小学。

在教育上，也传出好消息。佛光山丛林学院派下十六所佛学院扩大联合招生，相信人间佛教弘传的菩提幼苗，将更成长茁壮。

宜兰佛光大学已取得"教育部"核准发照。南华管理学院也在九月举行"开校启教"典礼，有连战先生夫人方瑀女士、"高教司司长"余玉照先生、"国策顾问"余陈月瑛女士、嘉义县县长李雅景先生,和来自海内外各地信众、佛光会会员两万多人光临与会。

南华管理学院,是台湾第一所唯一不收学杂费的私立综合大学,这是"百万人兴学运动"的所有委员,为高等教育写下的历史新页。希望在龚鹏程校长的治校下,为国家社会培养人才,开创学术领域,以此来回馈广大群众,并期盼大家对大学能继续护持。

世事的无常与聚散,总是在瞬息间。去年五月,我九十六岁高龄的母亲李刘玉英夫人,在美国洛杉矶舍报往生了。我搭机赶到西来寺,抚着她皤皤的银丝白发,安详的面容犹如沉睡一般。心理上,虽然我早有预备,但仍免不了浓浓的怀念。

想起我十二岁出家,二十三岁到台湾,关山迢递,大海茫茫,两岸阻隔了四十年,才与母亲再度见面。一个七十岁的老人还有母亲可以叫,徒众们都替我欢喜。如今感叹时光不能倒流,无法再尽为人子的义务,心中只有默默念着:"婆婆极乐,来去不变母子情;人间天上,永远都是好慈亲。"

母亲在民国前十年出生,从清末民初到"文革",以及两岸关系解冻,走过近百年的大时代动荡,犹如一部现代历史宝典。因此,我为母亲的一生写照作了一偈:"历经民国缔造、北伐统一、国共战争,吾母即为现代史;走遍大陆河山、游行美日、终归净土,慈亲好似活地图。"她常说,一生做得最对的一件事,就是允许我出家,把儿子奉献给众生、给佛教。我深知岁月难以复还,色身也无法久长,对母亲的思念及感恩,过往点滴的片段,只有留存心中慢慢重温。

时间荏苒,不曾为谁停留。唯有佛法的磐石,才能让我们稳住脚步,不怕世间天灾人事洪流的冲击。所谓"佛法弘扬本在僧",佛光山"三十而立",推动人间佛教的责任,正待我们全力以赴,发挥"人生三百岁"的生命与价值。新的一年,祈愿大家开发本具的清净佛性,面对现实生活的重重困难、挫折,能够往来无惧,勇敢而自在地行走在人间,贡献在人间。祝福大家

　　身心平安

　　禅悦吉祥

星云 合十

一九九七年元月一日

圓滿自在

午慶春喜

星雲

戊寅元旦
一九九八年

一九九八年新春告白

"良言一句三冬暖",
去年一九九七年九月出版了
《有情有义——星云往事百语回忆录》有声书。
过去以来,自觉受用的话很多,
它们就像阳光、空气、水分,
给我力量,让我成长,
让我走过数十年的岁月。
希望借由这套书,
将那些陪我走过无数风雨、
艰辛岁月的好话与情义观念散播出去,
大家共同建立一个有情有义、
圆融祥和的世界。

各位护法、朋友们:大家好!

一九九七年过去了,即将来临的是一九九八年的新年,对佛光山来说,这是一个充满祥和、喜乐,且春满人间的一年,在此也祝福大家"圆满自在"。

佛光山建设至今三十年,回想这三十年来,佛光山这一湖净水,终日不息地涤除尘垢,净化人心。终于,人间佛教的弘扬,已激起了无数壮丽的浪花,结出了无数美丽的花果。但是,这些都不是个人所成,一切都是十方大众全心全力的护持,才有这三十年的成就。

再回顾以往,与佛光山同时并进的大慈育幼院也三十岁了,佛光精舍的老人来山安居二十五年,甚至年轻的普门中学,也整整二十年了。儒家说"三十而立",本山走了三十年,开创的阶段性已经告一个段落,接下来的,应是内敛涵养,沉潜静修,让僧众再储蓄厚实的弘法养分。所以在这一年,经由宗委会商议,大众通过,决定"封山"。

封山不是封闭,而是另一个起点的开始,等于过去出家人的闭关,封山是团体的闭关。从长远观之,确是更有益于人间、有利于众生的。所以,在封山典礼上,心中浮现四句法语:

封山,封山,常住责任一肩担;

封山,封山,慈心悲愿永不关;

封山,封山,菩提道果处处栽;

封山,封山,弘法利生希望大家一起来。

封山也是"封人不外出,封心不乱动,封事不攀缘,封情能放下",这不但是佛教徒应有的修持,更是社会大众所希望的心灵净化啊!

在封山同时,继代理心平和尚第五任住持之后,心定和尚被选为第六任住持。新任住持升座及宗委的选举,象征着佛光山的弘法传承,生生不息。升座典礼上,承蒙悟一长老送座、各界五千人光临见证,以及来自世界各地众多的祝福。我也对大家说:来佛光山,不要只是看到殿堂的建筑,更要看到佛光山内在的拥有;不要只看到佛光山个人的成长,更要看到大众的和谐;不要只看到佛光山的个案,更要看到历史的全部。总之,不只是看到有形的外表,还要看到章程制度,以及深度和内涵,才不致入宝山而空手回。

去年香港的回归,全球华人倍感欢欣鼓舞。"国际佛光会第六次世界会员代表大会"及佛教歌舞剧"梵音海潮音之佛法颂",也选在东方之珠——香港举行,可说别具意义。在此之前,"九七大限"让许多人忧心忡忡,纷纷问我对香港前途的看法。其实,一切都在"一念之间",身的安顿,要从内心做起,做到尊重与包容、平

佛光山第六任住持升座大典,新任住持心定和尚宣誓(一九九七年五月十六日)

等与和平。拥有知足的生活观、平等的人我观、般若的处世观,就可以"马照跑、舞照跳"。

回归之后,唯有海峡两岸的中国人在共尊共容的共识下,才能携手共创美好的未来。这次大会,我提出"圆满与自在"的理念。在主题演说时,我告诉大家:圆满,是人们最向往、最欣慕的境界,我们应学习从心意的包容、生活的知足、人我的平等、处世的般若、社会的安定、家庭的和谐、身心的健康以及自我的解脱上,去体证世间的圆满自在。

我深信佛法能满足我们的需求,解除我们心灵的饥渴,它跨越时空的距离,提供无尽的宝藏,只待众生来汲取享用。我曾允诺,只要有四百人能背诵《心经》,就为大家讲授,去年便分别到东京别院及普贤寺实践诺言;另外,在台北"国父纪念馆"、新加坡国立体育馆宣讲"大宝积经要义"、"八识讲话",以及在台湾各地讲"因缘果报"、"如何做个善女人"、"如何修持观音法门"、"心灵改造"等,无不希望佛法大海,流遍十方,滋润每个人的心田,使其开出繁盛、善美的花果。

"良言一句三冬暖",语言如此,文字更具教化的功能。由天下文化出版,符芝瑛小姐执笔的《薪火》,去年四月出版了。这是描述心平、慈庄、慈惠、慈容、心定、慈嘉、慈怡、慧龙、依严、依恒、依空等十四位弟子,跟随我出家之灯火相传的故事。在新书发布会中,符小姐将一万本版税捐赠佛光山,我则将这一万本版税,捐给有五十年历史的花莲门诺医院;天下文化也一齐响应此举,捐赠一千册图书给全台受刑单位。希望个人些许的心意,能唤起大家关爱众生的善心,以实际行动帮助需要帮助的人,共同关怀我们的社会和世界。

另外,简志忠先生负责的圆神出版社,经过三年的筹备,在去年九月出版了《有情有义——星云往事百语回忆录》有声书。过去以来,自觉受用的话很多,它们就像阳光、空气、水分,给我力量,让我成长,让我走过数十年的岁月。希望借由这套书,将那些陪我走过无数风雨、艰辛岁月的好话与情义观念散播出去,大家共同建立一个有情有义、圆融祥和的世界。

四十二册的《佛光大藏经·般若藏》、佛光山第一本"电子佛典"——《佛光大辞典》光碟版也相续出版了。这代表弘法新时代的来临,随着时代潮流的更替,弘法的方式也应推陈出新,贴近现代人的需求,才能让佛法延续下去。除此,佛光山文教基金会继续一九九六年赠送《禅藏》的活动,分别赠予新加坡各大学、图书馆、寺庙及团体二十余部,英国各著名大学图书馆五十部。但愿佛法如灯,分灯无尽,让更多人受惠,同沾法益。

感谢中国国民党颁发"华夏一等奖章"给我,并入选加拿大

1470AM中文电台所举办的"阳光计划"十大伟人之一,拙作《玉琳国师》、《传灯——星云大师传》被评为十大好书。这许多成果与肯定,都不是我个人的成就,而是因为大家尽心尽力、不分彼此的付出与努力,所以这些肯定和荣誉是大家的集体创作,是大家共同的成就。祈愿这相互映照的光辉,普照十方有情。

在硬体建设方面,宜兰雷音寺去年重建,成为兰阳平原上最高的大楼。而多伦多佛光山、巴西里约禅净中心、日本临济宗大阪佛光山寺也已落成启用,借由弘法资源的完备与方便,法水的流布将更为广阔。

此外,有鉴于台湾社会治安日益败坏,人心扰攘,惊惶不安。为安定社会人心,举办了"慈悲爱心列车"系列活动,共有八万人宣誓成为"慈悲爱心人",致力推动"心灵净化、道德重整、找回良知、安定社会"的理念,让失落的心灵、纷乱的社会回归平安、和谐。

我们仿效早年沿路行脚民间的弘法方式,展开"街头布教",走遍全岛,把街头当作佛堂、布教所,透过讲演、演唱等方式,宣导五十三则修身语录,以此唤起大家每日发愿"日行一善",将慈悲爱心散播到社会每个角落、每个人心中,并借由每位慈悲爱心人的善口慈心,让更多的人懂得安顿心灵,增长智慧。

我们也开拓了一方电视净土。秉持"十方来,十方去,共成十方事"的观念,集合千万人的智慧、心力和财力的"佛光卫星电视台",在十方信众、各界人士的祝福下,于台北林口中正体育馆举行开台典礼。在这个频道上,我们播放纯正、干净、健康、美好的节目,期盼以电视无远弗届的力量,推动心灵净化,启发希望与信心、智慧与慈悲。相信它不但代表弘法时代走入新纪元,也带领电视媒体走向零污染,将祥和与欢喜散播人间!

别具意义的一年,也创办了许多前所未有的弘法事业与事迹,

一九九八年新春告白

前往罗马参观意大利伊斯兰教清真寺与寺中最大的《古兰经》(一九九七年三月一日)

例如:佛光山梵呗赞颂团在德国柏林文化中心演出,打开以佛教音乐在欧洲弘法的大门;"台湾佛教寺院行政管理讲习会"、"佛光学学术会议"、"国际佛教青年会议"等,都在今年首度举办。在封山后,除了因应信众所需,举办"寓修行于休假"的"假日修道会",同时也展开四十九日参禅、念佛修道会,创下台湾教界首度参禅、念佛七七同步举行的先例。

在宗教的轨道上,也增添不少交集点:在梵蒂冈罗马教廷,我和天主教教皇约翰・保罗二世,就宗教融和的问题、推动世界宗教教育的发展方向,共同研拟具体合作方案;对派遣学者进行研究,及加

与戒子在印度菩提伽耶戒场合影（佛光山宗史馆提供，一九九八年二月十五日）

强双方各方面的宗教交流，也都能达成共识。此行也与伊斯兰教清真寺教长拉马特利（RaMartelli）会面，前往和平之城阿西西（Assisi），拜访圣方济各会会长朱利奥·贝雷托尼（Giulio Berrettoni）神父。

在伦敦大学博士生陈慧珊小姐的因缘促成下，于英国举办了"全英各宗教代表之和平对话"，针对"宗教与社会的融和"进行研讨。在东京举行的"日华宗教者会议"，邀请到台湾和日本的学者、专家，以"宗教对现今社会的职责"为题，探讨宗教在面对现今社会问题时所应扮演的角色。值得一提的是，天主教国家菲律宾，在马尼拉拥有四百年历史的岷伦洛天主教堂，首度举行佛教祈福仪式，永光法师应邀率僧俗二众前往主持诵经，为宗教交流再增添美好的一页。

这些宗教间的对话,促进相互的尊重,也象征宗教之间的融和与平等,是今后地球人的共生之道;我想不仅是宗教之间,更是种族之间、国家之间的新契机。

印度是比丘尼教团的发源地,中国比丘尼教团能有今日的蓬勃发展,都是根源于印度。然而,今日印度、尼泊尔、斯里兰卡、泰国乃至藏传比丘尼之戒法,却因为时代变迁等种种因素而失传。因此,今年二月,将在印度菩提伽耶中华大觉寺传授三坛大戒。至今已有二十余国、一百五十多位戒子报名参加,希望借此将南传比丘尼教团恢复起来,促使南传比丘尼教团回归佛陀时代的兴盛。

虽然社会乱象丛生,由于大家齐心努力,度过了丰富而多采的一年。今后,佛光人更应如千年老松,通过风雨考验,如坚固磐石,屹立而不动摇。佛光山三十年岁月,在苍茫大地上开山建寺,在滚滚红尘中安僧度众,一路走来风尘仆仆,始终坚持为教为众的宏愿,展望未来,也将坚定地走下去。

回首来时路,我们觉得满足、欣喜,每一年都是一个新开始,路途还很长远,希望更是无限,还望各位护法朋友多多护持。祝福大家

一切圆满

吉祥自在

星云 合十

一九九八年元月一日

安樂富有

己卯年慶

星雲

佛光山

一九九九年新春告白

回首来时路，
无论是山河大地或日月星辰，
都始终让我感受到大自然的无私平等，
只要人有一点灵犀，
广结善缘，
就能与天地日月同存，
享受"自然与生命"的无限美好。
在迎新送旧之际，
希望大家不要忘记
"六度万行"、"八种正道"，
只要心中有佛法，
处处自然就有办法。

各位护法、朋友们:大家好!

恭喜春节,安乐富有!

一九九九年的春节即将来到,多年来,借着佛光之缘,感谢诸位护法的关怀,佛教已从台湾跃上国际,大家共同助长了佛光普照、法水长流的因缘。

记得十月间,我在美国休斯敦美以美医疗中心(The Methodist Hospital)进行血管阻塞疏通手术。承蒙各位的盛情厚意、给我的关心,星云愧不敢当。现在效法"剖心罗汉",毫无保留地向各位报告一年的云水僧涯,聊表寸心。

今年,我七十三岁,每年的足迹踏遍五大洲,飞行达数万里。虽然一九九五年的心脏手术,医生一再嘱咐不可做长途飞行,但是,只要忆及远方有一重要法务,即使是要我徒步跋涉,万水千山,我都心甘情愿。

一九九七年二月,我在意大利梵蒂冈

每周举办"假日修道会",令社会大众有一另类的休闲活动,内容包括朝山、禅坐、礼佛、亲子营、抄经等(一九九八年三月七日)

会晤天主教教皇约翰·保罗二世及与基督教普世教会交流;五月,在马来西亚会晤伊斯兰教国家领袖马哈蒂尔总理,展开了跨世纪的宗教对话,其实,世界和平并非梦想,只要人人都有"同体共生"的慈悲观、"尊重包容"的平等观,人间自然喜乐融和,哪里会有战争的杀戮和强权的逼迫呢?

一九九八年二月,我于国际佛光会中华总会会长一职退位下来,期令佛光会注入活水,让继任的总会长吴伯雄和副总会长潘维刚、陈顺章等,能领导所有会员,施展抱负,参与社会公益的行列。此外,佛光山假日修道会的创办、佛光卫星电视台的开播、佛光大学南华管理学院荣获政府特例补助、美国西来大学向大陆暨东南亚地区招生、净化人心禅净密祈福法会、印度菩提伽耶的国际三坛大戒戒会,恭迎佛牙舍利显密法会、以及在加拿大召开的第七届国际佛光会会员代表大会等。这些佛教史上的创举,都是由各位护法们的心血所共成!

一九九八年,由于诸位的鼎力护持,我们在各种文教慈善事业方面都有辉煌的成果。如:十七层高的雷音寺已经竣工,将提供给佛光大学作为兰阳城区分部;南华管理学院图书馆也受评为全台第一,虽然大学所费庞大,但相信"百万人兴学运动"会加快脚步,成就美事;还有台北、台南、屏东及本山佛光缘美术馆和文化广场的开幕,用书香改善社会风气;《佛光丛书》的《人间佛教经证》英译版"being Good"由美国的出版社发行;《佛光菜根谭》走进监狱、校园、警界和军中,更走进广大民众的生活里;继《白话经典宝藏》、《佛教丛书》之后,即将完成《佛光祈愿文》,可以供给信徒早晚课诵修行之用。

此外,菲律宾南岛、巴布亚新几内亚、洪都拉斯、尼加拉瓜等的天灾,大家都心存善念,如:张姚宏影、游象卿、沈尤成、廖德培、汪元仁、王树芳等赈济救人、布施供养,或以金钱、劳力、时间、智慧,我相信大家的发心随喜,必感召佛光加被,福慧增长。

十月中旬,我因血管阻塞开刀后,方便闭关于澳大利亚黄金海岸佛光缘。但我仍不忘与时间赛跑,每日集合学生们讲说《佛光教科书》,一心一意地希望佛教徒能拥有修学佛法的课本可以研读。真恨不得分分秒秒都能成为无限的生命,奉献给十方诸佛和一切大众。

新的一年来到,有好多理想亟待全球佛光人的集体创作,实践菩萨的行愿。如:在印度八大圣地设立"正觉城",以文化教育解决印度贫穷的问题;纽约鹿野苑"世界佛教总部"的计划,促进南北传佛教之融和;还有在黄金海岸筹备的"世界佛教研究所";并于香港、南非、澳大利亚等地设立佛教学院,尤其是南非佛学院,有多位黑人出家,成为国际佛教的盛事。佛光山唯一可以告慰十方人士的,就是注重人才的培养,以便可以向世界宣扬正法,不辜负佛陀的教示和信徒的期望。

至印度比哈尔邦赈济（一九九八年二月十五日）

此外,国际佛教的发展、海峡两岸佛教的交流,尤其是大陆佛教的复兴,我们应该给予关切！国际佛光会副总会长严宽祜居士,在大陆提供数百万美金的奖学金,乃至印赠经书,并于各处设立佛光希望小学、护持僧侣,善行善举,利益多人！这些发心,令我们无限地敬佩。

一九九九年到二〇〇〇年的工作,是要完成佛牙舍利塔暨佛陀纪念馆,希望能为二十世纪的佛教留下我们共写的历史！

回首来时路,无论是山河大地或日月星辰,都始终让我感受到大自然的无私平等,只要人有一点灵犀,广结善缘,就能与天地日月同存,享受"自然与生命"的无限美好。

在迎新送旧之际,希望大家不要忘记"六度万行"、"八种正道",只要心中有佛法,处处自然就有办法。在各位的自我修行中,希望您们每日研读"佛光学",尤其早晚的"祈愿文"、"心经"、"三昧修持法"和饭前的"四句偈",都要把它落实于生活之中。祝福大家

事事圆满自在

日日富足安乐

星云 合十

一九九九年元月

庚辰年慶

千喜萬福

星雲

二千年元旦
佛光山住堂

二〇〇〇年新春告白

去年,
深感健康已大不如前,
但我仍在五大洲往来飞行,
穿梭弘法,
看到加入佛教行列的人数日益增加,
更提升我无比的力量。
尤其九月份率领佛光山梵呗赞颂团
一百二十人在欧洲十个国家巡回公演时,
目睹万千欧美人士的热烈回响,
听到不绝于耳的如雷掌声,
心中的感动真是无以复加,
我不禁合十祝愿:
世界永远美好,
和平永在人间。

各位护法、朋友们：恭贺新禧，千喜万福！

公元二千年终于来到了，当今也正是佛教东传中国两千年的时刻，回首来时路，心中除了感恩佛陀的慈悲摄受之外，也感谢各位的关怀。由于您们的好因好缘，不但助长了佛教的发展，也使得大众的法身慧命得以绵延相续，这一切怎不令人鼓舞欢喜，进而奋勉不懈！

今年我已七十四岁了，去年经过两次轻微的中风之后，深感健康已大不如前，但我仍在五大洲往来飞行，穿梭弘法，看到加入佛教行列的人数日益增加，更提升我无比的力量。尤其九月份率领佛光山梵呗赞颂团一百二十人在欧洲十个国家巡回公演时，目睹万千欧美人士的热烈回响，听到不绝于耳的如雷掌声，心中的感动真是无以复加，我不禁合十祝愿：世界永远美好，和平永在人间。

台湾"九二一"大地震,佛光山于第一时间,在全台北、中、南紧急设立三区"联合救灾中心",全心投入赈灾(一九九九年九月二十六日)

现在我吃饭不过半碗,也从未有吃零食的习惯;看书不戴眼镜,字迹已模糊不清;走路拄杖慢行,也只能五百步左右。深感:岁月难以复还,色身又岂能长久?尽管如此,我从未忘记"人生三百岁"的承诺,总希望在人生的旅途中,能遍栽花果树木,庇荫过往行人。

回顾一九九九年,全世界笼罩在天灾人祸的恐惧当中:科索沃空战所造成的难民潮,哀鸿遍野;全球性地震带的波动,更是令人怵目惊心。像土耳其、墨西哥的地震等,其中尤以台湾"九二一"大地震的损失最巨,才短短几分钟,山河变色,大地扭曲,骨肉分离,亲人永诀!

感谢全世界佛光人及有缘者发挥爱心,集资近四亿元台币,以此善款交由国际佛光会,在南投、台中等地重建平林、爽文、中科等三所小学,搭建佛光村,每天供应数千个无家可归的学童营养午餐,并成立多所"佛光缘慈心站",作长期心灵重建的辅导。据闻一些寺院也受到地震波及,这边倒了,那边塌了。虽然如此,我们深信地震可以震毁成住坏空的有为世间,却无法震倒我们法身慧命的信仰。

希望这一次苦空无常的教育能震醒众生的迷梦,让大家明白活着才有希望,生存才是力量;更希望这一次国土危脆的示现能震

佛光山于"九二一"地震灾区兴建中寮佛光村、永平佛光二村、和平佛光村、清水佛光村等三百间组合屋,并捐助一千两百个货柜屋,让灾民安顿(一九九九年十二月二十六日)

开人们的心胸,从今以后,更加惜缘惜福,远离贪嗔愚痴,早日共创幸福美满的净土。

过去一年当中,世界佛教以庆祝佛诞表现得最为多采多姿。像香港佛光协会为庆祝首次的法定佛诞假期,三万人假维多利亚公园举行庆典;澳大利亚中天寺也在布里斯班举行十二万人的集会,可谓猗欤盛哉!余如马来西亚、韩国及东南亚各个佛教国家,乃至于英、法、美、加等国,何止百千万人也都纷纷点燃庆祝的佛光,照耀法界众生。

感谢李登辉先生于一九九九年八月三十一日亲临佛光山,为前往欧洲公演的梵呗赞颂团授旗的同时,宣布农历四月八日佛诞节为法定假日,并于母亲节同步放假。多年来,教界法师大德如昭慧、沈智慧等人的奔走请命功不唐捐,总算为佛教东传中国两千

应邀前往澳大利亚昆士兰格里菲斯大学参观,并与校长约翰·麦克森(右二)、副校长卫洛伊(左一)及昆士兰州多元文化部执行理事色莫乌利(右一)会面,与各宗教共建"世界宗教中心"(一九九九年十一月二十九日)

年,竖起辉煌灿烂的里程碑。

在国际交流方面,由于大家对于世界的宏观,促进了国际佛教的发展。例如:去年一年当中,我们曾支持世界佛教徒友谊会在澳大利亚南天寺召开大会,国际佛光会翻译中心将我的人间佛教译作"Being Good"交由美国出版社发行;俄罗斯佛光协会在圣彼得堡大学陶奇夫教授的主持下,有十余种译著出版。乌克兰的记者斯大涅澈涅阔(Stadnichenko)博士、俄国远东大学拉迪米诺·卡隆(Ladimiro Kurlon)校长均相继访问佛光山,一致推崇人间佛教的成就。

国际佛光会在德国柏林成立了欧洲总部;在西非利比里亚、塞内加尔、冈比亚等国,配合南华寺捐赠衣物、轮椅等,济助穷苦;在美国波士顿哈佛大学的麻州大道上,佛光山成立三佛中心,便利国际学者研究佛教;在澳大利亚昆士兰的格里菲斯大学(Griffith University),我们和基督教、伊斯兰教、犹太教等宗教共建"世界宗教中心"。在印度,我们派了乘禅等五位沙弥前往求法。

香港中文大学举办的国际会议邀我前往开示"二十一世纪的

乌克兰国宝级记者斯大涅潋涅阔博士,推崇人间佛教,著有《净土》一书予我(一九九九年九月六日)

未来世界",香港理工大学请我前往讲说"佛教的科学观",我感到意义非凡,故欣然允诺。其他世界各地大学的演讲邀请函也纷至沓来,看来为了弘扬佛法,我只得与日月赛跑,与时间争速。

去年,佛光人的教育文化事业也是佳音频传。例如:在佛光山"百万人兴学运动"资助下,南华管理学院经"教育部"核准,升为大学,如今硕士班已有两届毕业;洛杉矶的西来大学接到美国政府承认校方颁发博士、硕士学位的许可。今后,佛光山在世界各地的十六所佛教学院,将更加强师资的培训与学生素质的提升,裨能发挥弘法利生的力量。

位于宜兰的佛光大学经过六年的土地开发之后,开始动工了;城区分部在佛光山兰阳别院十七层的大楼里开课了。大家最关心的佛牙舍利塔,亦将在兰阳平原的林美山上择吉开工。那里面对辽阔的太平洋,每天接受龟山岛海潮虔诚的朝拜,烟岚飘渺,风景灵秀,和佛光大学前后为邻,希望在三年之内能够完成。

此外,我们在大陆捐献了十余间希望小学,在阿里山和埔里开办均头中学、小学;在三峡金光明寺内,成立可容二千人的信徒大学,将以《佛教丛书》、《佛光教科书》等为教材,有计划地推动信徒教育。

恭逢佛教东传中国两千年的因缘,我们有一连串的庆祝活动要向各位报告:国际佛光会第八届世界会员大会和国际金刚护法会议、国际妇女会议、国际青年会议将分别在春末夏初的佛光山上召开,届时,国际三坛大戒也将隆重举行,希望能让中国佛教在世界佛教史上扮演重要的角色。

最后,有一个重要的讯息要告诉大家:《人间福报》即将问世了!我们除了重视世界佛教新闻的报道传播、各寺院间活动看板的融和,更重视居家佛教生活的净化成长;我们除了重视世界环保生态的共存,更重视妇女青年儿童的佛化新知;我们除了要在《人间福报》上办理佛教函授学校,还要在《人间福报》上解除大家在信仰方面的疑难;我们要请佛陀到各位府上说法,我们要让佛光照耀每一个读者的家庭。

《人间福报》从五月中旬起,暂以三大张十二版与读者见面。我们需要广告,我们也需要订户,我们更希望各界热心人士的推介。愿此心香法语,能够供养大家。

公元二〇〇〇年和佛教东传二〇〇〇年,是一个新世纪和新时代的来临,但望人长久,诸佛共加持。专此　顺颂

千喜万福

星云 合十

二〇〇〇年元月一日

世紀生春

辛巳年慶
星雲
二〇〇一年元旦晨

二〇〇一年新春告白

我个人在芸芸众生之中,
只是微尘一粒,大海一沤;
但是这一微尘水沤,
也在岁月中随风飘荡。
六十岁以前,
我从未看过医生;
六十岁以后,
几乎每年都要进医院一次。
尤其七十岁以来的最近五年,
更是每个月都要向医院报到,
不过也因此结交了许多医生朋友,
真是感谢他们帮助
我这"老牛破车"般的身体,
让我这盏如暗夜的风灯,
还能勉强地发挥生命的功能。

各位护法、朋友们:大家好!

二十一世纪真的来临了!恭贺新年,世纪生春!

春风夏雨,秋月冬阳,时序就这样送走了二十世纪!在这世纪交替的时刻,回首往事,前瞻未来,众生的苦难和自己的烦忧,经常纠缠在内心。

继前年"九二一"大地震之后,去年的"象神"台风,夺走了多少的生命;中正机场的新航空难,造成了多少家庭的天伦梦断,真是天灾人祸,世事无常。尤其目前台湾,不仅山在移动,水在泛滥;更是有人闹罢免,有人要"倒阁"。想到人间的颠倒,生命的脆弱,怎不叫人忧烦!

我个人在芸芸众生之中,只是微尘一粒,大海一沤;但是这一微尘水沤,也在岁月中随风飘荡。六十岁以前,我从未看过医生;六十岁以后,几乎每年都要进医院一

二〇〇一年新春告白

与王效兰女士分别代表《人间福报》与《联合报》，于台北道场签定印制合作仪式（二〇〇〇年三月二十七日）

次。尤其七十岁以来的最近五年，更是每个月都要向医院报到，不过也因此结交了许多医生朋友，真是感谢他们。其中在台湾有为我做心脏手术的张燕，荣总内科主任江志桓、糖尿病科的蔡世泽、副院长姜必宁、院长张茂松等，以及在美国的眼科大夫罗嘉、齿科医师李锦兴、皮肤科医生沈仁义，甚至在休斯敦为我血管开刀的德贝基（Debakey）博士，他们都在帮助我这"老牛破车"般的身体，让我这盏如暗夜的风灯，还能勉强地发挥生命的功能。

但是，尽管身体老病，我却从未忘记要为各位护法、朋友，甚至国家社会祝福，祈愿人间和平。所以我撰写《佛光祈愿文》，为各行各业的同胞，代向佛陀祈求大家的平安幸福。

这一年来，佛光山常住和我也有一些琐事，想向各位报告，也说一点欢喜的事情，给各位关心我的朋友分享。

首先,《人间福报》在二〇〇〇年四月一日创报了!这是我五十年来一心想为佛教广开言路,也为传播佛法尽一份心意的实现。在这一份报纸上,没有刀光剑影,没有权谋斗争;唯愿阖家老少都能阅读,分享"福报"和般若智慧。

数十年来,我一直努力于文化的传播,只要一有时间,就不断地写书著述;"迷悟之间"是我现在每天必定要向报社交卷的日课。甚至现在不但重视华文的写作,也承蒙许多擅长各种语文的信徒、朋友,帮我把著作译成英文、德文、俄文、日文、泰文、韩文,乃至西班牙文、葡萄牙文等,让佛法能为世界的人类开启心灵,增长慈慧。

去年巴西的信徒把我的《星云禅话》译成葡文,随即在巴西传播机构推荐下,名列排行榜第一。在美国出版的数种译著,如"Being Good"也成为畅销书,甚至在美国的亚利桑那州立大学、波士顿剑桥市政府教育中心、美国密歇根州立大学等校,将我的《星云法语》、《佛光菜根谭》等著作,选为授课教材,在校园引起研读的热潮。

其实,长期以来,佛光山秉持推动"人间佛教"的宗风,一方面重视生活佛法的落实,同时也不断地举办各项学术会议,编撰《佛光学报》;以及编辑《佛光大藏经》、《佛光大辞典》,乃至为了方便初学者了解佛教,我先后编写了《佛教丛书》、《佛光教科书》,并将此二书发展为电视教学,出版 CD、录影带等,希望透过视听教学,推广佛教的文化。

自从去年《人间福报》创报以后,我们除了将《普门》杂志、《觉世》月刊转移到《人间福报》,继续香火传承之外,并且出版《普门学报》、成立"法藏文库"。当中,《普门学报》已在二十一世纪元月创刊,以后每逢单月发行,希望提升佛教的学术文化;"法藏文库"

更是获得北京大学、南京大学等多位教授的鼎力相助,陆续将百年以来佛教的学术论文汇集出版,以方便大家研究。

我们也曾对全世界的名校分赠过《佛光大藏经·禅藏》等,很感谢大陆的十五所大学也接受我们的赠礼,期望法水都能注入每一个人的心田。

文化事业之外,我们也不断地发展教育,从十多所幼稚园,到筹建中的均头小学、初级中学、高级中学,以及创办西来大学、南华大学、佛光大学等三所大学。在大学中,除了大学系所以外,我们分设近三十个研究所;不仅止于宗教与哲学的研究,甚至包括从生死学到未来学,从管理学到非营利事业研究所等。

感谢"教育部"在南华管理学院启教二年之后,即破例升格为大学;尤其现在佛光大学开办的第一年,便核准六个研究所,招收硕士生,甚至补助建校经费,评为"六大第一"。

此外,澳大利亚卧龙岗的市政府也捐献八十英亩土地,供给佛光山在澳大利亚的南天寺创建南天大学,以及设立佛光缘美术馆之用。在美国,政府与民间也对新移民十分照顾,现在一直辅导西来大学,给予跻身美国西区联盟大学的成员之一。

除了一般常态的学校教育之外,我们的信徒大学也将在今年开办。我们在三峡的金光明寺有可容纳二千人食宿和教学的校本部;另外,我们在全世界还有十二个佛教学院,包括印度、南非、马来西亚和中国香港等,并有十六个国家和地区的人士,分别集中在佛光山丛林学院研修佛法。这许多学生,我们希望他们能成为菩提种子,将来学成之后各自回国,把佛法播撒在他们的国家,开花结果,以达成佛教国际化的心愿。

现在佛光山在世界各地的别分院,台湾已经有一百多所,海外五大洲也将近有一百所,各地佛子都已经能分担弘法利生的责任,

澳大利亚卧龙岗市长乔治先生,代表卧龙岗市政府捐赠80英亩土地,供给佛光山建南天大学(二〇〇〇年五月十二日)

因而受到当地人士的重视。

在非洲,各国家地区的领袖经常到南华寺参观;荷兰女王贝娅特丽克丝也参与佛光山荷华寺的集会。欧洲的总部位于柏林的亚格大道(Acker)上,可以容纳三百人挂单;南天寺的香云会馆,也能容纳三百人住宿和共修。法国巴黎市政府也正积极与我们接洽,希望佛光山在当地的道场,能够配合他们的建设,一起合作发展。

去年政府首定佛诞节为法定纪念日,由弘化在世界各地的佛教徒共同庆祝,成为世界的一大盛事。今年国际佛光会已经迈入第十年了,目前佛光会在世界各国拥有一百五十多个协会,统辖一千多个分会,有百万以上的会员。尤其檀讲师、檀教师共同分担传教的责任,真是佛光普照,法水长流,怎不令人欢欣鼓舞!

再者,佛光山一千多名僧众弟子,获得博士学位的有慈惠、慈容、心定、慧开、依法、依空、依昱、永有、觉友等;并有硕士百余人,其他千人也都是佛光山丛林学院毕业。有了这许多的佛门龙象，又何愁将来佛法不能广为弘传呢？

国际佛光会在十年之中，成立的世界佛教青年团有一百多个，童军团有七十多个，他们分布在世界各地，帮助佛光山在各地的别分院办理五十余所中华学校。其实，我们并不希望用中华文化来征服世界各国，我们只是带着一颗尊重的心，希望以佛法来和世界各地的文化信仰融和。

去年，我在台北"国父纪念馆"和香港国际会展中心，以及在澳大利亚的悉尼，都用说唱的方式讲说佛法，希望此一融和传统与现代弘法的创举能够继续推广。此外，台湾自"九二一"大地震之后，佛光山在灾区设立的十四所佛光园心理辅导站，希望能加强它对灾民心灵建设的功能；乃至佛光人认捐的九所中小学校，也能早日完成。当然，更希望大家期盼已久的"佛陀纪念馆"早日开工兴建，完成大家的所愿。临书惶惑，不尽所怀，只有以心香一瓣，祝福大家福寿安康。专此　顺颂

福慧圆满

星云　合十

二〇〇一年元月一日

壬午年慶

善緣好運

星雲
二○○二年元旦

二〇〇二年新春告白

佛陀一生的教示，
为已度的众生增长善根，
为未度的众生结下得度的因缘。
有感于佛陀的慈心悲愿，
虽然我已年届七十六岁，
身根老迈，仍不敢稍懈，
效法佛陀，四处弘法。
一年之内，
我曾八次进出美洲、澳大利亚、
台湾的各大医院，
做色身血管的整健。
除此之外，
我一如往年，
带着老病之躯，
在世界各地云游行脚。

各位护法、朋友们:大家好!

　　光阴似箭,岁月如梭,走过千禧世纪,在迈入二〇〇二年之际,祈愿世界和平,人民安乐,大家都有"善缘好运"!

　　佛陀一生的教示,为已度的众生增长善根,为未度的众生结下得度的因缘。有感于佛陀的慈心悲愿,虽然我已年届七十六岁,身根老迈,仍不敢稍懈,效法佛陀,四处弘法。一年之内,我曾八次进出美洲、澳大利亚、台湾的各大医院,做色身血管的整健。除此之外,我一如往年,带着老病之躯,在世界各地云游行脚。

　　回顾前一年,最让人关心的就是社会面临经济的危机,因为除了信仰之外,各位都需要经济的发展,日子才能无忧,生活才得无虑。另外,天灾人祸也令人挂念:美国"九一一"惊爆事件,造成震惊世界的美阿战争;台湾南部的"七一一"水患及"纳莉"

"九一一"美国纽约世贸大楼惊爆事件,亲往现场洒净,为不幸罹难者超荐及生者祈福(二〇〇一年十月十九日)

台风重创台北等灾难,都让大家身心纷扰难安。我们除了祈求世界和平安乐,总想有些积极的行为,能有助于现实的世道人心。因此,佛光山组成"梵呗赞颂团"在世界各地结缘,一面抚慰人心,一面净化社会。

佛光山梵呗赞颂团于去年十月到美加巡回演出时,其中一场在纽约林肯中心,由于距离世贸大楼不远,演出结束后,我为"九一一"罹难者祈福祝祷:"伟大的佛陀!伟大的耶稣!请您们垂慈护念死难者……"我的话音甫落,全场响起如雷的掌声,不少人当场感动落泪,事后的赞美之声更让我深深感受到,宗教的融和是多么善美啊!

"九一一"不幸事件发生后,不久美国便向阿富汗开战,《洛杉矶时报》记者史提夫·杨(Steve Young)访问我对战争的看法,我说:宗教都是赞成和平的,但和平也需要有力量才能获得。战争是一个不得已的手段,战争也可以转化为慈悲的力量。甚至战争之外,其实也有一些可以替代的方法,例如:慈悲的感化、智慧的教导、舆论的制裁、旅行的限制等。以慈悲的力量来降伏暴力,才能达到永久的和平。

当我从美国回到台湾之后,随即接到北京给我的信函,希望透过我来联络台湾佛教界,将佛指舍利及西安法门寺的地宫宝物运来台湾,供人瞻仰,这真是天大的好消息。我很快联络了佛教界的诸山长老,包括悟明、圣严、证严、惟觉法师等数十人共同签名,北京的中国佛教协会也即刻寄来了委托书。此事现正积极进行中,台湾的吴伯雄、廖正豪也都参与,政府的各部会一致表示乐观其成。

对于恭迎佛指舍利来台,我一直避开政治,只希望以纯宗教的立场低调处理,但是陈水扁先生仍然对此事表达关心,认为宗教对安定社会人心,助益甚大。他曾不只一次引用"有佛法就有办法"来鼓舞民心士气,并于去年十二月二十五日邀请我到"总统府"讲演。我以"我们未来努力的方向"为题,提出四点意见:第一,对经济的复苏,企业要大小共存;第二,对社会的治安,全民要同心协力;第三,对族群的融和,大众要互相尊重;第四,对台湾的未来,眼光要瞭望全球。只希望个人浅薄的意见,也能对台湾社会的发展,提供助益。

此外,陈先生在去年也曾带领台湾的媒体,如《中国时报》、《联合报》、《中央社》等数十名媒体负责人到佛光山开会住宿,我们《人间福报》总编辑永芸法师还被他们选为副总领队。

在去年一年里,有许多令人欢喜的事情,其中之一就是佛光弟子在大陆各大学修博士学位,如北京大学的满耕法师、南京大学的满升法师、兰州大学的觉旻法师、中国人民大学的妙中法

出席《法藏文库·中国佛教学术论典》出版记者会。南京大学博导赖永海（左一）、北京大学博导楼宇烈（左二）、四川大学博导陈兵（右一）与会（二〇〇一年一月八日）

师、四川大学的满纪法师、复旦大学的妙士法师，以及在北京大学研究的张美红、林少传等人，他们都相继回到台湾向我报告学习的情况。

另外，在佛光大学读书的十六位硕士、在南华大学研究的十六位硕士，也都跟我做了小参。当然，佛光山丛林学院的毕业生和在校生数百人，也利用时间跟我做些接触，我感觉到佛教有了这些青年，还怕将来没有希望吗？

遗憾的是在印度留学的五位比丘和沙弥，以及印度佛学院、香港佛学院、非洲佛学院和澳大利亚佛学院等地的学生，因为路远，除了我偶尔到当地跟他们见面、谈话以外，想要集体团聚就很不容易了。此外，在日本龙谷大学博士班的慈怡法师，博士已经修毕；在韩国东国大学的觉舍法师、英国牛津大学博士班的依益法师，我也非常挂念她们的学业是否顺利。

二○○一年漫画家郑问绘《人间佛教行者——星云大师》，获得台湾编译馆"优良连环图画"第一名

  创办教育，是我一生的理念，感谢十方大众支持南华大学的兴办，现在已有师生三千余人，佛光大学也开办了十五个研究所，西来大学预计在明年获得美国西区联盟的认可，在澳大利亚筹建中的南天大学更希望能早日完成。

  关于文化方面，以《法藏文库》的成绩最为可观。我们搜集汇编大陆的硕、博士学位论文，出版《中国佛教学术论典》，目前已经出版了八集，共八十册，有二千余万言。《普门学报》每两个月一期，一年六期，都获得大家极力的推介与赞同。《人间福报》更受到广大读者的肯定，被誉为是社会的一份清流报。尤其世界读书会的推动，我们希望能成为书香台湾、书香世界。

  佛光出版社非常重视儿童的读物，出版一系列的童话书、童话画、百喻经图画书、漫画心经、佛教故事大全、新编佛教童话集、画说十大弟子等，尤其是一百本的《佛教高僧漫画》，获得"行政院新闻局"金鼎奖之"漫画类优良图书"。

  另外，承蒙泰国总理川·立派先生，在第二十一届世界佛教徒友谊会上颁赠我"佛教最佳贡献奖"；美国佛教协会副主

二〇〇二年新春告白

与第二十一届"世界佛教徒友谊会"的会员合影(二〇〇〇年十二月六日)

席葛兰‧休斯(Glenn Hughes)也希望颁赠我"对美国佛教极具贡献菩提奖",然而因为我无法配合领奖的时间,只得婉言谢绝了。

我深深以为我个人的一切,都是佛光人所给予的成就。佛光人在全世界各地,也频频传出得奖的喜讯,例如:赖义明荣获台湾首届十大公益家庭奖,黄钰辉荣获香港更生服务杰出义工奖,张胜凯荣获巴西圣保罗荣誉市民奖,依来法师荣获澳大利亚联邦地区英雄奖,林清志与苏月桂当选二〇〇一年度台湾好人好事代表,乃至美国佛州协会获颁亚裔传承奖,昆士兰佛光协会获颁昆省国际义工年团体银牌奖,中天寺荣获昆省多元文化服务奖等,这些都是佛光人共同的光荣。

甚至我们国际佛光会中华总会总会长吴伯雄先生,在社会各界所得的奖更是不胜枚举;佛光山各个基金会的多位办事人员,如慈惠、慈容、永富法师等,各得到政府颁予社教有功个人奖牌,那就更是佛教之光。现在我们又成立了佛光女子篮球队,寄望她们将来也能得到更多的国际奖来贡献佛教,为佛教增大光彩。

关于读书会,今年在大家的努力之下,已成立近千个读书会,目前由台中光明学苑的觉培法师担任执行长,希望在二〇〇二年时能到达五千个以上的读书会。我在南非举办的国际佛光会理事会议上发表的"佛法人间化"、"生活书香化"、"僧信平等化"、"寺院本土化",希望这个"四化"一年比一年落实,一年比一年进展,更希望佛教界的诸大德们也能跟我们共期前进。

对于世界的慈善救济,虽然我们的力量有限,但承蒙全球佛光会员热心资助,我们仍然勉力对菲律宾、孟加拉、斯威士兰、美国等地的灾难,或捐金钱,或施轮椅,或济粮米。尤其台湾"九二一"震灾后,认领重建的爽文、中科、坪林、富功等九所学校,焕然一新;佛光一村、二村、三村、四村,数百户灾民都能安住。看到学童有教室读书,灾民有房屋安居,不但自己欢喜,也可告慰全世界的佛光人了。

一年来,我们佛光人在海内外弘法的场数至少在数万次以上,台湾各分会每天刊载于《人间福报》上的弘法活动就不知有多少,尤其是海外的弘法更是蓬勃,例如澳大利亚南天讲堂的落成、墨尔本新成立的佛光缘美术馆、卧龙岗市政府对南天寺的赠地、中天寺获准扩建等。尤其世界有名的悉尼达令港在去年四月八日浴佛节时升起佛教教旗,此乃该港首度升起澳大利亚国旗以外的旗帜;国际佛光会青年总团部号召来自世界二十六国千余位代表,于马来西亚召开"国际佛光会青年会议",促进世界青年的交流。

前往非洲斯威士兰王国赠送二百辆轮椅予当地残障人士。由该国王母恩彤碧(右一)亲自接受(二〇〇一年四月十五日)

佛光山柏林欧洲总部,以及西来大学与佛光山文教基金会联合在台北举办的"人间佛教学术研讨会",成就了多少探讨人间佛教的论文,希望这许多文字般若的菩提种子,能在各地生根茁壮,开花结果,为热恼的世间带来芬芳与清凉。

除此之外,我们也在世界各大学举办佛法讲演,例如:美国加州大学、蒙特利尔麦吉尔大学、香港理工大学、新加坡国立大学、义安理工学院、台湾成功大学等,不仅我曾前往弘法,甚至佛光山的住持心定和尚及慧开、依空、依法、依昱等博士,更是到处弘法,因为他们接受博士专业课程的训练,能在各大学用英、日文讲学,甚至巴西如来寺的觉诚法师,也曾应邀到南美洲最大的圣保罗大学以葡文讲学,更是备受欢迎。

南天寺及佛光会悉尼协会于澳大利亚达令港举办浴佛法会,共有五万名中外人士参加(二〇〇一年四月二十九日)

现在要告诉各位最关心的佛陀纪念馆的兴建情形,我们已获得佛光山隔邻的擎天神公司近四十公顷的土地,希望在三年内完成建筑,未来不但能成为台湾的圣地,也将成为台湾的地标。

我们不仅回忆过去,更应展望未来,希望在新的一年里,由慈容法师主持的佛教大学,能够展开弘法结缘的成果;希望慈惠法师的护生图书在各个学校能够推广;净土文教基金会的慈庄法师在荷兰兴建的荷华寺、休斯敦的中美寺、蒙特利尔的华严寺等,都能为世界各地点亮佛光。

最后,佛光山在二〇〇二年春节,配合壬午马年,将以"马"为主题,透过空中轨道表达"马到成功"及"迎春吉利",届时欢迎大家来山礼佛赏灯。心中想要告诉大家的话,实在难以尽言。唯有祝福大家

同结善缘

星云 合十

二〇〇二年元月一日

癸未年度

妙心吉祥

星雲 二〇〇三年元旦日

二〇〇三年新春告白

人间无常,岁月如梭,
生命的脚步不会稍息片刻。
人生的变化,
若有佛法信念的坚定无疑,
便能够突破万难,
穿越险境。
我相信,
虽然外在世界总有成住坏空,
但人人内在的佛性依然常乐我净。
期许大众在新的一年,
抱着坚毅的佛教信念,
怀着佛陀的慈悲愿心,
走向觉悟的智慧行道。

恭贺新年,妙心吉祥!

一年容易又春风,送走了二〇〇一年的除夕,在二〇〇二年的春节开始,我一早起来,就忙着打电话给台湾的诸山长老,一是拜年,二是邀约他们农历正月九日到陕西西安,迎接佛指舍利莅台供养。因为国家宗教事务局给我函件"星云牵头,联合迎请;共同供奉,绝对安全"。我遵照着这样的原则,在两天之内邀约了近百位长老,还有近两百位年轻比丘、比丘尼和护法信徒。

佛指舍利从西安莅台时,在台北和高雄二地,夹道迎请的信众就有五十万人以上,为方便全台信众瞻礼,在台北体育馆、三峡金光明寺、台中体育馆、南投中台山,一路设坛安奉;抵达高雄佛光山时,更吸引百万人潮上山礼拜。尤其在高雄体育馆恭送法会,十万人通宵念佛,绵密不绝的佛声,气氛摄受感人,真可谓天人合一,我佛众生成为一体了。

此次佛指来台,不仅促成台湾佛教界大团结、大融和,也使两岸人民建立了和睦友善的交流典范。如今回想,十年前的希望以及一年多的筹备过程,虽然曲折艰辛,然而仰仗佛力加被,终也圆满这件稀有盛事。

佛指舍利送回大陆后,四月初,我进入马来西亚和新加坡,在各地会堂讲演、皈依,感谢林玉丽会长、宋耀瑞团长等大力协助。后来我又前往日本,参加在东京举行的国际佛光会第九次会员代表大会,我以"发心与发展"发表了主题演说。会后,有机会住进坐落在富士山下、本栖湖边的弘法道场,遂以"本栖寺"为名。时值仲春,百花争妍,美不胜收,我曾信笔写下本栖偈"春有梅樱秋枫叶,富士五湖映冬雪,若人能到本栖寺,自在解脱增福慧"。

在这数月中,我于此举行过男众比丘讲习会、女众职事讲习会,以及在全球读书的五十位佛光博硕士学生讲习会、胜鬘书院,还有世界金刚会、世界妇女会、亚洲文学作家会议等,我希望更多的有缘人来此云集,禅修、小住,净化身心。

暑假期间,依法法师领导的四十三位来自哈佛、耶鲁等世界名校的博硕士,到本山参加"国际杰出青年生活营",体验丛林的修道生活;佛教国际化的希望,又迈进了一大步。

全球的佛光山派下道场,每年同步举行佛诞节庆祝法会,同一时间,全世界就有百千万人一同庆贺。像澳大利亚在依来法师与满谦法师的努力下,布里斯班就有市长吉姆·索利(Jim Soorley)等澳籍人士,超过十万市民参与盛会,悉尼达令港也有逾七万人参加。甚至连梵蒂冈也致函表示天主教对佛诞的祝贺。贺函中表明,愿与佛教共勉奉行道德生活,期以宗教之文化深耕社会。不久后,中天寺也获得澳大利亚护旗协会的颁奖肯定。

再者,当"自由宗教联盟"齐聚匈牙利时,在国际佛教促进会服务多年的觉门法师,由大会推选为国际委员;我们创立的世界首座巴拉圭"中巴佛光康宁医院",亦将交由天主教教会经营。由此,都能看到佛教国际化、本土化,以及宗教融和的成果。

佛光山丛林学院创办四十年来,到今年止,外籍学生已占了比例的五分之二。去年拉达克的毕业生本文等,在山上已修学八年,被派回到印度佛学院服务。我一向认为佛教的弘化,应将眼光放至世界,所以九月时,本山又将徒众慧在、觉玮、妙士、侯怡萍(觉多法师)等人,送往美国攻读博硕士。另外有四位美国青年克利夫·布朗(Cliff Brown)等,也要他们入西来寺实习出家生活。天眼网络佛学院筹备工作已完成第一阶段——天眼影像直播(www.ubou.org),希望对于佛教国际化和本土化能愈趋坚定。

去年七月,西来大学通过美国 WASC 认证,让中国佛教在美创办的第一所大学终于进入开花阶段,这是中国人在美办学的历史新页;而佛光、南华两大学今年都能够足额招生,且学生入学率百分之百,这些成果都应贡献给百万兴学的功德主们,聊慰本怀。

我深深感到,佛光可以普照、法水能够长流,教育以外,文化方面的耕耘也功不可没。尤其世界各地的徒众,纷纷将我的著作翻译成各地文字出版,如《星云法语》、《佛光菜根谭》、《一池落花两样情》、《佛法要义》、《佛教的真理》、《传灯》、《星云说偈》、《迷悟之间》等,这些化成各国语言的文字作品,顺利地流入各国的社会民心。去年全世界最大的法兰克福书展,就陈列我译成德、英、法、韩、日、葡、西、俄、印度及斯里兰卡文的一系列著作,其间最大的回响,莫若德国施经那出版社(Schirner Verlag)与德国著名的宗教书籍十字架(Kreuz)出版集团,都竞邀授予版权;连中国大陆及白马集团等出版社,也都积极争取发行机会,我当然期望能丰富各地人

"媒体环保日"第一场座谈会于台北道场举行。柴松林(左一)、张作锦(左二)、高希均(左三)、李艳秋(右三)、叶树姗(右二)及林青蓉(右一)等与会

民的精神生活,以尽微愿。

二〇〇二年,是我弘法五十年的纪念年,此间,我在台北"国父纪念馆"与香港红磡体育馆讲演不辍,有感文化的弘法工作,若不懂得求新求变,要让上万人专注听讲不易,所以,此次我运用敦煌变文中的讲述、唱颂、梵呗三者合一的方式,以文学与音乐的飨宴,把传统与现代融和,不仅获得所有听众的赞许,更写下了新的弘法里程碑。此外,人间佛教读书会全球已达两千余会,足见佛教文化传播的力量,威力远大。

近来我亦发觉,传播文化的使命,媒体扮演着举足轻重的角色。为响应社会大众对媒体改革的呼声,我嘱咐《人间福报》永芸法师发起"媒体环保日、身心零污染"的活动,我们呼吁媒体奉行"做好事、说好话、存好心"三好的运动,及"不色情、不暴力、不扭曲"三不的运动,希望唤起媒体自律,还给阅听人一个干净的社会。

佛光卫视在去年十月一日,由董事长慈容法师正式更名为"人间卫视";以"年轻、教育、国际、公益"为四大方向,希望未来与《人

应邀至印尼佛经讲座(二〇〇二年十一月九日)

间福报》并步齐驱,一同为传播人间的真善美而努力。

本山、各别分院及事业团体,也纷纷传来获奖喜讯。如二〇〇一年度寺庙教会捐资兴办公益慈善及社会教化事业绩优表扬大会,本山、兰阳别院、花莲月光寺、圆福寺等皆受殊荣;国际佛光会中华总会也在"二〇〇一年度绩优全台社会暨职业团体绩优表扬大会"上受到表扬,由吴伯雄先生代表领奖。

最近,位在三峡的金光明寺已开始启用,未来是一座专属信徒的佛教大学。南非南华寺大雄宝殿等工程已近完成,未来必将成为南非佛教的重镇。即将安基的佛陀纪念馆,业已规划完成,尤其邀请了世界级雕塑名家郭选昌教授和中兴工程参与此事,期能辟建出宗教与艺术融和的善美典范。

台湾各地佛光山也成立文教中心,如福山寺为中部地区的文教中心、南台寺是台南地区的文教中心、南屏别院为高雄、屏东地区的文教中心、东华寺为东部地区的文教中心,而金光明寺则是北部地区的文教中心,邀请大家同入文教法海,品味佛法的甘露。

二○○三年新春告白

代表国际佛光会及曹氏基金会,将一千五百辆轮椅赠给老挝、柬埔寨、缅甸、越南、新加坡等国(二○○二年十一月十八日)

去年八月,本山的玉佛楼由于电线走火,蒙受祝融之灾。诚感各地的关心与帮忙,大家的捐助实已足够,切莫再以金钱布施。如今修复工程已经持续进行,预计近日内,便能恢复过去的样貌。

去年十一月,我在印尼棉兰,由宗如法师安排的弘法,数千人听讲、皈依以外,苏北省省长李查努丁先生约了六个宗教团体联合欢宴,此一融和令我深受感动。后经马来西亚丘民扬拿督安排,展开了为期九日的中南半岛慈善弘法之旅。此行的主要目的是代表国际佛光会及曹氏基金会,将一千五百辆轮椅捐赠给老挝、柬埔寨、缅甸、越南及新加坡各个慈善机构,并拜访当地的高层人士与佛教领袖,更为我完成了四十年来一直希望能够拜访中南半岛国家的心愿。

老挝、柬埔寨、缅甸及越南皆是佛教国家,虽然各自拥有丰富傲人的世界文化资产,人民生活水平却有待提升。如缅甸首都仰光市的瑞大光塔(大金塔),环绕着这金碧辉煌、高耸云霄的佛教圣地的是衣着朴素、性情纯真的缅甸人,从他们对佛陀虔诚的礼拜与祈愿声中,流露出来的是心灵对佛教无限的景仰与寄托,心中祈求的只有家人的平安,生活的顺遂。另外,号称塔城的蒲甘市,曾经拥有近七千座佛塔,在历史的考验与战争的破坏下,如今只剩两千多座,当地人民更是只求生活温饱。

名列世界七大奇观之一的吴哥窟,据说动用了上万名人工,耗费了三十七年的时间才完成,是柬埔寨有史以来最雄伟壮观的都城,但是柬埔寨在脱离了波尔布特的暴政之后,近年来又饱受内战的摧残,一切仍处在百废待兴的状态下,人民生活依旧困苦,有些甚至流落街头,以乞讨为生。这许多骇人听闻的历史与街头景象,和宫殿般的吴哥窟成了强烈的对比。

在拜访了各国佛教领袖之后,我惊讶地发现南传佛教普遍的贫穷,除了泰国以外的南传国家,上百万个出家人光是生活都很困难,更别说是给予他们完整的教育及训练,令我不禁为佛教人才的缺乏感到担忧。其中印象最深刻的是缅甸那加来古寺的巴丹塔法师,他在寺内设立了一所佛学院,院中收养了一千三百多位平均年龄不到十二岁的沙弥和沙弥尼。

老法师尽其所能地给予这些孩子最完整的生活与教育,为的只是能将他们培养成佛教人才及社会栋梁。看到这些天真无邪的孩子,老法师的慈悲与弘愿使我深受感动,即刻捐赠一万美元予佛学院,为他们的将来尽一点绵薄之力。

我深信此次中南半岛之旅为南北传佛教的融和跨出了一大步,将来更将以交换学生的方式促进交流及培养人才,以及设立语言中心等方向努力,以协助南传佛教走入国际。

去年我提出四化的理念,即"僧信平等化,佛法人间化,生活书香化,寺院本土化"。今年我将再提出新四化的想法,即:"会务制

二〇〇三年新春告白

至缅甸那加来古寺弘法,巴丹塔札咖拉比完他法师(左二)及住众列队欢迎(二〇〇二年十一月十九日)

度化,信仰专一化,活动艺文化,运用现代化"。希望未来在国际佛光会的会务上能走向完整的制度;佛光人的信仰能朝一师一道的精神精进学习;佛光事业的各项活动能朝文化面向上提升;弘法要以现代化的方式运用权宜。愿大众在今年共同勉励。

　　人间无常,岁月如梭,生命的脚步不会稍息片刻。人生的变化,若有佛法信念的坚定无疑,便能够突破万难,穿越险境。我相信,虽然外在世界总有成住坏空,但人人内在的佛性依然常乐我净。期许大众在新的一年,抱着坚毅的佛教信念,怀着佛陀的慈悲愿心,走向觉悟的智慧行道。祝福大家

　　妙心常乐

　　昼夜吉祥

星云 合十

二〇〇三年元月一日

身心自在

甲申年慶

星雲 二〇〇四年元旦日

二〇〇四年新春告白

回首过去这一年中,在莺飞草长的三月,
我因突发性的"慢性胆囊炎"
而住进台北荣民总医院急诊室治疗,
承蒙副院长雷永耀先生为我割除胆囊,
从此我已是"无胆"之人,虽然生命去日无多,
但在这个复杂的人间,还是"胆小"谨慎为好。
在住院期中,病榻无聊,
不断听到美伊战争已经开打的消息。
偶尔打开电视,
美伊两国相互杀戮的画面透过卫星传来,
之间夹杂着巴格达城的炮声隆隆以及
划破夜空的火光,
尤其人民流离失所的逃亡惨状,
令人不胜唏嘘。

各位护法、朋友们:大家好!

春花秋月、冬去春来,二〇〇四年又降临人间了。但是,世间的灾难并未因为大地春回而稍减;人民对和平安乐的殷殷之望,也不曾随着冬去春来而有所改变。

回首过去这一年中,在莺飞草长的三月,我因突发性的"慢性胆囊炎"而住进台北荣民总医院急诊室治疗,承蒙副院长雷永耀先生为我割除胆囊,从此我已是"无胆"之人,虽然生命去日无多,但在这个复杂的人间,还是"胆小"谨慎为好。

在住院期中,病榻无聊,不断听到美伊战争已经开打的消息。偶尔打开电视,美伊两国相互杀戮的画面透过卫星传来,之间夹杂着巴格达城的炮声隆隆以及划破夜空的火光,尤其人民流离失所的逃亡惨状,令人不胜唏嘘。五月SARS流行,和平医院的年轻护士和医师们因公殉职,媒体的

佛陀纪念馆举行安基典礼,各宗各派前来参加(二○○三年一月十二日)

推波助澜,惶惶不可终日,只有借佛光山封山一个月期间,每日足不出户,于室内或跑香、或课徒,早晚祈愿全世界无灾无难,人民能够安乐自在。

值得安慰的是,去年元月为筹备多年的"佛陀纪念馆"举行安基典礼,总计五万人以上参加。有人好奇,为什么要称为"安基",而不叫"动土"或"破土"?因为大地不需要我们动它、破它,尤其在这个举世动荡的时代,全世界的人都希望安定,取"安基"之意,即在于此。

也总有人要问:佛陀纪念馆的建设花费多少?我们没有恒产也没有余款,我们只有"心香"一瓣,奉献给佛陀,希望佛陀加被给我们力量,增添我们的智慧,实践我们的慈悲,建设我们的信仰。

佛陀纪念馆安基典礼后,天主教单国玺枢机主教在真福山修建"社福园区修道院",奠基典礼当天也邀请我参加。我即席捐出新台币五百万元,分五年缴纳,借以聊表我对单枢机主教多年来的友谊。

这段时间,佛光山的建设工程也陆续进行,除了感谢吴伯雄居士把他中坜的老家捐出,作为中坜佛光缘以外,还有三峡金光明寺的落成、彰化福山寺的重建,未来将成为佛光山北、中部的本山;南部并有高屏地区的南屏别院、台南市的南台文教中心,正在着手兴建中。海外则有新西兰北岛佛光山的增建、美国休斯敦中美寺、澳大利亚中天寺第二期工程的进行,以及巴西如来寺的落成。

其他如本山传灯楼办公室的规划、南苑安养中心的筹建,以及凤山、苗栗、金门道场的兴土,甚至大溪宝塔寺的发展。除了佛光山常住资源以外,我也像其他信徒一样,对这些建设竭尽所有,以聊表心意,希望这些"寺院学校化"的建设,为众生带来法身慧命的增长。

硬体的建设虽然耗资费时,总是有形有相可看,而无形的精神软体建设就更加艰巨了。例如:永明、永进法师主持的《法藏文库》出版;慈惠法师主导的《佛光大辞典》新版光碟与《阿含藏》的电子版发行,以及慧宽、永重法师负责的电脑资讯中心,让全世界的佛光道场得以资讯互通,这都是无形的智慧之财。

人间佛教读书会的推动,更是成果辉煌。读书会由毕业于阿根廷大学的觉培法师负责,她在南华学馆、光明学苑分别积极发展后,先后又与洪建全文教基金会,及《远见》、《天下杂志》的读书会结盟合作,目前已发展出二千多个人间佛教读书会,遍及世界各大城市。

此外,慈容法师与张宗月总经理规划的"人间卫视"举办了"人间有爱·仗义'书'财"活动,永芸法师主编的《人间福报》开办

与甫成立的普门中学女子篮球队合影。校长：叶明灿先生(右二)（二〇〇三年五月二日）

了关怀系列活动等，同样都是特别劳心费财的工作。所幸青年佛子的发心，都是非常热忱，他们真是像冬阳一样，希望能给予人间温暖，又像和风一般，但愿为人间带来清凉。

在很多的困难之中，人事算是最难处理了。佛光大学龚鹏程校长，七月间因任期已满而辞职，他的离职并非完全是为了杀羊和文字不当，还好由中华佛光总会赵丽云副总会长继任校长，其行政工作经验之老练，对教育工作的热忱，不愧曾为主持台湾编译馆的"部长级"人物。

南华大学陈淼胜校长非常尽职，去年在"教育部"私立大学校院整体发展计划评鉴七项审查中，获得全面优等，为台湾唯一得到

荣获智利圣多玛斯大学博爱和平荣誉博士学位,由校长艾彻利维亚颁赠(二〇〇三年十月九日)

此项成绩的私立大学;西来大学也在陈廼臣校长及古鲁格教务长努力之下,已经加入美国西区联盟大学,成为会员之一。普门中学校长叶明灿先生,除了成立女篮队外,栽培的女子体操队,也在各种比赛中获奖频频,目前正忙着扩建迁校之事宜。另外,佛光山丛林学院已由曾在澳大利亚南天寺担任住持的满谦法师继任院长之职,他们都在教育工作岗位上,兢兢业业地尽心尽力。

　　感谢泰国朱拉隆功大学颁发教育行政荣誉博士学位给我,承蒙大众爱护,事实上这学位应由教界共同享有,我个人则愿为世界佛教的团结再努力以赴。此外,智利的圣多玛斯大学也颁给我博爱和平荣誉博士学位。我于十月初亲往接受,发觉南美洲的智利不但风光秀丽,而且人民和善,我在那里作了数场讲演,深深感觉到智利的国家和人民都非常可爱。

二〇〇四年新春告白

"国际佛光会世界总会第三届第三次理事会议"开幕典礼,假巴西丰沙尔艺术表演中心举行,一千多人与会(二〇〇三年十月二日)

　　我也到巴西去主持了国际佛光会理事会议,蒙巴西总统卢拉(Lula da Silva)亲函问好,尤其圣保罗州联邦警察总监弗朗西斯科跟我说:"巴西没有巴西人,因为巴西主要都是外来移民,凡是住在巴西的,都是巴西人。"这段话让我深受感动,我想到台湾又何尝不是如此。台湾本来也没有台湾人,都是从大陆各省渡海而来,尤其从明朝起连年战争更是造成移民热潮,直到今日总共涌进了二千三百万人口。他们都是"台湾人",但也都是"中国人",彼此都是同胞手足,何必为了地理情结而造成人与人之间的对立,这对国家和人民来说都非幸事。

　　台湾在国际间的形势一向都很难拓展,因为台湾和世界各国少有"外交"关系。去年八月,南美洲的尼加拉瓜总统博拉尼奥斯,以及危地马拉总统波蒂略,他们相继光临佛光山访问。甚至马

361

拉维总统夫人莫鲁兹女士（Patricia Shanil Muluzi）在十月间特地亲临佛光山，感谢佛光山南华寺多年来经常到该国捐赠轮椅及从事慈善救济活动。尤其去年国际佛光会已通过联合国审查，正式加入"联合国非政府组织"（NGO），这些成就都让我们相信，透过佛教的因缘，更能方便、有利于从事"国民外交"。

去年是我到台湾弘法届满五十周年，五六月间承弟子觉念及如常法师把我几十年来的弘法照片，选出二千张编印成《云水三千》纪念影集。第一版印了五万本，每本重达五公斤，分别送给参加"供僧法会"的信徒，以及学术、教育、文化等各界的学者、朋友们，这也表示把五十年来弘法行脚的法喜禅悦，和大家共同分享。

由于来台弘法五十周年纪念，想起了五十年前在宜兰成立佛教青年歌咏队的情形，当时身为成员之一的慈惠法师，发起主办"人间音缘——佛教歌曲发表会"。在短短的三个月期间，收到来自美国、加拿大、阿根廷、巴西、澳大利亚、日本、新加坡、菲律宾、马来西亚以及香港、台湾等十几个国家地区，共有千余名作曲家以法语、葡语、英语、日语、粤语、客家语、台语、华语等各种语言，创作三千多首作品参赛。从中我们选出了八十首入围的歌曲，并由全球各地带团来台，分别在台北"国父纪念馆"、高雄文化中心、台南艺术中心表演了十场，一时轰动海内外，蔚为盛事。这是我多年提倡音乐弘法的志愿，看到它终于开花结果，实是人生最大的欣慰与满足。

此外，连续二年在台湾与香港举办梵呗唱颂讲座，我将传统讲经与梵呗演唱做一结合发扬，从听众的主动热烈参与，台上台下热络的互动，我也感到无限的欢喜。尤其吴伯雄伉俪、赵宁先生、丁守中先生、赵丽云女士、黄书玮伉俪等人，也都主动助唱。还有许多佛光会的檀讲师在各地弘法，如赵翠慧一个人就讲遍了全世界，真是法音宣流,佛光普照。

谈到音乐弘法,感谢国宝级的音乐家温金龙老师,花了三个月的时间,为我指导青年学生二胡演奏,未来他们将配合乐器的演奏来弘扬佛法。另外,永富法师带领佛光山梵呗赞颂团渡海到北京、上海表演,打破海峡两岸宗教的隔阂。这是继去年七月,应邀到厦门南普陀寺参加"海峡两岸暨港澳佛教界为降伏'非典'国泰民安世界和平祈福大法会",以及十一月初,到扬州大明寺参加"鉴真大师东渡成功一二五〇年纪念大会"后,又增添一件两岸佛教交流的盛事。

去年满义法师将我历年来在各地讲演及座谈会上的问题节录,如《佛教对身心问题的看法》、《佛教对宗教之间的看法》、《佛教对妇女问题的看法》等,一一记录汇集成文,交由《普门学报》发表,希望这许多敝见微意,能获得社会大众的认同。未来将继续针对自杀、安乐死、政治人权等问题整理发表,希望作为现代佛教对社会人生的指南,能够有益于现代人的心灵充实,以及精神境界的提升。

在学术交流上,我也和一些学者有所接触,例如:美国的兰卡斯特、古鲁格,大陆的方立天、楼宇烈、赖永海、陈兵、麻天祥、王雷泉、杨曾文、张新鹰、宣方,澳大利亚的里尼·福德(格里菲斯大学校长)、约翰·费恩(格里菲斯大学生态馆馆长)、斯维大亨·顿(格里菲斯大学多元文化宗教馆馆长),泰国的拉嘉拉达纳莫里(朱拉隆功大学校委副主席)、德硕波(朱拉隆功大学校长),菲律宾的纳维若·罗斯塔(中央大学校长)、桑多斯·罗斯塔(中央大学副校长),韩国的姜友邦(梨花大学教授)、镜日法师(东国大学教授),日本的赵明济(驹泽大学教授)、金绳初美(西南学院大学讲师),巴西的玛西亚(圣保罗大学校董)、罗苏(巴西利亚大学研

在不二门的花艺展前留影(二〇〇三年)

究院院长),智利的罗恰(圣多玛斯大学创办人)、安尼巴(圣多玛斯大学校长)等人,彼此谈说论道非常投缘。另外,世界华文作家协会到日本本栖寺举办"作家联谊会",也特别要我参加,与他们分享写作的经验。

去年我在各地讲话,大多以"行佛"为主题,因为有感于佛教在历史长河中的传播,多以"信佛"、"求佛"为口标,失去了"行佛"的力量,佛教对人间就减少了参与的动力。所以希望吾等佛教徒,都能"与时俱进",大家带着慈悲的心、怀着慈悲的精神,抱着广大的慈悲愿,以"行佛"为志,那么佛教未来的兴隆,将指日可待。

佛光山举办的"二〇〇三年新春平安灯暨国际花艺特展",在一个月展出期间,总共吸引了海内外百万多人上山观赏,受到极大的好评。事后彰化县花坛乡、宜兰县等地,也纷纷利用花艺展来发展观光事业。今年二〇〇四年佛光山的花艺展,在心定和尚及慧传法师的用心擘画下,别出心裁,再创新意,除了静态的花艺展之外,并利用自然的山水环境,再辅以现代的科技效果,希望增加动态之美,让山水花艺来美化净土,净化人心。届时也欢迎有缘人一起上山观赏,希望从心灵的美化,继而共同开创人间净土,实践人间佛教的最终目标。最后祝福大家

身心自在

法喜安乐

星云 合十

二〇〇四年元月一日

共生吉祥

二〇一五乙酉年度

星雲

二〇〇五年新春告白

随着年龄日益增长,
我这色身亦随之老迈,
双眼模糊,视力已不及以往。
去年八月在美期间,
右眼诊断出患有白内障,
遂由罗嘉医师为我施行手术。
其实,发白齿摇是谁都不能避免的,
然而保持年轻的心灵,
拓展生命的厚度和宽度,
却是自己可以掌握的。
因此我虽年近八十,
仍四处云游度众、弘法,
希望奉献此身,
愿众生开启心灵的明窗,
照破心中晦暗,享受自在清凉。

各位护法、朋友们:大家好!

寒风渐暖,春光明媚,又是一个全新的开始。祈愿世界和平,众生安乐,同体和谐!

"岁月不待人"诚然不虚也!随着年龄日益增长,我这色身亦随之老迈,双眼模糊,视力已不及以往。去年八月在美期间,右眼诊断出患有白内障,遂由罗嘉医师为我施行手术。其实,发白齿摇是谁都不能避免的,然而保持年轻的心灵,拓展生命的厚度和宽度,却是自己可以掌握的。因此我虽年近八十,仍四处云游度众、弘法,希望奉献此身,愿众生开启心灵的明窗,照破心中晦暗,享受自在清凉。

有感于佛教徒落实人间佛教的力量仍显不足,因此在二〇〇四年国际佛光会世界总会第十次会员代表大会上,我以"自觉与行佛"为主题,提出"用自觉心升华自

佛光山举办"第九届台湾寺院管理讲习会",以"宗教法"相关问题发表专题演说(二○○四年九月二十七日)

我,用本土化发展佛教,用新事业增广净财,用大愿力行佛所行"四点意见,希望借此提升大家信仰的层次,并以此作为佛教发展及个人修身度众、待人处事的参考。

"三二○"台湾大选后,社会大众纷纷来电请我表示意见。为让台湾这片土地能够平静、和谐,没有族群纷争,我提出"大和解,救台湾"的诉求,期望各党各派、士农工商都能不念旧恶、不计前嫌、坦开心胸、各自让步,同为台湾的未来及全民的福祉齐心努力。

另外,我更进一步提出"我对'世代交替'的看法",以作为机关团体,乃至政党社会在经营与用人哲学上的参考,而佛光山更是树立了"世代交替"的新典范:二○○四年在国际佛光会中华总会第五届总会长交接典礼上,心定和尚继吴伯雄先生之后,当选为中华总会总会长;九月中的佛光山宗务委员会召开会员大会,投票选出九位新任宗务委员,并推举年龄刚届四十岁的慧瀚法师为第七任宗长,可说实际体现了自由民主进行"世代交替"的真精神。

我深信,唯有让年轻人及早出头,未来才有源源不绝的活力与希望;唯有及时"世代交替"才能与时俱进、生生不息,身为现代人应当深思啊!

去年六月,陈水扁先生召开"中华文化复兴运动总会",聘我为"宗教委员会"的主任委员,我后来针对"宗教法"立法的相关内容和宗教界进行讨论,我也建议重视宗教法立法宗旨及法案内容的可行性。在"寺院管理讲习会"中,我更针对"宗教法"进行专题演说,提出宗教的负责人必须要具备宗教专业的学历,更要重视佛教的财产能让佛教法系人士继承,让宗教的发展趋于稳定,实际发挥宗教净化社会人心的功用。

佛教的信徒也应该有所规划,因此我计划订定"檀家制度",将信众组合起来,以增加寺院的凝聚力,发挥更大的团结力用。

南北传佛教交流的步履更为踏实了!去年,与泰国副僧王颂德帕雅纳汕瓦拉尊者,以及马来西亚南传首座达摩难陀长老,达成加强彼此交流、合作等问题的共识,泰国副僧王亦邀请本山妙慎法师至玛古德大学教授大乘佛学。一月时,泰国僧王致赠本山一尊两吨重的金佛,为南北传佛教融和开启了一条新的渠道。

我也分别与来访的韩国曹溪宗总务院、东国大学、通度寺、海印寺、松广寺,以及中央僧伽大学比丘尼本觉博士等会谈。另外,大陆的少林寺、白马寺及香港中文大学等团体到佛光山访问,会谈中,双方达成学术、寺务交流和语言学习的共识。我们唯有走出去,将佛教人间化、国际化及现代化,不分彼此,团结一心,未来在世界上,才能更好地展现佛教净化人心的力量。

现在要报告各位的是,音乐与佛教也一样无国界之分。佛光山文教基金会所发起的"人间音缘"即是这样一个理念的具体实践。去年在台北发表会上,有以葡萄牙语、南非祖鲁族语、德语、法语、英语、韩语、泰语、菲律宾语、印度语、华语等各种语言诠释的佛曲。透过音乐这座桥梁,沟通、融和了世界各民族的友谊,在台湾目前族群对立的情势下,这真不失为一个正面的教育示范。

此外,"佛光山梵呗赞颂团"也联络了中国佛教协会所属五大丛林、三大语系的梵音乐舞,在北京、上海、港澳、美加等地巡回演出,掀起梵呗音乐的高潮,一时声闻中外。此举不但扩大了佛教的影响,并且写下了海峡两岸佛教交流的新篇章。

除此,弘法与文化事业也创下了一些纪录:人间卫视于香港举办"全球华人文化经典诵读观摩大赛",有千余名儿童参加;马来西亚佛光山东禅寺举办国际双语"在家三皈五戒菩萨戒戒会";柏林佛光山举办欧洲佛教史上首届"短期出家修道会";洛杉矶南湾首度举行佛教唱颂讲座;佛光山梵呗赞颂团在十月至十一月间前往美国内华达州、得州、密苏里州、加拿大安大略省、魁北克省等地八大城市公演。

还有,心定和尚在波士顿哈佛大学及史密斯大学举行两场瑜伽焰口学术示范观摩,有大学教授等近千人参与;澳大利亚南天寺首度举办汉传三坛大戒,共有来自十六个国家、地区的戒子参加此次盛会;而巴黎、瑞典、柏林、阿根廷及美加等地的别分院,分别代表"佛光山文化事业"在这些地区参加当地举办的国际书展,增加佛教在国际的地位。

此外,《世界佛教美术图说大辞典》、《佛光禅入门》第二版、《现代佛教人物辞典》、《迷悟之间》典藏版、《佛光菜根谭》第三、四集等,已陆续出版了;佛光山编藏处编辑"法藏文库"中的《中国佛教学术论典》一二〇册已全部出齐;佛光山国际翻译中心也将《星云禅话》、《人间佛教的经证》等各种著作,分别译成瑞典文、西班

接受美国得州斯坦福市长赠荣誉市民证书及市钥(二〇〇四年九月一日)

牙文、法文、葡萄牙文及韩文等,并出版发行。希望这些译本能帮助当地的人士认识佛法。

文化影响人心的力量是长远的,所以我们始终坚持"以文化弘扬佛法",只愿为大众打造一座法味遍布的书香花园社会,丰富世人的精神生活。

佛光山教育事业的发展也是佳音频传,成果可观:西来大学推出"远距教学"方案,除西来大学的学生可现场聆听讲学外,旧金山弗罗门特及圣地亚哥西方寺,甚至加拿大温哥华等地的学生也能同步学习,此举突破了地域的限制,让教学更便利,覆盖的地域更广阔;佛光山丛林学院亦开展"易地教学",以培养学生的国际视野、增加阅历;还有"天眼佛学院"的网络教学,去年九月才开办,至今已有千人之多报名。同时,南华大学也与南美洲智利天主教圣多玛斯大学谛盟成为姐妹校。

"佛光山普门中学女子篮球队"也于去年七月成立,由曾是奥林匹克运动会的韩国国手李亨淑小姐担任教练；在台中埔里创设的均头国民中小学，也于九月举行建校启教典礼；彰化福山寺、台中光明学院、兰阳别院、嘉义圆福寺、三峡金光明寺等地区，陆续成立社区大学，让佛光山办的社会教育更为普遍。佛光大学也于去年初遴选赵宁博士担任新校长，慈容法师则应苏州西园寺之邀，代表本山赠送《佛光大藏经》，并到扬州聋哑职校赠送建校基金。

印度、拉达克的毕业生如弘、如传等九人，在去年年底返回印度，历经八年的学习，终于学成归国弘法，落实佛教本土化。另外，满纪法师已获得四川大学哲学系博士学位，满耕、妙中、满升、觉旻也分别于北京大学、中国人民大学、南京大学、兰州大学博士修毕，满庭、觉冠、觉多、妙皇、觉舫也分别至厦门大学、复旦大学、清华大学、武汉大学及北京大学的博士班就学。

觉诚法师在巴西弘法有成，尤因创办"如来之子"收容青少年就学、救济贫困，获巴西政府颁给科蒂亚市"荣誉市民奖"，为巴西首次比丘尼获奖；而妙慎法师也即将成为泰国第一位被认可的比丘尼；永胜法师因慈悲喜舍，爱护乡民，在花莲吉安乡获颁"荣誉乡民"。这种种皆让我深感欣慰，佛光山这棵大树已然枝叶繁盛、花果累累了。

回顾我这一路走来，虽未受过正规的社会教育，却有幸得到天主教及南北传佛教大学的认可，接受他们颁发的荣誉博士学位。去年韩国东国大学及泰国玛古德大学分别颁赠教育、哲学荣誉博士学位给我，美国内华达州拉斯维加斯奥斯卡·古德曼（Oscar Goodman）市长及得州斯坦福伦纳德·斯卡赛拉（Leonard L. Scarcella）市长亲自到台湾，于国际佛光会世界会员代表大会中，分别致赠我荣誉市民。这些荣耀是大众共同的成就，更代表着各方对佛教弘法事业的肯定，这些肯定更加强我对世界和平与人类

获美国拉斯维加斯市市长奥斯卡·古德曼颁赠拉斯维加斯市市徽（二〇〇四年十月五日）

福祉的使命感，唯有"将此身心奉尘刹"，方无负十方的护持、大众的成就。

有一件有趣的往事，四十年前弘法，我被拒于台湾大学门外，认为佛教不可以进入大学校门。然而在去年，台湾大学却主动邀请我以"禅门的自觉教育"一题进行讲演，深感因缘的变化真是妙不可言。由佛光会发起在台湾大学举办的"国际青年论坛"中，来自美国耶鲁、哈佛、哥伦比亚等名校的国际青年六十余人举行"与世界接轨"的讨论会，会议由我主持，更邀请高希均、赵宁二位博士就议题发表意见，鼓励青年学子，在思想和作为上要能迈向国际，与世界接轨。

慈惠法师也应韩国全国比丘尼会之邀，在"佛陀的女儿——第八届国际佛教妇女大会"开幕式中，主讲"走出去，比丘尼"。确实，佛教需要"走出去"，未来才有发展的契机，要落实自觉行佛，心灵才能奋起飞扬。

去年年底,我分别在香港红磡体育馆、台北"国父纪念馆"以"生命・生死・生活"为题,作一系列演讲,为人间佛教的内容注入了一些新的意见。除此,由奥地利政府主办表扬对地球环保有功的人士,主办单位专程派人邀请我到奥地利演说及颁奖,让我有机会在岁末冬残之时,再一次云游世界,从台湾到美国、加拿大、德国、荷兰、葡萄牙、奥地利的维也纳等地弘法;更至感荣幸的,承蒙海南省的领导们以专机接送我,前往探看"佛教论坛"的建设,在那样风雨弥漫的气候中,感谢终能平安度过。

经行于蓝毗尼园旁侧坡道上

眼见大地将回春,不禁为万物对生命的执着有所感慨,经年黄叶又转绿意,在枯荣迭替的深处,为的是让我们学习这种奋斗的精神和一份对生命的尊重与包容。祝福大家在新的一年里,都能创造新的生命、新的未来!专此　顺颂

共生吉祥

星云 合十

二〇〇五年元旦

春來福到

丙戌年慶

星雲

二〇〇六年元旦日

二〇〇六年新春告白

去年初,
和余秋雨先生进行文学座谈。
五月底,
应邀参加单国玺枢机主教晋铎五十周年庆,
对单枢机主教我表示赞美与尊敬。
而在四月时,
得悉教皇约翰·保罗二世辞世,
特致函梵蒂冈教廷,
表达我及全球佛光人悼念之意。
六月在上海惊闻印顺长老圆寂的消息,
九月韩国曹溪宗总务长法长法师忽而示寂,
不禁感叹"慧日衰落,法灯熄灭"!
人身不易,大菩萨难求,
悲恸之余,
仍盼这些菩萨乘愿再来!

各位护法、朋友们：

新的一年,祝福大家春来福到,欢喜满门!

身处新春时分,回想去年元旦,我在台北道场主持"百万佛光人世界同步念佛祈福超荐法会",祈愿南亚海啸亡者往生佛国,同时由台湾、香港和马来西亚等地佛光人发动捐款五百万元,协助印尼、斯里兰卡、印度等地兴建孤儿院、小学等,帮助灾区重建,让大家重建信心,知道活着就有希望,明白生存就是力量。

不幸,七月英国伦敦地铁站、十月印尼巴厘,遭恐怖分子炸弹攻击,人心战战惶惶;八月底,美国又遭飓风侵袭,新奥尔良市等地一夕之间成为人间炼狱。在各地佛光人积极展开救灾外,我更祈望世人能够从天灾人祸中,学习谦卑、包容,尊重自然、生灵,奉行三好运动,为世界平和、地球平安齐心努力。

面对满目疮痍的地球、惊惶迷茫的众生,总希望能给大家一些积极、开展、有益的观念。因此,我针对社会诸多问题,于各大报发表看法,也接受《讲义》、《读者文摘》、《亚洲周刊》、香港凤凰卫视等媒体采访,针对生命、阅读、两岸关系、族群和谐、世界和平等议题,提出个人浅见。于接受"台湾干净选举促进会"访问时,提出了"选举是选自己的人格与良心,不可被欺骗或诱惑。全民应拥有共同提升台湾选举的觉悟,并且要理性投下神圣的一票,台湾才能得救!"等建言。

谈到和谐与和平,去年四月,我应邀参加海南岛"海峡两岸佛教圆桌会议"时,提出佛教要"以共识来团结,以包容来统一,以会议来交流,以政策来整合"等建议,承蒙与会大众的认同。十月,参加法鼓山文教基金会举办的"世界宗教领袖座谈会",我举出"要达致世界和平,应先建立平等的观念;要推动生态环保,应先重视生权的提升;要消除种族隔阂,应先发扬慈悲的精神;要体现共生智慧,应先提倡缘起的思想"四点意见,提供大家参考。另外在西来大学两次的远距教学课程,选择佛教对家庭、管理、素食、环保、政治人权、战争与和平的看法等与年轻学子来做探讨,虽是在美国发声,收视的学生到达欧洲、南美、亚洲等地。

此外,去年九月在西来寺召开的"国际佛光会世界总会第四届第一次理事会议",会中计有来自伦敦、巴黎、柏林、悉尼、加拿大、巴西、日本、韩国、新马等全球五大洲六百多位代表参加,决议各协会推荐各类专业会员人才及青年干部,参与联合国非政府组织(NGO)活动,期更深入国际为全人类社会服务。会议期间,我为佛光人立下"人生百事",作为大家修学戒定慧的标准。

"佛光会世界总会第四届第一次理事会议"于西来寺正式开幕(二〇〇五年九月二十二日)

在倥偬的行程中,依然与各界往来。去年初,和余秋雨先生进行文学座谈。五月底,应邀参加单国玺枢机主教晋铎五十周年庆,对单枢机主教我表示赞美与尊敬。而在四月时,得悉教皇约翰·保罗二世辞世,特致函梵蒂冈教廷,表达我及全球佛光人悼念之意。六月在上海惊闻印顺长老圆寂的消息,九月韩国曹溪宗总务长法长法师忽而示寂,不禁感叹"慧日衰落,法灯熄灭"!人身不易,大菩萨难求,悲恸之余,仍盼这些菩萨乘愿再来!

十一月,佛光山文教基金会举办三场"当东方遇上西方"对话,我与诺贝尔文学奖评审人马悦然教授及瑞典汉学家罗多弼教授,分别就"佛教与中国文学"、"佛教与世界和平"议题,在高希均和柴松林教授主持下进行交流;十二月,也与文学家白先勇先生就"佛教与文学"在台北道场对社会做公开探讨。

我与慈容、永富法师带领的佛光山梵呗赞颂团,于十一月初受邀参加浙江省"普陀山南海观音文化季"活动,并应杭州市佛教协会邀请参加"海峡两岸迎请佛螺髻发舍利供奉法会",又至南京为抗战胜利六十周年死难同胞主持祈福法会,当晚梵呗赞颂团也为纪念音乐会演出。借由此次海峡两岸佛教音乐会,对促进两岸人

二〇〇六年新春告白

佛光山梵呗赞颂团应江苏省佛教音乐团之邀,联袂举办佛教音乐晚会,祈祷世界和平(二〇〇五年十一月五日)

民沟通与交流,及共创和谐世界,都将发挥重要作用。

佛光山世代交替再次树立了民主典范。去年"佛光山第七任住持晋山升座典礼",新任住持心培和尚从心定和尚手中接下法卷、袈裟等信物,在各国嘉宾、信众代表五千人的见证下移交。承蒙高雄县长杨秋兴、天主教单国玺、一贯道萧家振、韩国通度寺住持玄门法师、泰国法身寺住持巴瓦那维利亚昆法师、日本高野山大学校长生井智绍等人前来祝福,增添殊荣。而协助心培和尚的都监院院长仍由慧传法师担任。

更教人欣喜的是,书记室的弟子满义法师将我散落各处的人间佛教思想,与佛光山将人间佛教理念具体化的佛教事业详实纪录、汇整,撰成《星云模式的人间佛教》一书,由天下文化出版,简体版也分别在中国大陆、马来西亚、新加坡等地发行。此书一出,

和香港中文大学文学院院长罗炳良,于佛光山签订"人间佛教研究中心"成立协议书(二〇〇五年二月十七日)

即获各界好评,让社会大众对人间佛教,乃至佛光山有更深广更厚实的了解。

佛光山文教基金会与香港中文大学,合作设立"人间佛教研究中心";五月份美国国会图书馆正式将"佛光山教团"与我逾五十余本翻译书,在国会图书分类法下,设立单独号码,并将"人间佛教"与"佛光山教团"正式编入国会图书馆主体标目。

全美最大非营利独立组织"出版社营销协会"(Publisher Marketing Association),无条件经销佛光山国际翻译中心翻译的英文图书,其中《星云说偈》(Cloud and Water)、《传灯》(Handing Down the Light)入围全美图书大展传记类奖项,《佛教与生活》(Living Affinity)则荣获美国"二〇〇四年最佳心灵书籍——心灵健康大奖"。香海文化出版慈惠法师于《人间福报》连载的《古今谭》、心定和尚的《禅定与智慧》,依空法师出版《一字禅》、永芸法师的《哈佛燕京的沉思》、永本法师的《天台小止观》;佛光文化则出版《禅藏》、《佛光教科书》光碟版及《禅门语录》。此外泰籍妙慎、加籍妙西、印尼籍觉灯、越籍慧福等徒众学生也翻译各种语言著作,借由文字出版,让甘露法水遍洒世间。

另外,泰国皇家编译部即将编译《世界宗教泰英辞典》,将《佛光大辞典》列为主要参考资料,受邀皇家学者中,妙慎法师与法系耀康法师皆参与工作。佛光文化出版的《东塔初祖怀素大师》,荣获"行政院新闻局"第二十九届金鼎奖"最佳漫画书奖"。"人间卫视"经"阅听人监督媒体联盟"于七月公布评鉴获评为全台唯一优良频道。四十年来,佛光山弘扬人间佛教,已落实于世界各地。

国际弘法新页上,十月,佛光山与哥伦比亚大学宗教系合办瑜伽焰口法会,是首次在纽约曼哈顿基督教堂举行的佛教法会,由慧济法师前往主持。南美洲也举行首场"百万人兴学——瑜伽焰口法会",澳大利亚国会大厦所举行的"佛教浴佛联合庆祝典礼",为佛教首次登上澳大利亚及英语系国家殿堂。去年"人间音缘征曲比赛",有来自悉尼的天主教修女参赛,非洲祖鲁族、巴西"如来之子"、新加坡、马来西亚等青少年的表演;澳、新青年分团,在新西兰基督城演出"二○○五年澳新人间音缘——浩瀚星云"音乐剧,将人间音缘以不同的艺术形象呈现,受到当地的大众肯定。

南非南华寺也首度以佛法辅导进入当地各监狱所。轮椅捐赠则自一九九八年开始,遍及刚果、马拉维、坦桑尼亚等十五个国家,至今达九千七百多台;巴拉圭协会自一九九七年以来,业已达三千台。

教育方面,五月,西来大学与智利圣多玛斯大学缔结为姐妹大学;七月,巴西如来佛学院栽培出首批菩提生力军。心定和尚荣获泰国朱拉隆功佛教大学荣誉博士学位,慈惠、慈容法师分别当选

至屏东亲自主持第一座原住民儿童图书馆 VUSAM 揭牌仪式(二〇〇五年七月十三日)

"教育部"主办的"教育百人团灌溉台湾计划"艺文创作类与族群融和类的特奖殊荣。

七月,我在屏东玛家乡成立台湾第一座原住民儿童图书馆。人间卫视首先捐出"人间有爱·仗义书财"活动中所募得的净款,我也捐赠两百万元补助,并致赠《高僧漫画》、《百喻经图画书》等书;屏东讲堂和潮州讲堂各捐赠五十万元,作为图书馆藏书和经费。大家对原住民儿童的阅读及教育,尽一份心力。

各地的建设工程:南非南华寺大雄宝殿、马来西亚南方寺落成;新加坡佛光山、黄金海岸世界佛学研究中心、日内瓦国际佛教会议中心安基了。南天寺建寺十周年,澳大利亚国家航空公司以"世界性之都——卧龙岗"为题介绍南天寺。此外,《世界日报》将西来寺定位为哈仙达岗的"地标"。新西兰麦卢卡区政府推荐北

二〇〇六年新春告白

岛佛光山为当地最值得旅游之景点。更重要的,佛陀纪念馆正进行杂项工程设施,感谢震旦集团董事长陈永泰与夫人陈白玉叶,将收藏了二十年的一百二十五件地宫文物赠予佛光山佛陀纪念馆,让这批文物得以世代传承,受后人瞻仰。

到二〇〇六年,佛光山在人间徒步四十年,以文化、教育、慈善、共修为众生做佛事,祈愿社会圆满悲

摄于佛光山的山门前

智,人间处处净土。今年因系佛光山开山四十周年,在住持心培和尚暨新任宗委慈容、慧传、依空、慧宽、慧昭、满谦、觉培法师及黄美华师姑带领全山大众下,将举办一系列活动。届时欢迎大家共逢盛会,祈望佛光人四众弟子继续发光,光照娑婆大千;继续发心,心暖无量有情。携手共创人间的佛教历史。专此 顺颂

四序如意

六时吉祥

星云 合十

二〇〇六年元月一日

諸事圓滿

二〇〇七丁亥年

星雲

二〇〇七年新春告白

回忆我这一生八十岁以来,
六十载弘法,
"为了佛教"我于丛林参学,
一袭袈裟仆仆风尘,
云游世界行脚度众,
云水三千讲经说法,
但求执起盏盏法灯,步步化作清莲,
同与有情圆满悲智,
祈愿人间处处都是净土,
个个都是诸上善人。
如今,我已垂垂老矣!
工作了六十年,
我未曾有过一天的假期,
也自觉有精进的性格,
自诩人生已有超过"三百岁"的价值。

各位护法、朋友们：

祝福大家春来福到，诸事圆满！

秋落冬至，冬尽春来，佛光山在时序更替间，已步入不惑之年。历经四十个寒暑，漫山的麻竹和种种树木，已成长可观；巍巍的殿堂，也已成为人间道场了。我在二〇〇七年的元旦，回首来时路，开山、传法、退位、封山、兴学、办报、开办电视台、安僧度众、云游弘法……点点滴滴的往事，就像在人间刻画的地图，祈愿有情众生在娑婆世界有个依归。

昨年，佛光山开山四十周年在"佛光山平安灯会"、"佛光山硕博士弟子跨年第一次联谊会"中展开，同时举办"阿福迎春——惠山泥人特展"，为开春点染不少文教色彩；接着在三月底举行四十九天的"僧信二众精进禅七、佛七"，和为期一整年的"朝山礼佛修持活动"，从五月十六日至

第三十二届"国际自由宗教联盟大会"于佛光山如来殿举行开幕典礼,来自十九个国家和地区的七百余人参加,以英、日语同步翻译(二〇〇六年三月二十六日)

今,已超过百万人来山朝拜了。回想开山之初,为了鼓励信众到佛光山礼佛,发起"朝山团",接引许多信徒欢喜来山。渐渐地,"佛光山"这个名号,在大家奔走相告下走向社会、走向国际,进而开展出多元化的弘法事业。悠悠时光,不觉四十年了。

为了庆祝这个殊胜的日子,先后举办了"国际自由宗教联盟大会"、"国际自由宗教联盟妇女会"、"世界佛教徒友谊会"、"世佛青暨佛教青年领导人讲习会"、"世界佛教大学会议"、"世界童军宗教会议"等。而国际佛光会二〇〇六年亚洲联谊会议、国际青年会议、世界会员代表大会,也相继分别在佛光山、台北小巨蛋体育馆举行。其中,我并以"化世与益人"发表主题演说,期许佛光人以四点:一、自觉健全;二、发心动力;三、随众参与;四、菩提愿力,勉励与会大众参与化世益人。

去年三月,我受邀到有千年学府之称的"湖南岳麓书院",在霏霏烟雨中,以"中国文化与五乘佛法"作了一场讲座。之后,也到辅英大学、辅仁大学、"中央大学"、台北大学等大学讲话。就在四月初,我不慎跌断了三根肋骨,感谢各方对我伤势的关注,虽然已是耄耋之年,仍抱着"永不退票"的信念,按照既定行程,应邀前往浙江杭州参加首届"世界佛教论坛",并以"如何建设和谐社会"为题讲说,只盼为未来宗教、文化、种族和谐共融的美好愿景尽一点力量。

之后,各种因缘不断,促使我弘讲的脚步未曾停歇。我远赴欧洲至瑞典斯德哥尔摩大学、瑞士苏黎世联邦理工大学及日内瓦联合国国际会议中心讲"融和与和平"。而各宗教尽管信仰不同,但重视和平、力求和谐的心却是相同,因此我也前往梵蒂冈圣彼得大教堂,与教宗本笃十六世会晤,希望能增进佛教与天主教相互的了

二○○七年新春告白

由世界童军总部主办,"中国童子军总会"、佛光会承办第二届"世界童军宗教会议",来自十八个国家和地区、八大宗教,百余童军服务员及宗教领袖齐聚佛光山(二○○六年五月五日至八日)

解与合作,透过交流,凝聚彼此的共识,为实现和平和谐的理念而努力。

我也在印度奥士马尼亚大学(Osmania)、德里大学(Delhi)讲演,在美国西来大学以远距教学方式,为世界各地的学生及信徒探讨佛教对"社会问题"、"伦理问题"、"族群问题"、"丧葬习俗"、"宇宙人生"的看法,并讲说《般若心经》。接着又转往香港中文大学、香港理工大学、香港大学及广州中山大学等。透过远距视讯、电视转播,世界各地佛光人一齐闻法、皈依,科技的进步,确实让地球村的理想更进一步了。

十月中旬,在我的主治大夫江志桓主任陪同下,带着心律不整和有心脏衰老之虞的色身,飞往印度海德拉巴市(Hyderabad)主持皈依典礼。因为印度出生了倡导平等思想的佛陀、大乘佛教的发

于瑞士苏黎世联邦理工大学讲演（二○○六年六月二十四日）

起人龙树菩萨，和积极发扬平等精神的安贝卡博士。为了印度佛教的未来，我不禁勉励大众，共同学习佛菩萨"伟大"的精神，勇敢走出种姓制度的桎梏。

二○○六年底，借着由满莲法师在香港红磡体育馆举办我讲说二十年的因缘，我与大家探讨"人间佛教的戒学"、"人间佛教的定学"、"人间佛教的慧学"，只希望未来在"三法印"的印证下，点燃起戒定慧三学的火炬，以佛法来普照世间，为人间建立起一片清净安乐的净土。而在台北"国父纪念馆"圆满三十年佛学讲座之际，我也分别与亚都丽致总裁严长寿先生谈"管事与管人"，与单国玺枢机主教谈"当基督遇见佛陀"，与台北市长马英九谈"出世与入世之融和"，由李纪珠、柴松林、高希均教授等主持，并请吴伯雄先生为总主席。

佛光山于世界各地的传教事业马不停蹄，道场的建设、文教推动也是日以继夜。

东京佛光山寺和巴黎佛光山举行道场安基、奠基典礼；建寺七年的新西兰北岛佛光山业已圆满，举行了供僧道粮法会暨玉佛安座典礼；马来西亚佛光山关丹禅净中心、佛光山日内瓦国际会议中心落成；日本福冈佛光缘更名为"福冈佛光山寺"；台南南台别院、高雄南屏别院、宜兰礁溪会馆、凤山讲堂等，都将正式启用；本山铸造了"佛光和平钟"，并于蓝毗尼园旁建造钟塔。

西来大学去年正式成为美国西区大学联盟（WASC）会员，感谢校长兰卡斯特和教务长古鲁格教授多年来的贡献。佛光大学校长由前"国科会主委"、成功大学校长翁政义教授担任。此外，"教育部"核准佛光大学增设"理工学院"、"佛教学院"，将佛教教育正式纳入政府高等教育体系，并授予宗教学位；南华大学也获得了"教育部"评鉴优等。普门中学新校区举行安基开工典礼，在台东日光寺旁，也将筹设"均一国民中小学"。

文化院永明、永进二位法师出版的《佛光山灵感录》，激励了许许多多信徒奋勇精进的信心；香海文化蔡孟桦小姐出版了《书香味》十册，以及慈惠法师撰写的《古今谭》六册、妙蕴法师编撰的《奇人妙事》十册等；廖文瑜小姐制作的"佛国之旅"节目，于东森、TVBS、人间卫视等电视台播出，并获得今年的金钟奖。为了庆祝佛光山开山四十周年，天下文化特别编辑出版《星云八十》及符芝瑛小姐执笔的《云水日月》，虽说是我一生传记，但更是数十年来全体佛光人信众跟随我一起化世益人的共同记录！

去年，佛光山的喜讯频传：《人间福报》登上中华、澳门、远东、复兴航空；"人间音缘"举办至今第五年，走进了社区、电台、监狱、大专院校，发行 CD，趁此好因好缘，佛光山成立"人间音缘梵乐团"，由王正平博士、温金龙先生等教授指导。期望以音声宣扬佛法,度化有情。

"行政院陆委会"第六届"两岸专业交流绩优团体"评选,佛光山文教基金会和人间卫视分别荣获"艺文、学术、教育类"奖项;国际佛光会中华总会荣获"内政部"颁发"社会优等团体奖";兰阳别院、圆福寺、福山寺等,也被"内政部"选为绩优宗教团体;普门中学女子体操队获得台湾初中组团体亚军及高中职团体亚军等,女篮队也打入全台高中联赛,打败了台北第一女子中学。

非常惭愧,我一生不善书法,却有因缘到湖南省博物馆、香港中央图书馆等地举办"觉有情"墨迹世界巡回展。我希望大家不要看我的字,而是看我的心,借由墨迹,表达对护法大众衷心的祝福与感谢。

另外,感谢澳大利亚格里菲斯大学和辅仁大学颁授荣誉博士学位和名誉法学博士学位给我;香港凤凰卫视在十周年时,颁给我"凤凰大奖";而世界华文作家协会、美国共和党亚裔总部、"中国文艺协会"也颁予"终身成就奖"、"杰出成就奖"和"文化贡献奖"。对于这些虚荣,不禁感到三宝的加持、信众的护法,我何德何能,幸蒙各界人士的肯定与厚爱,这是因为大家的助缘,才显出个人的成就。

除此,本山徒众慈惠法师荣获"中国文艺协会"颁赠"文艺工作奖";慈容法师获"教育部"颁发"教育百人团灌溉台湾计划绩优奖";心定和尚得到"国家公益奖";依法法师获得联合国"和平与宗教教育奖";依来法师获得澳大利亚政府颁赠"文化贡献奖";满信法师被澳大利亚政府委任为"太平绅士";觉善法师也获得"澳大利亚国庆节社区贡献奖";妙西法师获得洛杉矶州政府颁予参与社区救济积极有功奖;慧开法师和觉培法师则得到"教育部"颁赠"社会教育有功奖"等。眼看佛光山为社会肯定获得各界奖章,真为四十年来护持佛光山的人祝福与欢喜。

回忆我这一生八十岁以来,六十载弘法,"为了佛教"我于丛林参学,一袭袈裟仆仆风尘,云游世界行脚度众,云水三千讲经说法,但求执起盏盏法灯,步步化作清莲,同与有情圆满悲智,祈愿人间处处都是净土,个个都是诸上善人。

如今,我已垂垂老矣!工作了六十年,我未曾有过一天的假期,也自觉有精进的性格,自诩人生已有超过"三百岁"的价值。去年八月,在接受

摄于佛光山地藏殿

媒体采访时,我正式宣布二〇〇七年作一次世界巡回后,二〇〇八年起"封人",不再作大型公开性的演讲,将专心阅读、写作、课徒、随缘开示。当然,"继续办教育",始终是我不曾改变的初衷。所谓"做一日和尚,撞一日钟",期盼大家继续护教护法,弘扬人间佛教。在此初岁回春时节,谨祝福各位

诸事圆满

一切吉祥

星云 合十

二〇〇七年元旦

子德芳芳

二〇〇八子年吉慶

星雲八二

二〇〇八年新春告白

所谓"上有天堂,下有苏杭",
山水美景如佛国净土,
而我期望徒众把嘉应会馆视为
引度众生的"精神加油站",
一幅画、一杯茶、一碗粥,
都能增加所有到访者的信心。
会馆首次展出"石头记",
是为了相应于当地虎丘山的
"生公说法,顽石点头",
道生大师倡导的"阐提成佛"的意义,
这与我一生肯定人人"我是佛"的人间思想,
是相谋合的。

各位护法、朋友们:新春好!

自前年宣布"封人"后,我的弘法岁月并未休息,依然在推动教育、阅读写作、课徒开示、复兴祖庭,及宣扬人间佛教中,一心建立善美净化的地球,而不敢有片刻的懈怠。年月忽忽地过了,转眼间,又届腊梅吐香的岁末年初,我衷心祈愿祝福,新的一年,各位护法、朋友们,"子德芬芳","众缘和谐"。

我一生欢喜做个"不请之友"。这一年来,佛光山各别分院举行法会,我无不欢喜前往为信众开示修持法要,只是对于一些会议及大型讲座,我已不再参与了。云游世界各道场,为徒众指导腊八粥的料理方法,"以粥代茶",聊表佛门对世人的一份感谢之情。美术馆、滴水坊、社区大学的未来发展,我秉持的是"给"的人生哲学,给得越多,拥有的世界会更广阔。针对佛光会和寺院在当代扮演的弘法角色，我提出活动设计要多元化，传教者必须要有接引信徒的热心。对读书阅读研讨会、学术论文发表会、硕博士座谈会的学员大众，我提出"培育人才"的重要，并希望人人养成阅读习惯，因为，新世纪的新时代潮流则是建立在"知识力"，阅读与知识是应世无碍的妙方。

佛光会成立十六年之际，我用"过得欢喜，行得正派，活得自在，身心平安"这十六字箴言，勉励全球佛光人，从生活中体证佛法；在大陆三峡博物馆、重庆华岩寺四川佛学院，讲说"生命的密码"及"以忍为力"；以"凤凰卫视与佛光山的因缘"、"心的管理"、"包容的人生哲学"、"和谐社会"等题，与凤凰卫视刘长乐总裁进行对谈。

二〇〇八年，写了"子德芬芳"、"众缘和谐"两幅春联

当代社会问题虽然层出不穷，但终究是人的贪嗔痴所致，佛法的"诸恶莫作，众善奉行"，自我净化欲望，是永不变易的人类的安身之道。随缘讲演，随喜开示，不论语言、文字乃至我的题字等等，不过是我对佛法至诚恳切的信仰历程，经过岁月的淬炼，成为少分的心得，希望这点心意，能够有助于人类心灵的开拓。

去年六月，在旅美企业家赵元修、辜怀箴夫妇的热心介绍

下,我到美国明尼苏达州梅约医疗中心进行身体检查。十天的诊疗中,这里的和谐、谦让与亲切,使我深受感动,不禁写下《梅约医疗中心检查记》一文,记录这里的所见所闻,并刊载于《讲义》杂志。

二十一世纪是地球村的世纪,宗教之间更应彼此交流,和平共处。由于我是"宗教委员会"的主委,负责台湾宗教界的联谊工作,所以去年元旦夜,由基督教主办、十二个宗教团体承办的"二○○七年尊重与关怀音乐祈福大会",高雄市政府举办的"跨宗教座谈会",以及董氏基金会邀请七大宗教团体,针对"自杀防治"进行座谈等,共同为人类的未来寻求希望、和平与爱,这样的交流合作是令人可喜的。

位在台南的南台别院、日本的首座别院"宗教法人临济宗东京佛光山寺"、新西兰北岛佛光山及南岛佛光山、澳大利亚中天寺天界宝塔相继落成启用后,历经二年多建设,扬州鉴真图书馆

苏州寒山寺重铸仿唐古钟"和合钟"赠予佛光山，永结两寺和合之好，缔结为兄弟寺，并在林口体育馆举行和平回向法会

就在开春元旦这一天开馆了。未来，我们更计划在黄金海岸设立"世界佛教研究中心"，以促进佛学的研究、宗教的和谐为目标。

　　我在澳大利亚主持三皈五戒典礼期间，缅甸传来佛教僧侣遭受伤害的不幸事件。他们走出寺庙，代表人民对自由的心声；他们用平和的静坐，希望唤醒国家的进步。遗憾的是，象征大悲大勇的僧袍却遭暴力的血腥。武力是不能为世界带来和平的，我们虔诚向佛陀祈愿：支持缅甸僧侣，祝福缅甸僧侣。

　　历史上，佛教从不以武力屈服世人，佛教是用和谐包容、用慈悲、用爱心让人们欢喜信受。寺院的晨钟，皆是声声祈愿"干戈永息，甲马休征"。钟声扬十万亿佛土，愿洪钟阵阵，为三千法界众生带来无有恐惧的和平。

　　唐人张继一首《枫桥夜泊》，使得寒山寺的钟声响彻国际；如今，寒山钟声更远传台湾。承蒙苏州寒山寺性空长老与秋爽方丈厚爱,将二〇〇六年重铸仿唐古钟"和合钟"的其中一口钟赠予佛光山,并永结两寺和合之好,缔结为兄弟寺。为此,特于林口体育馆举行一场"和平钟声到台湾——两岸和平回向法会",万人念念祝祷两岸的未来,同时扬起和平的钟声,不要发生让人民恐怖的争战。

国家宗教事务局叶小文局长以"一弯浅水月同天,两岸乡愁夜难眠;莫道佛光千里远,兄弟和合钟相连",我也以"两岸尘缘如梦幻,骨肉至亲不往还;苏州古刹寒山寺,和平钟声到台湾"一偈,表达对这段善因好缘的感想。

佛光山在二〇〇七年,还有值得一提的各地好事:国际佛光会中华总会与韩国曹溪宗中央信徒会,缔结兄弟会;佛光大学与日本大谷大学结盟,签订学术交流合作协定;普门中学与远东科技大学,缔结为教育伙伴策略联盟。普门中学女子体操队,荣获全台运动会团体组成队冠军;新西兰南岛佛光山荣获新西兰国家级建筑大奖和环保绿建筑奖;中天寺被布里斯班旅游导览"Day Trip Secrets Brisbane"列入广受欢迎的参拜胜地。

人间佛教从台湾本土传播到世界各地,今年是收获满满的一年。南华寺举办一场非洲史上首次集体佛化婚礼,日内瓦会议中心首次举办八关斋戒,印度加尔各答禅净中心的佛诞节云水佛车浴佛法会,重现佛陀打破封建种姓制度,让人人都有领纳佛法的平等权利。二〇〇八北京奥运圣火传到了荷兰荷华寺;世界佛光青年团由团长慧传法师领导,在瑞士联合国会议厅举行大会。这些历史的创举,背后都是无数佛光人长年耕耘所展现的辉煌成果。

针对全球性普遍的社会问题,国际佛光会及佛光山全球各道场进行一系列响应"世界环保日"活动,诸如净滩、植树造林、环保体验营、节能节约的新生活等;欧洲发起国际儿童绘画比赛,以响

南非南华寺举行佛化婚礼,由住持慧昉法师主持

应"国际消除贫穷纪念日",将关怀人群及慈悲理念根植儿童心灵。甫成立的大专院校香海社团,规划"爱心'菲'扬"、"记录台湾·认识自己"公益旅行活动,教导年轻朋友深入民间疾苦,体认贫穷,并从中感恩这一切所有的幸福。

还有,数十年来不曾停步的"佛光山岁末新春敦亲睦邻"活动,慈悲基金会推动的"高雄市新移民家庭健康筛检"计划,伦敦佛光山举行的"全欧首座佛教团体举行关怀街头流浪汉祈福会",佛光会举办的"助念讲习会"、"全台亲师教育巡回研讨会——家庭与学校",南华大学举办的"少子化现象对高等教育之冲击与招生因应策略研讨会",人间大学、亚洲大学心理系联合发起的"宗教咨商实验室"等等,这些社会教化的活动体现佛教关怀人群的"行佛"精神。

因应时代趋势,佛光山着手建构行政资讯网络化,为信徒提供更完善的服务，佛光山全球资讯网每年浏览人次超过五百万人次以上，每日提供即时"佛光新闻"、网络抄经、祈福、早晚课等，让网络成为修学佛法的道场;《人间福报》推出周末版，为社会大众设计丰富具深度的人文议题；人间佛教读书会让爱书人有阅读分享平台；人间卫视为迈向"亚洲华人NPO慈善媒体平台"愿景，节目创新内容，以带领国际人士深入了解华人对社会关怀的发心。

科技、经济的快速发展，人类的问题也随之复杂化。解决人类问题，教育是不容忽视的一环。长年以来，我对僧伽教育与社会教育，一直倾尽心力，为教育这个"树人"的田地耕耘着。去年，宜兰佛光大学佛教研修学院开学了，这是第一所"教育部"承认的佛教高等教育学院。第一期共招收五十位学生，全程英文授课，培养台湾青年跃上国际舞台的能量；而由韩国李亨淑教练领队的佛光大学女子篮球队，为运动绩优选手规划完整的教育；南华大学雅乐团相继应邀至世界各地表演，都让世人认识佛教年轻、活泼的一面。

印度佛学院新校地开工，澳大利亚南天大学举行安基典礼，普门中学今年初将移址到十二亿元兴建的新校舍。另外，"人间佛教学术研讨会"、"佛光山徒众佛学研究论文研讨会"的举办，是我对徒众深入经藏，以佛学弘法的期许。对于教育，我还预计成立"佛教教育联盟"，不仅是佛光山体系下的教育事业，日本、韩国及中国大陆、台湾佛教兴办的大学都能加入教育联盟，扩大佛教教育在全世界的影响力。

佛光山文教基金会为缔造书香社会而成立的"云水书坊"，是一个行动式的图书馆，把古今好书载到市井角落，开启了社教的另一种新风貌；"都市佛学院"纷纷在各别分院开班；马来西亚佛光山办有千人报考的"佛学会考"；人间佛教阅读研讨会及全民阅读博览会，分别以社会关怀、阅读与修行为主题，提出佛法人间化具有深广度的观点。此外,生死学、比较哲学、东亚佛教音乐、青年佛教学术会议、禅与人间佛教学术论坛,以及全台教师生命教育研习营、佛光英文佛学巡回阅读研讨会、欧洲佛光青年讲习会、国际佛光青年干部会议、佛光儿童夏令营、儿童欢乐念佛营、佛光缘美术馆全省义工的培训讲习会等,为人间佛教增添几许光彩。

文化艺术方面,马来西亚《普门》杂志与《星洲日报》合办"星云文学奖",有七百余件作品参加;二〇〇六年成立的佛光山人间音缘梵乐团,举行"礼赞音缘——佛光山人间音缘梵乐团巡回音乐会";依《释迦牟尼佛传》、《云水三千》改编的"佛陀传——悉达多"音乐剧,于菲律宾热烈登场。未来将是佛教文艺百花齐放的飞扬世纪。

四月中旬,应邀到湖南长沙岳麓书院讲学,我感于这座千年学府乃智璿法师始建,对中国文化影响深远。当得知正在筹建中国书院博物馆时,我欢喜赞助,略尽一点对文教事业的支持。

二〇〇七年的尾声,近二个月的时间,我走访了大陆各地。欣见大陆是一块佛教新兴的福田,民风淳善,人们欢喜念佛。到了苏州,所谓"上有天堂、下有苏杭",山水美景如佛国净土,而我期望徒众把嘉应会馆视为引度众生的"精神加油站",一幅画、一杯茶、一碗粥,都能增加所有到访者的信心。会馆首次展出"石头记",是为了相应于当地虎丘山的"生公说法,顽石点头",道生大师倡导的"阐提成佛"的意义,这与我一生肯定人人"我是佛"的人间思想,是相谋合的。

此行中,我也应邀参加于上海浦东香格里拉饭店举行的"二〇〇七年东方企业家第五届全球华人企业领袖高峰会议",我以"财富分享与和谐社会"一题,说明世间的财富再多都是有限的,金钱未必能够为人类的生活与心灵带来真正富足与安乐,在追求有形的财富的同时，也要累积我们无形的财富，像智慧、道德、慈悲、惭愧心等等。有了财富，更要懂得分享、结缘、施舍、服务，取之社会，用之社会；有了财富，还要和谐，因为和谐可以创造财富，有财富要促进和谐的社会。

此外，我也应上海交通大学之邀，参观具有百年建筑历史并拥有四万余名学生的现代学府。走进宏伟的校区，不禁令我惊叹，我要学习的地方太多了。

长年居住在广西的俗家大姐，年事已高，几次热情地邀约，我偷得浮生半日闲，前往柳州晤面。姐弟二人皆已老病，大姐儿孙满堂，其乐也融融。世俗的眼光，大姐福禄寿俱全，而我孤家一人，一甲子以云水为伴，以无为有，以众为我，却甘之如饴，无怨无悔。姐弟两人一念之间的选择，带来不同的人生际遇。

此行不只在繁华的北京、上海、南京，我特地飞往云南，参访了云南佛学院，也感受到大理国的佛教风光以及西双版纳少数民族的单纯热情。远眺昆明湖的艳丽、翠堤的秋景、金沙江上虎跳峡的澎湃雄奇……"香格里拉"的赞誉，果真名不虚传。尤其此处的藏传、南传佛教和谐融和，值得宗教间深思与学习。

这二个月的大陆弘法行，我日日参访、会客、课徒、讲说……像个轮子转动，没完没了。身体虽疲累，但精神饱足。我要求徒众"做中学"，自己也要身体力行，放空六根，至诚谦卑地游方，向大众虚心学习。

回首来台弘法历程，我归纳出五个十年：即自我健全，成立宜兰念佛会，创建佛光山，设立佛光会，促成佛教国际化，接下来就是要复兴"佛光祖庭——大觉寺"。七十年前，我在这里剃度出家，六十年前，我在这里担任小学校长，一甲子时光，再回祖庭，昔日的风光犹在眼前；之于我，祖庭是成就我法身慧命的摇篮，与我血肉相连,复兴祖庭我义不容辞,也深心期许佛光弟子心中要有根,要有重振祖庭的抱负与使命。

走笔至此,眼下又是一个春秋。浮生悠悠人间千山路,想想,我的热血能为众生奔放多少?我的心意能为佛教奉献多少?赵州八十犹行脚,为的是探求内心至真至善的境界;我一介僧侣,年过八十,行脚世界各地,但求以"人生三百岁"的生命毅力,持守好我一生奉行的戒律:"不忍众生苦,不忍圣教衰"。

戊子年元旦,衷心祝祷人人开发本性所具的"子德芬芳",各个地方能不分地域、种族、肤色,迈向"众缘和谐",携手共创同体共生的人间净土!

星云 合十
二〇〇八年元旦

生耕致富

二〇〇九己丑年吉慶

星雲八三

二〇〇九年新春告白

再次走过佛光山的每一步,
回顾开山前开山后这数十载的历程,
心中有着数不尽对信众们的感谢,
期望徒众能以"我是佛光山",
爱惜这一草一木得来不易,
一粥一饭众缘成就,效法先贤以为典范,
并以继往开来的发心,延续如来慧命。
没有诸位檀那长期护持,
就没有今日的佛光山与
遍及五大洲的佛教弘法事业。
感谢各位护持,
佛光山也愿为大家添油香;
希望来到佛光山,人人都能把佛法、
把平安吉祥带回家。

各位护法、朋友们：

大家新春吉祥，生耕致富！

新的一年莅临，在开春之际，不免要回顾过去与期望将来。想到去年弘法诸事，忍不住和大家报告一番。二○○八年元旦，建设两年半的扬州鉴真图书馆落成了，同时举行鉴真佛光缘美术馆开馆剪彩及"扬州讲坛"开坛仪式。扬州是我的故乡，也是历史悠久的文化古城，千年来，骚人墨客为这个古城留下名诗佳篇无数。大清帝国时代，徽商、盐商云集于此，一时富甲天下；扬州城饱含历史文明的风华，更跻身世界十大繁华古都之一。随着鉴真图书馆的落成，扬州讲坛开讲，势必将重现扬州佛学、文化等光彩。

在翁振进馆长的领导下，扬州讲坛首邀长篇小说家二月河主讲"康雍乾三朝政务文化兴替"。这一年来，邀请到当今文化

扬州鉴真图书馆（满悦法师提供）

界如钱文忠、马瑞芳、于丹、王邦维、阎崇年、康震、郑石岩、高希均、余光中、李昌钰、崔永元等名家，讲聊斋，读史记，谈论语，品唐诗，说玄奘西行等。陈年故纸堆中再现传统文化的光芒。场场千余人云集，扬州讲坛一系列的盛况讲座，赢得"南扬北百"（指南有扬州讲坛，北有百家讲坛）之赞誉。

说起历史，中国佛教史上近百年来有许多致力于笔耕，以研究佛法、弘扬佛法、护卫佛法的僧人居士。《普门学报》走过七个年头，发行了四十五期，自四十六期起，我提议革新版面，以专题式辑录《二十世纪佛教文选》。内容有比丘、比丘尼、居士、学者撰述佛教与文学、佛教与建筑等题材，以期带动阅读的风气。

社会需要艺术美学的熏陶，提升人们生活的素养。以京剧而言，现代人认为京剧深奥，因此乏人问津。其实剧中情节多是阐述忠孝节义、因果报应的故事，一如佛教以音声作佛事，教人善修身口意，深具教育意义。为此，佛光山邀请"当代传奇艺术"总监吴兴国、林秀伟伉俪于人间卫视讲唱一百出戏剧；之后，由北京市前

"纸风车319乡村儿童艺术工程",让高屏偏远地区的孩子也能亲身体验高规格的大型艺术文化演出

副市长张百发先生带领的北京京剧院来台巡回演出"京华再现"。希望借由京剧,重拾人与人之间的情义及相互感恩的芬芳美德。

当获悉"纸风车文教基金会"为台湾乡村儿童推广艺术的用心,我乐见其成,并在经费上略尽绵薄之力。由菲律宾天主教徒编演,全程以英文呈现的《佛陀传——悉达多太子》音乐剧,在台造成热烈回响,我欣慰欢喜数十年前封闭的山林佛教,今日能走上"国家剧院",把佛法深耕在普罗大众,以艺术弘扬佛法的新时代。

文学与艺术是鸟的双翼,除了京剧艺术之外,国际佛光会举办"佛光之美摄影比赛",将殿堂的神圣之美传扬全球;马来西亚《普门》杂志与《星洲日报》联合举办"二〇〇八年星云文学奖",提供热爱佛教文学的青年朋友们一个公开公平展现心灵写作的善美舞台。

网络是新世纪的弘法传教的利器,佛光山全球资讯网每天有即时新闻暨佛学各项常识内容,一年计有百万人上网观看。此外,香港佛香讲堂开设佛香数位网络电台,透过佛教梵呗与人间音缘的歌曲,带给尘嚣苦恼的世间一份清净与希望。

我在《讲义》杂志发表的《梅约医院检查记》、《关键时刻》、《人生路》、《弘法》、《苦行》、《外婆》等十四篇文章,是我一甲子行过的人生路,为了佛教安忍于人间冷暖与他人毁誉中一点点的体会。承讲义堂结集成书,定名为《合掌人生》,"合掌"取意于我一生全心全意以佛教为命,并至诚恳切感谢十方檀那护法的心情写照。

六月,我到印尼棉兰、新加坡、马来西亚等地,进行近半个月的云水弘法。这期间,我为佛光协会干部开示人生所需,也在佛光菩提眷属祝福礼上谈夫妇相处之道。与大马交通部长拿督翁诗杰谈论管理与和谐,鼓励发心皈依三宝的信众要勇敢承担"我是佛"。当地媒体的关注与报导,让我深刻体会到人心需要佛法的滋润,信众们一幕幕虔诚求法的景象,让我甘愿席不暇暖,忘却长途航程之疲累。

动荡不安的社会人心,急需佛法的安定力量。因此就时下趋势,以我七十多年对佛法的体会,为台湾教师生命教育禅修研习营讲"佛陀的教育法",为佛光会干部说"我能为佛光会做些什么",为信徒开示"梁皇宝忏的缘起与拜忏的意义",于中国佛学院讲"和谐",在社区大学联谊会上讲说"佛教与现代"、"佛教问题探讨"、"佛光山的人与事"等。

十一月七日,我应邀出席"巨赞法师百年诞辰纪念",并有幸参与大师纪念公园落成。遥想当年,大师满腔护教的热忱,在一九四九年,他作为唯一的僧人代表登上天安门城楼出席典礼,为建设

应邀出席"巨赞法师百年诞辰纪念"(二〇一二年)

新中国不惜个人毁誉,毕生为革新佛教奔波,为大法弘传个人身命置之度外。大师虽已远去,他的精神、他的发心、他的宏愿、他的勇敢,永作后世如来佛子的典范。

如果说文化是甘泉雨露,那教育便是良田种子。九月,台东均一中小学举行校舍新建工程安基典礼,希望为东台湾的教育尽一分心力。此外,讲义堂有意将"Power 教师奖"转给佛光山接办,我想可以把奖金提高,以鼓励更多教师在作育人才上极力发挥创意。媒体的教育力量也是不容轻忽的,因此我计划发起"真善美媒体奖",希望媒体多多重视报导人间的真善美。

南非南华寺为协助贫穷地区居民学得一技之长,举办为期两个月的电脑训练营;凤山讲堂推出佛光山女青年社福菁英讲习会,提供知识青年游学打工的机会;马来西亚沙巴禅净中心和新加坡佛光山分别举办佛学会考;中华佛光青年总团则策划马来西亚弘法之旅及巡回青年座谈,在各项培训课程与座谈中增长青年学子的国际视野与胸怀。

佛光山每年举办的人间佛教学术研讨会、人间佛教阅读研讨会、翰林学人联谊会、社区大学师生联谊会、全台教师生命研习营、佛教文献与文学国际学术研讨会等,行佛所行,人间佛教的奉行者应为建设一个清净善美的人间净土而精进努力。

以英语弘法为当代挡不住的思潮。今年二月、四月由佛光大学佛教学院主办的"世界佛学英文巡回讲座"至菲律宾马尼拉、宿雾、新加坡、马来西亚,与当地的大学青年学生作佛学交流。此次英文巡回座谈获得当地大学学府的肯定,并促进天主教与佛教的交流。佛教需要青年的热力,带团的妙光、妙哲、妙净等为硕士班学生,佛教学院全程皆以英文教学,期望未来佛法深化世界各地,走向国际化的新世代。

对于接引大专青年学子具有国际宏观,佛光山国际促进会计划举办"国际英语佛学生活体验营",五天四夜课程以英语授课,让青年朋友们兼具英语的能力与佛学的内涵。

寺院是人生的加油站,是开发心灵能源的学校,道场提供广大民众多元化的学习。如欧洲各道场的"日日是好日——茶禅悦乐",让欧洲人士饱餐茶香与禅味之美;中天寺举办以英文皈依三宝甘露灌顶典礼,度化当地澳大利亚人士;非洲刚果两百多位信众皈依佛门。再者,佛光山、高雄神威天台山合办的"高雄县世界素食烹饪大赛",让民众经由酥酡美味,尝到无上法味。美国探索频道(Discovery Channel)"世界最佳美食"栏目及美食高清频道(Food Network Asia HD),也到佛光山拍摄佛门过堂仪轨过程。显见方便有多门,佛法在因应不同时代的人心,应有走出去的胸襟,贴近民众的心理需求。

佛光山虽以文化教育为净化人心的主要工作，但慈善救济亦勉力而为。五月初热带气旋重创缅甸，导致数万人伤亡，闻讯后我即刻要泰国曼谷文教中心与当地佛光会员全力投入救灾工作。不久，四川汶川又发生空前大地震，佛光山与佛光会中华总会随即捐助人民币一千万元，并成立"救灾指挥中心"，由慈容、觉培法师担任总指挥，整合全球资源赈灾。各地别分院则设置超荐牌位和消灾禄位，举行"为四川大地震灾民祈福法会"，祈愿借由众人念佛力回向伤亡，祈求生者奋起再出发，亡者得到冥福。

此外，慈悲基金会执行长觉弘法师带领中华总会中区协会会长陈嘉隆、桃竹苗协会会长朱唐妹居士组成的救援队和马来西亚国家佛光搜救队等，他们深入四川地震重灾区，捐助轮椅、救护车，赞助兴建三昧水慈善医院、中兴卫生院、彰明中学、木鱼中学。以"救援、医疗、民生物资、关怀"四合一救灾计划，秉持建设组合屋、成立心灵辅导站、重建学校三大方向，长期进行重建灾区工作。给予他们物质援助，尤其给予精神抚慰及家园重建更是赈灾的重点。

缅甸、四川的救灾，佛光山大众皆是以报恩的谦卑心意勉力为之，佛经言："上报四重恩。"一切众生都曾为我父母亲眷善友，感恩图报是人人应尽的本分。而鉴于经济不景气波及孩童教育问题，全球各地佛光山道场举办了"关怀贫童园游会"，将所得善款作为贫童助学之用；举办"佛光清寒助学金暨轮椅捐慈善斋宴"、"四十小时饥饿募款活动"等；而为了响应世界节能减碳运动，也举办"佛光丛林"造林计划、"响应节能新生活运动，提倡素食文化"、脚踏车之旅，走入社区呼吁居民用实际行动来积极参与。因为，我们只有一个地球，要以惜福的心来响应及推动环保活动。

去年九月，人间卫视请我录制"佛光山开山记"，介绍了六十五个景物与建筑的历史。四天的时间,我们走过大悲殿、麻竹园、菩提路到云居楼、选佛场,再次走过佛光山的每一步,回顾开山前开山后这数十载的历程,心中有着数不尽对信众们的感谢,期望徒众能以"我是佛光山",爱惜这一草一木得来不易,一粥一饭众缘成就,效法先贤以为典范,并以继往开来的发心,延续如来慧命。

没有诸位檀那长期护持,就没有今日的佛光山与遍及五大洲的佛教弘法事业。为了感谢信徒的厚德,去年恢复睽违多年的信徒香会,有逾五万护法信众自世界各地海会云集佛光山。万人朝山闻法,皈依受戒,正如我在会上对大家所说的,感谢各位护持,佛光山也愿为大家添油香;希望来到佛光山,人人都能把佛法、把平安吉祥带回家。

佛法与平安都是财富。二〇〇八年国际佛光会世界会员代表大会上,我以"菩萨与义工"发表主题演说,分四点说明:"菩萨是众生的义工,义工是人间的菩萨"、"菩萨倒驾为了度众,义工修行为成菩提"、"菩萨永为苦海舟航,义工常作不请之友"、"菩萨修证阶位不同,义工奉献层次有别",勉励佛光人效法菩萨义工的精神,以慈悲心普施饶益,以平等心利乐有情。

初冬,南国之境的佛光山依然暖阳高照。十一月二十三日在本山的成佛大道举行第二届"世界佛教论坛新闻发布暨鸣钟祈福仪式"。上午十时,法鼓山、慈济、华梵、灵岩山、"中华佛教居士会"等,近百位台湾重要的佛教团体代表均出席参加盛会。是日万里无云,此时此刻,台湾、香港、江苏无锡三地同时鸣钟,为世界祈祝干戈永息,人民安乐。明年第二届"世界佛教论坛",由中国佛教协会、"中华宗教文化交流协会"、国际佛光会、香港佛教联合会共同主办,大陆开幕,台湾闭幕,这将是海峡两岸佛教史上的一大里程碑。这场盛会象征两岸三地佛教历史的一大融和,透过会谈研议,为世界佛教开拓新的交流契机。

二〇〇八年十二月,我飞往美国西来寺,主持为西来寺落成二十周年举办的"国际万缘三坛大戒",祈愿新生佛门龙象能发起大愿心,为佛教的未来永作护法长城,永不退票地在佛门里安身立命。大法西来,西来寺的一砖一瓦是前人筚路蓝缕,历经血泪辛酸,才有今日的殿宇辉煌。

逝水如斯,不再复返。普贤菩萨说:"是日已过,命亦随减,如少水鱼,斯有何乐?"回顾过去,展望未来,我这耄耋老人,举步愈加蹒跚,体力日益衰弱,但学习临济禅师亲身种植行树,只为后人添几分景致。而我一生百年树人,唯愿佛教的未来接棒有人,正法永续,法水长流。行佛所行,是我没有动摇的信念;为了佛教,舍我其谁,这份发心,生生世世永不改变。

新的一年,《佛光大藏经》的编辑工作由佛光山的弟子们发心承担,祈愿佛光人发挥集体创作的精神,三年内完成十六部全藏的辑录;为了让讲师有可依据的教科书,我发起编辑"金玉满堂"传教教材;在《人间福报》刊登三年的《人间万事》专栏结集出书等,希望这些文字供养能让大家有佛法上的受用,也是我上报佛恩的一点心意。愿此一瓣心香,如曼陀罗华,能遍洒三千法界,闻者、随喜者都能同沾法益。

众所引颈企望的佛陀纪念馆,希望明年主馆能完工。这座占地五千坪的纪念馆供奉着佛牙舍利暨佛陀的纪念文物等,四周设计有典雅的四圣谛塔、八正道石塔、经幢等,后有美丽的灵鹫山及恒河景观,完成后将成为全世界瞻仰佛陀的中心,以此阐扬佛陀伟大的思想,报答佛陀盛大的恩泽,同时让大众借以思慕佛陀崇高的人格,并效法佛陀行化五印度的悲心弘愿。

今年我为大众题下的春联为"生耕致富",三世诸佛皆在人间成佛，诸大菩萨是在奉献中累积功德财富。一块田地要有生机才会有收获，我们要善护菩提心，广结善缘，才能自他成就，共成佛道！

佛光山一年四季如春，灵山处处七重行树，微风吹动而梵音歌吟不绝。每次我弘法行脚回到佛光山，仰望星月如是灿烂，俯首花海如是嫣红姹紫。法尔如是，自家珍宝本是心中流出，不假他人。祈愿诸位入灵山一游，能意会昔日佛陀拈花一笑之妙意，能照见人人本具的无量功德法财！

星云 合十

二〇〇九年一月一日

威德福海

二〇一〇庚寅年慶

二〇一〇年新春告白

我趁着各种空隙,
日日拈笔濡墨,
写下八千多幅字,
我自认笔下龙凤从来不堪与名家相比,
听说多少人求字、求法,为了给人欢喜,
因而不揣浅陋地振笔疾"书"。
由于我四十多年的糖尿病,
导致眼底钙化,
在视力微弱下,
只能凭着心里的衡量,
一气呵成,一笔到底不容间断;
因为只要中途停顿,
就会看不清、抓不准笔画而难以完成了,
所以我就定名为"一笔字"。

各位护法、朋友们,大家吉祥!

时光荏苒,又是腊尽春回时,祈祝檀那信施新春平安!

在时光的烟云中,人间万象永远都是悲喜交叠。和往年一样,二〇〇九年我依然没有停下云水的脚步,学习佛陀行化人间的精神。所不同的是,为佛教大事也,无暇顾及色身,虽然视力大幅衰退,我总想着不能辜负信施的发心护持,而更加紧弘法的脚步,却因此觉得心眼愈加明亮,这也算是另一种收获了。

检视二〇〇九年,有令人振奋的一页历史,也有教人悲恸的人间一面;八月八日,"莫拉克"台风毫不留情地肆虐,台湾发生了五十年来最惨重的风灾,仅仅三天时间,就使得南台湾数十个乡镇陷入水灾的困境,千百户人家骨肉失散、家园倾毁,"天地不仁,以万物为刍狗",世人何忍哉?

我在海外获悉消息，心知救灾不能等，即刻打电话回佛光山，指示成立佛光山救灾中心，全球道场同步设立超荐及消灾牌位，并在第一时间捐出一千万元给"内政部"，作为赈灾专款使用。其后"中华宗教文化交流协会"和大陆的中国佛教协会分别捐款人民币五百万元，指定由我代为转交"内政部"。

我人虽不在台湾，但心系灾民，一时也无法安心作息，乃撰写"为莫拉克台风水灾灾情祈愿文"以为祝祷。佛光山福慧家园及旗山禅净中心，在高雄县政府的属意下，设立了让灾民备感温馨的安置所。此外，普门中学提供大楼校舍让那玛夏乡的学生能顺利开学；南华大学招募学生担任义工，前往灾区协助整理校园；佛光山各别分院号召所有信众，无论是提供便当、物资、人力、捐血、医疗、心灵辅导等等，无不是秉持"人饥己饥，人溺己溺"的同理心，如同在帮助父母手足一样，不计付出地去做。

我常说，只要事情能圆满，成功不必在我！让我感到欣慰的是，作为佛光山护法、佛光会会员的大家，在这次救灾中都做到了。八月三十日，高雄县政府举行一场"八八水灾高雄县各大宗教联合祈福祝祷大会"，单国玺枢机主教、各宗教人士和朝野两党的指导长官，以及参与其中的佛光会员们，万人云集凤山卫武营，以各自的宗教信仰虔心为灾民默哀、祝祷。一场大会，宗教慈心悯众与和谐精神显露无遗，让世人瞩目。

阳春三月，另一个令世界击节赞赏的宗教盛会——第二届"世界佛教论坛"，由中国佛教协会、"中华宗教文化交流协会"、国际佛光会、香港佛教联合会共同主办，于江苏无锡开幕、在台北闭幕。计有汉传、南传、藏传等六十个国家地区，上千位佛教领袖、学者与大德居士参加。五天的会议，以"和谐世界，众缘和合"为主的十六个议题，分别在无锡灵山与台湾各寺院道场进行分组研讨。

主办者之一的国际佛光会,在这次活动中,负责台湾的主要行政规划,发挥了纯熟的活动能力,让来台的七百多位贵宾,对台湾佛教高水准的软实力刮目相看。我在机场迎接大家到台湾进行后半场论坛,与每位贵宾一一握手当中,感受每个人脸上溢于言表的欣喜之情,我知道:这次论坛的成功,在相互"尊重"、"对等"的原则下,不只创下两岸宗教首次直航包机的历史,更是推进了两岸与世界和平的脚程。

五月十日,由"环保署"、国际佛光会中华总会与佛光山寺共同主办的"法定佛诞节暨母亲节"浴佛法会,史无前例地在凯达格兰大道上庄严登场。自一九九九年李登辉先生正式宣布,将佛诞节订为法定假日,到二〇〇九正值十周年,距离我最初为佛诞节争取为法定假日,也有五十年了,我有感而发,写下"千僧万众祝佛诞,一心十愿报母恩"作为这次庆祝活动的主题。

那天烈日高悬,仍有十万人涌进凯道浴佛、祈愿。承蒙马英九先生、国民党主席吴伯雄、台北市长郝龙斌、联合国NGO和平促进会发言人吉娜·奥特(Gina Otto)女士,与各宗教界代表等嘉宾光临参加,共享佛陀的庇佑,甚至天主教梵蒂冈教廷特地从海外传来祝贺之意。佛教的祥和气氛,让一向被用来当做抗议、政争的凯道,化戾气为和平,写下不凡的史页,因而奠定了政府对佛光山再去凯道庆祝佛诞节的信心。同时,在南半球新西兰北岛佛光山,总理约翰·基也亲临浴佛,吸引了全新西兰各大媒体争相采访,也为佛教史添上一笔佳话。我们期盼,将来每一年都能到凯达格兰大道上举办佛诞节浴佛法会,让万千信众的欢喜祈求能带给台湾和平进步。

九月九日,韩国通度寺赠送佛光山一袭佛陀金襕袈裟,并由僧众、信徒百位护送至台湾。当天佛光山僧信两序排开,从菩提路迎

韩国通度寺赠送佛陀金襕袈裟给佛光山,两序大众列队迎请(二〇〇九年九月九日)

请至大雄宝殿,隆重举行"恭迎韩国通度寺佛陀金襕袈裟仪式"。这是继一九八二年两寺缔结成为兄弟寺,二十七年后再结殊胜法缘。未来金襕袈裟将恭奉在佛陀纪念馆,让全世界佛教徒瞻仰礼拜。

同这一天,泰国第一座唐式建筑"泰华寺"也举行奠基仪式。仪式由泰国僧王颂德雅纳桑瓦喇尊者和国际佛光会中华总会总会长心定和尚主持。寺内除了规划佛学院、译经处、大殿等仿唐式建筑外,象征南北传佛教融和的菩萨钟楼、罗汉鼓楼也将高高耸立,恒久击叩着佛教的梵乐法音。

揽笔至此,要向大家报告一件千载难得的盛事:以四方形基座象征"四圣谛"的佛陀纪念馆,周围有八座宝塔烘托,分别为"一教、二众、三好、四给、五和、六度、七诫、八道",表示做人基本修行的"八正道"。主体建筑里有四个地宫收藏世界各地佛陀宝物和信徒文物;容纳万人的大会堂竖立一尊百米高的铜佛坐像,象征佛

国际佛光会中华总会总会长心定和尚为泰国第一座唐式建筑"泰华寺"的建地洒净(二〇〇九年九月九日)

陀"伟大与崇高"……种种规划,无非希望再现佛陀说法景象,让每一位前来参访的人都能睹景而生起渴求佛法的道心。

为了让信众的愿力道心,能具体与佛陀同在,佛陀纪念馆筹建委员会发起"百万心经入法身"全球信众抄经活动,要征集百万人的写经,奉纳在佛陀的法身中,留存千载。活动至今,已有数十万人报名参加了!

"封人"以后,我仍然席不暇暖地为佛教之发展常作佛事,也不时在心中构思着更适合现代人的弘法方式。纵观时下趋势与人心所向,我指示佛光山各相关单位开办生活美学班、行政秘书班,以四个月为一期,聘请优良的专业师资,免费提供未婚青年一个培训专长的机会。案例成功后,去年又陆续开办了编藏人才培训班、餐旅服务人员培训班及传播媒体培训班,旨在培育具专业素养的青年人才,同时提供怀抱理想的青年更多元的学习场域,在佛门里大展长才。

继"扬州讲坛"于大陆造成热潮后,在赵辜怀箴女士大力奔走下,"中美文化讲坛"在休斯敦中美寺开讲。先后邀请到白先勇、于丹、叶笃行、心定和尚、依空法师等,分别就文化、艺术、佛学及医学等题为当地华人和西方人士讲说,场场都深获好评。值得一提的是,甫落成的美洲休斯敦中美寺有了新住持,十一月,我为来自南京栖霞山的住持隆相和尚,主持"中美寺住持晋山升座典礼"。我一生不怕给人,对我来说,这是"得人",是大陆佛教走出去的契机,也是我和大陆法缘的延伸。为此,赵元修先生发心捐赠一千万美元,继续护持中美寺的工程。

也是在初秋时节,我授衣传法给北普陀山方丈、辽宁省佛教协会副会长道极法师,及河北省佛教协会副会长真广法师,这是大陆佛教界继隆相和尚后成为临济宗第四十九代传人。接着,应吉林大学及长春般若寺邀请,到哈尔滨的宝圣寺、净觉寺,及倓虚大师创建的天台宗道场——极乐寺讲说佛法,也应邀参加青海市灵珠山菩提寺落成典礼,为方丈明哲长老"送座"。

随后即辗转赶往吉隆坡,主持一场三皈五戒法会及千人读书会,之后参与十一月十七到二十一日国际佛光会世界总会在新马泰举办的理监事会议。此次会议在邮轮上举行,我以"人间佛教"是"家庭和顺、人我和敬、社会和谐、世界和平"四点,勉励与会四千多名干部,大家肩负起接引青年、护持佛法、净化世界和广度众生的使命,发扬佛说的、人要的、净化的、善美的、欢喜的、快乐的、安全的,能够增加人类幸福的"人间佛教",让普世人类也可以来共同分享。

从初秋到深秋,几月来一路仆仆风尘,走访东北、山东和新马泰等地,山水明媚、风景秀丽与浓厚的人情味,但最美的仍是当地

为南京栖霞山的住持隆相和尚,于美洲休斯敦中美寺主持"中美寺住持晋山升座典礼"(二〇〇九年十一月)

人求法若渴的信仰,不时地感动在心。由此回想去年初,到访河南洛阳白马寺,并题写"华夏首刹";登上嵩山少林寺,实践多年发下必到少林寺参礼的心愿,为少林武僧随缘讲话;在南京古鸡鸣寺,为佛学院和设立于北京法源寺的中国佛学院学僧和信众讲"和谐"的真义。

弘法讲说、课徒会客之余,为了使出家人了解立足现代所应建立的观念和思想,我以三个月时间录制一百零四集的《僧事百讲》。由慈惠法师提问,我将曾经在丛林参学时期对僧事所见、所闻、所学,与对佛教丛林未来发展的心中远景,透过影像"传"给佛光山僧信和十方大众,作为住持寺院、建寺安僧、弘法度众及认识佛教的教材。

八月一整月,我趁着各种空隙,日日拈笔濡墨,写下八千多幅字,我自认笔下龙凤从来不堪与名家相比,听说多少人求字、求法,为了给人欢喜,因而不揣浅陋地振笔疾"书"。由于我四十多年的糖尿病,导致眼底钙化,在视力微弱下,只能凭着心里的衡量,一气

二〇一〇年新春告白

以三个月时间录制一百零四集的《僧事百讲》

呵成,一笔到底不容间断;因为只要中途停顿,就会看不清、抓不准笔画而难以完成了,所以我就定名为"一笔字"。承蒙各界看得起,为这七千多幅字,办了"一笔字"墨迹展,十月十三日从马来西亚开始,接着是新加坡、台北、佛光山、台南、台中、高雄等地巡展,义卖所得将全数捐给"公益信托教育基金"。

这个公益信托基金于二〇〇八年成立,委由银行管理,办理各项公益活动,如"Power 教师奖"、"真善美新闻贡献奖"及赞助南京大学增设中华文化研究所等。首届"真善美新闻贡献奖"于十一月举行颁奖典礼,分别颁发给成舍我、徐佳士、黄年和南方朔,这四位对新闻工作有相当贡献的资深媒体人。这一次"抛砖"只是一个开始,相信未来能引发新闻事业更多真善美的音声。

此外,去年也拍摄了"佛光山的故事",在《人间福报》三年刊登圆满的《人间万事》结集成十二册;五十五册的《法华藏》、法文版《人间佛教的戒定慧》、尼泊尔版《佛光菜根谭》、《往事百语》电

人间卫视出版《僧事百讲》DVD（慧延法师摄）

子版等出版品陆续问世。意大利插画家朱里安诺将我阐释心经的小故事，借由《绘本心经》，在儿童的小心田里，将佛法扎根。在灵感偶发时，也作了一首"云湖之歌"抒发我对祖庭大觉寺旁云湖景物的感怀，歌词是这样的：

> 山明水秀　烟雨朦胧
> 宜兴的云湖在群山之中
> 向东是百里洋场的上海
> 向西是六朝繁华的金陵
> 南有杭城　北有扬州
> 要与宜兴的陶都媲美
> 要与宜兴的竹海争胜……

感谢刘家昌先生谱曲，曲调十分优美动听，把歌词的意境传达得淋漓尽致，哼唱之间仿佛云湖之美近在咫尺。

二〇〇八年上海大觉文化正式成立至今，欣见大陆对人间佛教的渴求，在和当地出版单位合作下，已出版简体字版的《佛学教科书》、《人间佛教书系》、《佛光菜根谭》、《迷悟之间》、《谈读书》等著作，在当当网、博库图书网、《亚洲周刊》热门文化指标、《新京报》等新书排行都是榜上有名，持续不坠。而在美国国际书展、加拿大街头晒书活动、法兰克福国际书展、上海台商庙会等国际书展上，佛光山各类出版品也大放异彩。

普门中学体操队一直以来表现优异，去年代表高雄县参加全中运，拿下国女及高女组团体双料冠军，连续四年拔得头筹；女篮队勇夺"二〇〇九年全台高中篮球甲级联赛"冠军杯；由佛光山申请成立的"三好体育协会"，也在五月通过"内政部"核准正式立案，这是一个以推广全民体育运动，净化社会风气为宗旨的协会，经由各项运动竞技活动来接引青年学佛。

我更积极推动校园三好运动，鼓励学生做好事、说好话、存好心，佛光会未来也计划每年选出一百户"佛光三好人家"，每户十万元作为鼓励与回馈，以此慢慢建立起三好校园、三好家庭、三好社会。

前香港大学副校长李焯芬博士接任西来大学校长，均头中小学由田正美校长接任。坐落于台东的均一中小学校舍于八月启用，首度招生即额满，相信在曾汉塘校长带领下能打造一个三好校园，培育出三好学生。佛光大学与韩国国立庆尚大学签订"学术交流合约"及"双联学制"，并和西来大学签订学术交流合约。南华大学也与河南平顶山学院签署协议书，聘用双方教师为客座教授，并进行学生交流。连接嘉义大林镇与南华大学的"南华路"，于七月举行通车启用，是台湾第一条以学校名称命名的道路。

在凤凰花开的六月，来自南非、阿根廷、加拿大、新加坡、马来西亚、泰国等八个国家的第一届英文佛学硕士，于佛光大学佛教学院取得学位；而从一九九四年开办至今的胜鬘书院，计二十二期的历届毕业生也回到佛光山大团圆，在十五周年联谊会上畅谈未来的"选择"。

台北佛光合唱团参加在韩国举行的"世界奥林匹克合唱团锦标赛"，在数百个合唱团中脱颖而出，拿下宗教音乐组银牌。如是我闻出版的《慈悲三昧水忏》，荣获"第二十届金曲奖传统暨艺术类"活动颁赠"最佳宗教音乐专辑奖"；《人间万事》获第三届金印奖图书印刷类第一名殊荣。另外，我也受中山大学颁赠荣誉文学博士学位，做了中山大学的"毕业生"。六十年前，我来到台湾至宜兰住持弘法；半个世纪后，幸得宜兰县、市长颁给我"荣誉县民"与"荣誉市民"暨"荣誉市钥"。

一甲子的岁月，弘法的脚程由宜兰逐步行遍五大洲，全球各地的佛光山别分院就像转动不息的法轮，昼夜为弘扬佛法而转动。

建寺十五年的温哥华佛光山首传在家五戒菩萨戒戒会；西来寺举办首届"汉传佛经翻译会议"，在举行三坛大戒期间同时启建一场万缘水陆法会；佛香讲堂举办消灾祈福大悲忏法会，有三千人参与；宜兴大觉寺举办第一届徒众亲属会，喜气非常；南非南华寺通过申请免捐赠税，"佛光山南华寺"由此取代"南非佛教协会IBASA"寺庙运作；中天寺及国际佛光会昆士兰协会，分别获得洛根市政府多元文化团体奖及洛根市教育奖。

四月，南屏别院落成启用，奥地利维也纳佛光山道场举行安基典礼；十月，墨尔本博士山佛光缘举行安基典礼；芝加哥禅净中心、西班牙佛光山道场也相继落成启用。

一年残冬一年春，冬天过去，春暖花开，《人间福报》即将届满十周年，在新的一年，我也将持续以"一笔字"与有缘人共勉，而"百万心经入法身"活动，仍然热烈进行着……总之，法轮常转是

二〇〇九年国际佛光会世界总会第四届第五次理事会议。十月十八日来自世界各地的一千六百位佛光人搭乘邮轮从新加坡出发,路[经]来西亚槟城、泰国普吉岛等地区。我将邮轮比喻为西方极乐世界的西方船,因为早晨清风徐来,气候宜人,音乐和鸣,楼阁亭台都[自]在逍遥,任何时候都能聆听佛法(蔡荣丰摄)

(接背面)

佛弟子夙夜匪懈的使命。由于二〇一〇年岁次属"虎",我为檀施写下"威德福海"春联,祈愿人间祥和如沐慈光福海之中;众生和谐共存,彼此互惠,尽未来际。祝福大家!

星云 合十
二〇一〇年元月一日

巧智慧心

二○二一辛卯年慶

二〇一一年新春告白

去年一整年,
为祖庭复兴及各地的讲演和邀约,
我像织布机上的梭子往返两岸,
从北京到南京,
从西南到东北,
八十四岁的身躯,
时感力不从心,
但想到十三亿同文同种的中华儿女,
历经大时代动荡,
心灵需要更多的资粮,
力量就跃然涌现,
不知老之既至,
再多的疲累也烟消云散。

各位护法、朋友们,新春吉祥!

年年岁尽春绿,大地演绎着"诸行无常"的法则,却也提供一番新气象,让人除旧布新,检讨过去,放眼未来。

昨年,仍是忙碌的一年。可能早上才到佛陀纪念馆关心工程,下午已飞抵南京;有时,上午写的一笔字墨迹未干,下午又赴港出席活动……徒众告诉我,去年出席邀约的讲话有一百二十余讲,与客见面一百五十余会,电视、电台、媒体采访三十余回,其他应邀的课徒、工程、活动、法会、大小议事、素斋谈禅、三皈五戒典礼等也有百余场。此外,每日《人间福报》的专栏撰文、随喜讲话、报章文稿、勘察等,甚至在各地机场的进出,已数不清几趟。也承蒙各界鼓励,获得"香港大学社会科学名誉博士"等五种奖项,我常说"人是一个、命是一条、心是一点",不是不擅于拒绝,只是不忍众

二〇一一年新春告白

主持"珍宝入地宫"法会（慧延法师摄）

生。即便如此，作为一介僧侣，"非佛不作"是本山的坚持，佛光山的徒众和全球佛光人，都应奉为圭臬。

说到佛陀纪念馆，只要我人在本山，一得空便前往巡视。徒众笑我不只一日看三回，甚至是百看不厌。这是集合"千家寺院、百万人士"共同成就的佛教圣地，经过十年的酝酿、两年多的日夜赶工，预计年底完成。为庆祝此一盛事，今年农历春节初一到初五，将再度举办"地宫珍宝入宫法会"，为后代子孙珍藏这个时代的文物。同时，为了庆祝辛亥革命百年，"文建会"决定于今年联合各宗教举办"爱与和平宗教祈福大会"，欢迎大家共襄盛举。

"一笔字"墨迹展，去年巡回高雄、嘉义、宜兰、香港以及日本、澳新等地，在台北"国父纪念馆"展出后，承蒙郑乃文馆长将"给人信心、给人欢喜、给人希望、给人方便"悬挂于馆内大厅，而北京中国美术馆和甫于维也纳联合国总部、奥地利国家美术馆的展览，都创下佛教文化首度登上该馆展出的纪录。我今年八十五岁,见过多少场面,对于自己的字展出来给大家看,仍然感到愧不敢当。承蒙大众不嫌弃,今年也将在台北历史博物馆以及天津、西安、江西等地展出。我无法像剖心罗汉一样,运用神通把心挖出来给大家,不管如何,请大家不要看我的字,不要看我的人,看我的心就好;甚至也不要看我的心,要看佛法。

我知道大家将我的字带回家,有的是从字里领悟法义,有的是作为子女的传家宝,有的是为赞助"公益信托教育基金"而欢喜结缘。为不辜负大家的美意,我努力蘸墨挥毫,不管云水到哪里,一笔字成为我的功课,希望为社会公益尽一份绵薄之力。

"公益信托教育基金"去年举办第十届"Power 卓越教师奖",奖励优良教师,创造更好的教育品质,以及第二届"真善美新闻传播贡献奖",鼓励新闻传播媒体务求"真"实,发扬"善"事,来创造"美"好的社会,改造充斥腥膻的环境。欣慰的是,颁奖典礼中,来自两岸、香港及新、马等地媒体人济济一堂,平时为了抢新闻、搏版面,当天转为一片祥和,誓言为媒体环保而努力。接下来,公益基金还将策划一系列的三好人家、三好校园、文学奖等各种奖项,鼓励净化社会的使命早日达成。

说到环保,地球体质恶化的程度一年比一年严重,为此,去年四月,我应邀与高希均教授、陈文茜女士、"环保署长"沈世宏以及挪威能源国际部门环保顾问伊恩珠(Allison Eun Joo Yi)共同出席"全民环保・抢救地球"国际论坛。而由佛光山策划、凤凰卫视执行制作的纪录片《地球的温度》,胜过 CNN、BBC 等其他入围作品,在伦敦摘走由国际广播协会主办"二〇一〇年最佳国际传媒奖"中最受瞩目的"人民选择奖"(People's Choice)。

此外,十月"国际佛光会二〇一〇年世界会员代表大会",我把主题订为"环保与心保"。凡我佛光人都应积极成为"环保与心保"的尖兵,只要人人有心、有愿,每个人发挥力量,就可以减轻地球恶化的程度,将二十一世纪建设成为身心环保的美好时代。

比起前年的全球重大天灾,去年需要复原的地方虽然稍获喘息,遗憾的是,仍传出严重的灾难:四月,青海玉树发生规模七点一级大地震,当地民房几近全毁,消息传来,想到多少人遭受亲人离散之苦,或是陷在惊惶失措之中,于是我撰写《为青海玉树大地震祈愿文》,同时发起全球各寺院道场、佛光人于早晚课诵中,为生者祝愿,为亡者祝祷。

八月,菲律宾马尼拉发生骇人听闻的挟持观光巴士事件,香港旅游团成员多人被袭击,菲律宾佛光会员及佛光山万年寺即时组织起来,分头赶赴各大医院探望慰问受难者,并前往事发现场为罹难者超度。在现场千人的法会上,马尼拉市长梅耶·利姆、菲律宾政府官要、菲华商联总会代表也列席参与,感念佛光人在最短的时间闻声救苦。

九月,"凡那比"台风使得大高雄遭受严重水患,接着十月二十二日,"梅姬"台风重创宜兰苏澳,佛光山慈悲基金会与南屏别院、兰阳别院、仁爱之家等,马上会同会员,兵分多路冒着风雨涉水慰问灾民,尤其仁爱之家立即成立安置中心,给予灾民照顾,佛光人则负责供应大量便当。虽然我们不愿意这些情况发生,也衷心期盼不再有灾难的出现,但仍然要感谢全球各地佛光人的行动力,"有您真好!"

再说到教育与文化,几件好消息与大家分享:佛光山文教基金会与香港中文大学成立的"人间佛教研究中心",进入第二个五年合作计划;南京大学为研究弘扬中华传统文化成立了"中华文化研究院",我乐见其成,并捐出个人版税所得三千万以建设"佛光

应邀至南京大学出席"中华文化研究院大楼"(佛光楼)奠基典礼(妙香法师摄)

楼"。此外,经过多年筹备,南天大学获得澳大利亚政府许可,今年二月将正式招收硕士班学生。而佛光山各种培训班,如传播媒体、行政秘书、编藏人才、生活美学、蔬食餐旅、社福管理以及胜鬘书院等,也为佛教培养许多人才。

去年,创校二十年的西来大学,由前高雄中山大学副校长吴钦杉教授上任,担纲校长一职;南华大学在陈淼胜校长的努力下开始体育馆工程,完工后,全校师生将拥有一座室内活动场所。而佛光大学在创校十周年之际,除了感谢前校长翁政义先生的积极推动校务,也很荣幸邀请到前"教育部长"杨朝祥先生前来担任校长;十月,学校颁赠齐邦媛教授文学荣誉博士学位;十二月,单国玺枢机主教接下该校荣誉博士学位时,我想,天主与佛陀也会一同微笑欢喜吧。这几所结合百万人爱心创建的学校,在"佛光山百万人兴学纪念馆"完成后,将共同纪录百万人共建大学的愿心。

高雄佛教堂老信徒(右起)慈智、慈芳、慈音等三人,来山拜会(佛光山宗史馆提供,二〇一〇年八月三十日)

  文化方面,《人间福报》从办报伊始,就遵循"新知、生活、善美、净化"的目标,一路走来,已有十年,在读者、檀信的支持下,在各界的鼓励下,我们有信心再为社会发声无数个十年。

  六十年前,我以拟人化的语气介绍佛门法器出版《无声息的歌唱》,去年由香海文化重新出版;有鹿文化整理我讲经的内容,出版《般若心经的生活观》和《成就的秘诀:金刚经》,首周即进入畅销排行榜;凤凰出版中心发行《舍得》、《厚道》,及我与刘长乐先生对话的《包容的智慧(二):修好这颗心》等,也获得不少回响,可见文字能让佛法与时俱进,契合每一个时代人心的需求。

  这一年来会客无数,多少社会各界人士、学者专家、大德,皆是来时欢迎去时相送,其中早年跟随我学佛的慈芳(孙阿幸)、慈音(杨春莲)、慈智(陈秀足)联袂来山。她们从一九五三年我自宜兰应邀到高雄讲经,即一师一道至今,数十年未见,一见面,我仍可以一一叫出名字。回想五十多年前,我一面顾念宜兰念佛会,一面筹建高雄佛教堂,南北奔波,当时她们还是年轻小姐,却能放下俗务,

二○一○年"扬州讲坛"首场讲座,受邀讲演"我怎样走向世界"

帮忙打理一切都在草创阶段的高雄佛教堂,实属难得,也同时见证高雄佛教堂开创的历史。

"佛光祖庭"宜兴大觉寺第二期建设,可望在今年完成。巍峨的大雄宝殿供奉玉佛,双边有香木宝塔和东方琉璃世界、西方极乐净土的彩绘玉雕。整座寺院矗立在狮山、鲸山和元宝山之中,加之云湖、竹海环绕,一派恢宏气势,兼容江南秀丽景致,我特别题词:"一佛二塔两世界,三面白玉世间解;万千僧信修福慧,五洲七众十方来。"未来将继续佛陀行化图、十八罗汉和多宝佛塔等工程。

感谢大家的爱护,扬州鉴真图书馆开馆以来,无论是"扬州讲坛"的讲主或听者的秩序精神,都获得好评。扬州大明寺是鉴真大师的道场,十一月,扬州市政府主办"日本东大寺鉴真大和尚坐像回扬省亲恭迎法会",就在鉴真图书馆举行,为双方的文化和佛教交流史再添美丽的一页。

去年一整年,为祖庭复兴及各地的讲演和邀约,我像织布机上的梭子往返两岸,从北京到南京,从西南到东北,八十四岁的身躯,时感力不从心,但想到十三亿同文同种的中华儿女,历经大时代动荡,心灵需要更多的资粮,力量就跃然涌现,不知老之既至,再多的疲累也烟消云散。十二岁时,我因一句承诺上栖霞,春风秋雨七十年后,能有因缘报答师恩、佛恩,我只有俯首合十感谢,这一切看似奇迹,其实是来自两岸的日渐和平。

我一生提倡人间佛教,为了让佛法走进家庭、走入社会,"以共修净化人心"成为佛光山四大宗旨之一。去年四月成立"福慧家园",作为全世界推动共修的总部,今后也将成为范例,以每周设定主题方式带动全球共修的齿轮,愿大家都能行解并重、福慧具足。

去年五月,第二次在凯达格兰大道举行"千僧万众祝佛诞,一心十愿报母恩"浴佛法会。当日细雨濛濛,仿佛洒降甘露。马英九先生出席盛会向在场十万信众表示高度的祝福和肯定,并且带领与会者及各行各业代表宣誓"全民行三好运动"。借此因缘,我同时会见联合国非政府组织(NGO)HDI总裁史瓦门先生(Ralph Cwerman)及事务负责人克莱门小姐,他们在参加典礼和参访佛光山之后表示,从佛光山的早课、排班用餐当中,看到规矩与制度,这是目前西方国家所没有的;从佛光会员在全世界所做的事情提出,未来与联合国的交流可以从人道、关怀、宗教开始。今年的法定佛诞节,大家将再度在充满祥和的凯达格兰大道上相会,同为天下的母亲和佛教徒祝福。

去年的七月和八月,全球佛光人整个动起来,他们参加督导联谊暨进修课程、全民阅读博览会、理监事暨督导会长联席会议、国际佛光青年会议、全台教师佛学夏令营、短期出家修道会等,每场均有千人以上,"吉祥"的寒暄问候语此起彼落,真是"诸上善人聚会一处"。其中,尤以来自两岸和全球一百五十多个国家地区、四百多所

主持二〇一〇年四月新成立的"福慧家园共修会"（陈碧云摄）

知名大学的千位优秀青年参加"国际青年生命学习营"，最为殊胜。

九月二十四日，在三好体育协会赖维正会长推动下，和全体佛光啦啦队的加油声中，"三好篮赛·飞跃全球，二〇一〇佛光杯国际大学女子篮球邀请赛"，来自日、韩、加、大马和台湾、香港等六个国家地区八支大学球队在佛光大学怀恩馆正式对垒了。我们培训多年的女子篮球队，经教练李亨淑的指导，打出亚军的成绩。很多人知道我喜爱篮球，其实篮球是一个最慈悲的运动，它训练人勇于认错，训练团队的精神，甚至要感谢对方，因为有对手才能打球。这是一个以球会友的运动。

十月，我应基隆灵泉寺晴虚法师之邀，担任三坛大戒得戒和尚。灵泉寺是我到台湾早期到过的寺院之一，百年前，由善慧老和尚开山；晴虚法师是五十多年前我在新竹青草湖授课时的学生，既有师生之谊，又是教界盛事，于是欣然应允。之后，我兼程前往东

二〇一一年新春告白

联合国非政府组织(NGO)HDI总裁史瓦门先生到佛光山参访,并赠送礼物

京出席日本地区功德主会及干部讲习会。十二月,我应邀到南京大学、台湾大学以及上海交通大学,讲述"禅与人生"及"我的学思历程";也接受邀约出席"花博讲座",为美丽的花博尽一份力量。

"一年春尽一年春,野草山花几度新",二〇一〇匆匆已过;二〇一一,正值辛亥革命百年,祈愿护法朋友们珍惜父母生养色身的生命、回馈社会众缘成就的生命、提升自性信仰的生命、证悟法身永恒的生命,一起共建"家庭和顺、人我和敬、社会和谐、世界和平"的净土世界。祝福大家

巧智慧心

平安吉祥

星云 合十

二〇一一年元旦

龍天護佑

二〇一二壬辰年慶

二〇一二年新春告白

回忆前尘往事,
可谓有"人生一瞬"的慨叹。
我这老朽的身躯,常觉力不从心,
偶尔天光微亮,一人独坐,
庆幸佛陀的慈爱常驻心中。
想及去年点滴的弘法发展,
都是汇集众缘才能成就,
应归功于全世界的有缘人。
像日本、欧洲、澳大利亚、美加,
甚至远在南半球的南美洲、非洲等地,
已有多年没有去了,
我也很希望有重游的机会,
和一些朋友、信徒们见面,
感谢大家对佛光普照、法水长流的贡献。

各位护法、朋友们,吉祥!

人生四季,气象迁流,走过辛亥百年,迈入八十六岁的我,历经战争流离失所,饱受饥荒、朝不保夕的时日,对于现有的安和乐利,倍觉不易与珍惜。今年,我以"龙天护佑",挚诚向佛菩萨暨诸天护法祈愿,愿人民慈悲,世界和平。

过去这一年,最值得庆贺的美事,就属佛陀纪念馆的落成启用了。回想一九九八年四月,由贡噶多杰仁波切赠送的佛陀真身舍利,从印度经泰国恭迎到了台湾,这真是属于全人类的荣耀与福报。我们从最初觅地到兴建,至今已十三年。期间,几经选址的奔波、人事的周折、多次的工程会议,以及配合政府种种的法令规章,感谢佛光的加被,十方善缘的成就,所幸都能一一克服困难,佛陀纪念馆在众人的企盼与祝福下,终于正式与大众见面了。

在落成系列活动中有：国际三坛大戒、佛光大佛开光、佛陀舍利安座典礼、菩提眷属祝福礼、佛化婚礼、三好人家表扬大会、百年万佛戒会、国际佛光青年大会师，以及万众祈福法会等等，一时海会云集，真是猗欤盛哉；让台湾在国际舞台上发光，让全世界看见"千家寺院百万人士"以无私无我的精神，共同建设了清净的人间佛国。

有人问："为什么要建佛陀纪念馆？"其实，这和建设捷运、高铁一样具有划时代的意义。不同的是，捷运和高铁是硬体的建设，佛馆则是历史的、人心的、教育的、文化的建设。为了佛馆的启用，我特地于半年前集合出家、在家二众，举办服务人员的培训班，希望让所有来到这里的人都能与佛接心，身心得到净化，人格获得升华。

佛陀纪念馆南倚灵山，北邻祇园，礼敬大厅、八塔提供各项服务，本馆里面有三座殿堂、八处展览厅外，还有大觉堂可容二千人集会。另有佛光大佛一尊，通高一百零八米，庇佑大众一切吉祥如意。菩提广场上的八宗祖师、十八罗汉慈眉垂目，尤其十八罗汉像中，立有三尊女性比丘尼，实践佛陀阐述"人人皆有佛性"的真理，倡导男女平等，突破过去寺庙只设男众罗汉像的往例。四周长廊有"佛陀行化本事"、"禅画禅话"、"护生图"等，都可以作为各级学校生命教育的户外教学教材。未来不收门票，凡入山门者皆以平安粥结缘。

佛馆之美名扬四海，为此，天下文化高希均教授特别带领团队，由潘煊小姐执笔，出版《人间佛国》一书，来阐述佛陀的慈悲智慧、无私平等，让大家明白，来到佛馆，就是到了佛国，佛陀就在我们的心中。

在佛馆即将竣工之余，我应"国史馆"之邀，完成了《百年佛

缘》一书,约有七十万字,叙述我与佛教及各界的结缘,希望能提供这一百年来佛教历史的痕迹。

去年,陆续也有许多书籍的发行,如:有鹿出版社继前年《心经》、《金刚经》之后,又发行了《人海慈航:怎样知道有观世音菩萨》;另外,凤凰出版社等发行了《合掌人生》、《觉悟的生活》五十余种书。感谢大陆的政府在文化发展上,能让我的书发行于神州,让大陆同胞也能接受佛法的甘露。除此,马来西亚出版漫画版《释迦牟尼佛传》、美国翻译中心出版法文版《金刚经讲话》、英文版《成就的秘诀》,香海文化出版有声书《佛光祈愿文》、《往事百语》,以及电视弘法委员会发行《僧事百讲》光碟等。其中,英文版《六祖坛经讲话》和《金刚经与中国文化》还入选"Fore Word"杂志"年

二〇一二年新春告白

来自全球四十个国家和地区、四百余所知名大学、一千五百位硕博士生于佛光山如来殿大会堂参加"国际青年生命禅学营"（二〇一一年）

度最佳书籍奖"（Book of the Year Award），尤其《佛光菜根谭》发行一百万册以上，能够普为大众接受，实为一件幸事。

回想六十余年前，我孑然一身来到台湾，寄身于中坜圆光寺，白日劳作苦力为常住服务，更深夜静时，一灯如豆，以笔耕开启弘法之路。而今拙作在世界各地出版，我决定以版税收入成立"公益信托教育基金"，以此寸心回报大众对我的厚爱与盛情。三年多来，已颁发过卓越教师奖、真善美新闻传播奖，以及去年首度举办的三好校园实践学校评选和全球华文文学奖等项目，对于教育、文化、媒体有贡献者表扬他们的努力、风范，借以带动社会善美之风气。

而为了使公益基金长期运作，我发心写"一笔字"来义卖，不仅增加了善款，也让我广结善缘，成就各方美事。因此，不论寒暑、不计行程，晨光微亮时分，我无一日歇息，一张一张的宣纸犹如贝叶，以刺血写经的诚心写下一笔字，希望把佛陀的慈悲传播出去。

多年前，我以写字写出了一所美国西来大学，后来又以"百万人兴学"的理念，陆续创办南华、佛光及澳大利亚南天大学。半年前，这四校共同宣布成立"佛光四校一体大学系统"，由前"教育部长"，也是现任佛光大学校长杨朝祥教授担任总召集人。这是台湾第一个跨国际的大学联合系统，"一校注册，四校服务"，彼此交流，共享资源，让学生拥有多国文化的学习空间以及培养对人类关怀的胸襟。

在此同时，近年来相当关心花东发展的公益平台基金会董事长严长寿先生，由于彼此理念相近，因此我力邀他担任我们台东均一中小学董事长，将来朝双语教学及十二年学制发展，以发挥学子们的各种专长。

说到青年的教育，国际佛光青年总团成立十五周年了，去年七月，世界各地的青年聚集在澳大利亚南天寺举办了干部会议；紧接着八月，来自全球四十个国家地区、四百余所知名大学、一千五百位硕博士生，不分种族、宗教，再度齐聚佛光山参加"国际青年生命禅学营"，共同体验禅门生活。他们发愿"做好事、说好话、存好心"，透过友谊的交流，开阔视野，扩大心胸，充满了力量与希望。佛教需要青年，青年需要佛教，期盼大家以耐心、包容来接引更多的青年。

除此之外，我踏遍春花竞发的南方，走过暮冬寒露未散的北方，展开一连串与大陆各大学结缘的行程。首先，应北京大学周其凤校长之邀，来到五四运动的发源地，于校长办公楼讲述"禅文化与人生"，并且受聘为北大名誉教授。不久，周校长也率团至佛光山、佛光大学访问。我对周校长说,佛教是一种教育,寺院是四众共有,佛教从事人心的净化,可以建设和谐善美的社会。

四月,厦门大学建校九十周年,我应朱崇实校长与新闻传播学院张铭清院长之邀,在该校讲"空有之关系"。随之,再转往也有百年校龄的中山大学,许宁生校长邀我在他们的怀士堂讲"人生财富知多少"。同月底,又受澳门大学赵伟博士邀约,作一场人生与佛教的讲座。一个月之后,前往建校九十周年的江西南昌大学,接受周文斌校长颁赠名誉教授。

九月,我在鉴真图书馆"扬州讲坛",以"生涯的规划"为题谈自己人生的九个阶段,提供大家对生命观的参考。翌日,前往扬州大学与师生们"谈心",郭荣校长也颁给我佛学研究所名誉所长聘书。

这么多次的讲说当中,人生与财富是大家最关心的主题了。其实,佛教并不全然否定钱财,反而鼓励在家信众追求合理的净财。学佛不以穷苦为清高,心灵的欢喜、解脱、慈悲、智慧,才是安住身心的法财;因此,在台中、高雄、香港、台北、花莲等地的皈依典礼上,以及传授五戒菩萨戒中,我都鼓励大家用发心、行佛为自己写历史,创造人生无穷无尽的财富。

说到心灵的法财,去年"江西禅文化之行"令我印象深刻。我应江西宗教文化交流协会的邀约,巡礼了"马祖道场"南昌佑民寺,也走访净土宗祖庭庐山东林寺;我登上曹洞宗祖庭云居山真如禅寺,也参访临济宗祖庭黄檗禅寺,礼拜黄檗断际禅师祖师塔等。

想起过去禅门祖师大德的风范,不禁心有所感。禅,起源于印度,发展于中国,光大于江西,参禅学道者,一双芒鞋云水走江湖(江西、湖南),只为寻找生命的答案。未来应再发扬禅的精神,这对于安定人心、自我肯定必有很大的贡献。

　　九月底，我在探访丹顶鹤的故乡盐城之后，北访历史文化名城——山西大同，出席"云冈建窟一千六百年庆典活动"。我两去世界上最美的云冈石窟，也参访华严寺、善化寺、法华寺、佛光寺，就不难知道为什么人们要说"地下文物看陕西，地上文物看山西"了。

　　这些年来，往返两岸多次，始终不曾忘记一九八九年首次回乡探亲时，希望复兴祖庭宜兴大觉寺。这个心愿，一直到二〇〇五年才得以实现。如今大觉寺第三期工程将于今年开始，我也前去给予一些建设上的规划。

　　常有人问我，弘法五大洲之后还有什么愿望？其实，我真心盼望的，就是两岸的和平，人民的安乐，享有自由、安全、幸福的生活。

二〇一二年新春告白

佛光山二〇一一年于凯达格兰大道举行法定佛诞节暨母亲节庆祝大会

因此,我在种种活动中,不断提倡三好、五和的人生。

像去年三月,我应凤凰卫视总裁刘长乐先生之邀,在北京人民大会堂举行的"凤凰十五周年庆典晚会"上讲话。期间,也有因缘与国台办王毅主任、海协会陈云林会长、叶小文先生、王作安先生等见面。感念这些年来,这许多才华洋溢的领导人他们的情义相助,重视友谊,让我对促进两岸的和平尽一己之力。尤其,陈云林先生在大陆各地和我不只四五次的见面,王毅先生在我每到北京时,也会邀约我见面或餐叙,铭感其盛意,让我觉得对于两岸的和平往来,非要促进发展不可。

五月,我在国际佛光会中华总会荣誉总会长吴伯雄先生陪同下,第三度参加在凯达格兰大道上举行的庆祝法定佛诞节大会。

应邀在首届"马祖国际论坛"中与单国玺枢机主教(右二)、红十字总会陈长文会长(右一),就"公益与和平"议题讲座(二〇一一年八月二十五日)

萧万长先生说,佛光会连续三年在凯道举行盛会,让全世界的人看到台湾的民主自由,可谓意义深远。同时,他也肯定了佛光山提倡三好、五和,对社会净化的贡献。而在《百年中国——迷悟之间》纪录片中,我也表示,鸦片战争之后,种种事端战祸,都是源自于对立。但愿消除人我纷争,以慈悲尊重相处,这才是人民之福。

接着八月二十三日,由"文建会"号召,国际佛光会承办,在佛陀纪念馆举行"爱与和平宗教祈福大会",我与马英九先生、单国玺枢机主教共同点亮地球,和现场天主教、基督教、伊斯兰教、道教、一贯道等各宗教领袖代表、信徒,以及国际反地雷组织青年大使宋可邵小姐、伦敦威斯敏斯特署理市长马歇尔博士等三万余人,在一片灯海中,一同许下"人间有爱,世界和平"的心愿。

随后，应邀在首届"马祖国际和平论坛"中，与单国玺枢机主教、红十字总会陈长文会长，就"公益与和平"的议题发表意见。我说："公益要有人、和平要无我，透过实践三好，可以达到和平。"承蒙单主教也说："三好运动的力量，远比炮弹更具威力！"

这样宗教间的交流，让我感受人间情义的美好。除此，去年也有许多友谊的往来，好比世界华文作家协会赵淑侠、陈若曦、施叔青等近二百人，在秘书长符兆祥带领下，前来佛光山召开会员大会。文人一直为我所尊敬，他们用笔为人类写下永恒美丽的篇章，他们的精神与历史同在，与日月同光。

此外，令人欣喜的是，弟子妙乐、妙璋、觉元、觉居、如宏、妙勤、妙兆、觉禹、觉藏等邀约高雄、屏东、台北、台中、员林、台南、新竹、嘉义、苗栗等地的邻里长，如高雄市里长总主席林平达先生等数千位乡亲代表，前来参观佛陀纪念馆。我一一与之交流、讲话，希望让大家获得佛法的受用，把欢喜平安带回去。

而由心定、心培、慈惠法师主持策划的国际三坛大戒，有五百名僧众受戒，其间有三千名信众受菩萨戒，也在十一月底圆满盛会了。这五百名戒子，以二十二天的时间，参与"佛祖巡境‧全民平安"行脚活动。在沿途每一站信众的护持下，用双脚走过台湾，祈愿佛陀真身舍利护佑这片土地及所有民众，也为全世界献上至诚的祝祷。平安，真是举世众所希求。

确实如此，回首二〇一一年，日本东北大地震、澳大利亚昆士兰水灾、泰国水患等，造成不少的伤亡与损失。都监院慧传法师、佛光会慈容法师、觉培法师等，号召全球佛光人在第一时间协助赈灾，配合当地僧信二众，以实际的行动提供物资的支援，以慈悲的语言抚慰受灾的朋友。全球佛光人所在之处，真为世间的苦海点亮心灵的明灯。

二〇一一年佛光山举行国际三坛大戒,"佛祖巡境・全民平安"五百位戒子全台行脚。图为屏东东港东隆宫起程典礼(庄美昭摄)

从这些天灾人祸中,让我们深刻体会生命就在呼吸间,彼此是同体共生的"地球人"。不仅要重视环保,更要重视心保,消除贪婪、嗔恨、愚痴等习气,只要小我健全、净化了,推展开来,地球必能恢复青山绿水。

回忆前尘往事,可谓有"人生一瞬"的慨叹。我这老朽的身躯,常觉力不从心,偶尔天光微亮,一人独坐,庆幸佛陀的慈爱常驻心中。想及去年点滴的弘法发展,都是汇集众缘才能成就,应归功于全世界的有缘人。像日本、欧洲、澳大利亚、美加,甚至远在南半球的南美洲、非洲等地,已有多年没有去了,我也很希望有重游的机会,和一些朋友、信徒们见面,感谢大家对佛光普照、法水长流的贡献;但是,为了佛馆,我只有忍住这份跃动的心情。现在佛馆虽然落成启用了,路才正要开始,还有许多需要大家的关照,希望善信朋友们再予护持。

摄于佛光山菩提路

文末,借此辛亥百年之时,愿龙天护佑,人人发光发热,为渺小却又尊贵的生命,活出无限的价值。更愿人心如佛心,世界如佛国,战争远离,和平永在,灾难止息,万世太平。祝福大家

所求如愿

自在吉祥

星云 合十

二〇一二年元旦

于佛光山开山寮

曲直向前 福慧双全

癸巳年度 敬贺

二〇一三年新春告白

迎新送旧之际,
每个人都要为自己的生命写下历史。
虽然至今手脚有些不便,
但我的头脑还清楚,
我的手还能动,还能写一笔字,
还可以讲话,能与大家结缘,
行年至此,
我感受生命"也无风雨也无晴",
不忧不惧、不喜不怒、
无轻无重的平静和欢喜。
所以我想,
人生纵有曲曲折折、风风雨雨,
不惧曲折困境,效法菩萨精进向前,
所谓"向前有路",
向前的人生必定有希望。

各位护法、朋友们,大家吉祥!

开春伊始,适逢中国的小龙年,我以"曲直向前,福慧双全"先祝福大家,人人具有小龙百折不挠的精神,对未来怀抱希望,对人生不减信心,百尺竿头更进一步。

去岁昨年,佛陀纪念馆成为台湾访客最多的道场。春节期间,"交通部长"毛治国来此巡礼,在观察往来人潮车流后说,五天假期应该超过百万人次。后来高雄市"观光局"统计,光是二〇一二上半年就有六百七十万人次造访,相对的,高雄市各个饭店住房率也跟着升高了。这不但是佛馆的成就,也是对高雄、对台湾的一大贡献。当初建设的时候,我就有一个期许,希望以佛陀纪念馆作为台湾文化的窗口,让全世界看见佛馆,就能看到台湾。感谢佛陀的光明照耀,这个愿望终于达成;同时感谢"交通部"、"观光局"、"水利局",以及高雄

由公益信托星云大师教育基金会、国际佛光会和远见天下文化教育基金会共同举办第一届"星云人文世界论坛",以"看见改变的力量"为主题,以"人间佛教改变人心"演讲(二〇一二年六月十六日)

陈菊市长和市府团队的支持,未来在高屏溪畔扩大增设便道和停车场,解决塞车、停车的问题后,就能提供社会大众更大的服务和方便了。

  这一年,在馆长慈容法师带领下,佛馆举办了近百场的艺文展览活动。从蔡志忠的"金铜佛造像收藏展";七百多位小朋友"我爱佛馆"的纯真画作;世界文化遗产"山东青州龙兴寺佛教造像展"等,都让来访的人士惊艳不已。值得一提的是"百画齐芳"李奇茂、周澄等百位艺术家以他们的彩笔,倾注心力,为佛馆留下清净庄严。其中,梁丹丰女士的"慈悲的引领"长七米多,全馆景致跃于纸上,令人称叹。而长久以来我一直欢喜的少数民族,去年六月,在佛馆展示五十六个民族的服装特展,那亮丽的色彩、多元的生活文化及精湛的传统工艺,真是丰富了我们的常识,为社会增添多彩多姿的一页。

本馆中,三百六十度环绕舞台设备的大觉堂,兼具会议研讨与动态表演功能。去年六月,由公益信托教育基金、国际佛光会与远见天下文化教育基金会共同举办第一届"星云人文世界论坛",以"看见改变的力量"为主题,邀请美国哈佛大学傅高义教授讲授"邓小平改变中国",我也以"人间佛教改变人心"作了一场讲说。十月,适逢佛光会成立二十周年,二〇一二年国际佛光会世界会员代表大会开幕,我也在大觉堂发表了"幸福与安乐"。

为了鼓励对媒体、文化、教育工作有贡献者,公益信托教育基金也陆续在大觉堂举行第二届"三好校园实践学校"、第四届"真善美新闻传播奖",以及第二届"全球华文文学奖颁奖典礼",期盼借此鼓励并支持更多优秀人士、团体,为我们的社会注入一股美丽的清流。

去年五月,近百位菲律宾艺术学院学生演出"佛陀传音乐剧"后,唐美云歌仔戏团演出地藏王菩萨的"大愿千秋",以及北京京剧团迟小秋女士带领青年团表演多出精彩的"折子戏"等,这些都增添了佛教的艺文化。

尤其这一年,有多所宫庙的神明包括妈祖、三太子、王爷、元帅、温府千岁等等,都说要来佛馆礼拜他们的"老大"——佛祖。我一听非常欢喜,特别嘱咐弟子要热烈欢迎,并且让它们与佛陀排排坐。所谓佛道一家亲,佛馆如大海,我乐见各宗教神明、信徒的到来,让人间的和谐、尊重、包容在佛馆实现。承蒙"国家建筑金奖甄选委员会"看到我们提倡文教、回馈社会的努力,颁给佛陀纪念馆"二〇一二年文化教育金狮奖"的肯定。

为了提倡全民阅读,二〇〇七年佛光山文教基金会成立"云

全台五十部云水书坊行动图书馆暨卫教功能的"云水护智车"正式启动。勉励义工将书香带到偏远乡镇,并欢迎更多人参与(二〇一二年十一月二日)

水书坊"行动图书馆,去年全台更有五十部云水书车结合卫教功能的"云水护智车",由"教育部长"蒋伟宁先生授旗,正式启动全台巡回了。期许这五十部书车,如海鸥展翅飞翔,将书香带到偏远乡镇,让人人拥有知识的软实力;倘若有人愿意发心护持,或捐书、或护车,或担任变魔术的义工叔叔、讲故事妈妈等,都非常欢迎大家一同参与。

说到读书,去年佛光山出版了《僧事百讲》六册、《佛光山开山故事》、《金玉满堂》教材,以及大陆简体版、数十种世界各国语文丛书等。其中,我应"国史馆"之邀,口述了《百年佛缘》。往事历历在目,仿佛又重走一次动荡的年代。虽然回忆起来不免辛酸惆怅,却也体认到,人在大时代的洪流里,最需要的是忍耐与勇气,这一段贫穷、战乱与苦难,成为我人生宝贵的资粮。蒙大家喜爱,我又另外口述五十篇,今年可以出版。

此外,感谢天下文化编辑《前进的思索》这套书,将我讲说人间佛教的相关文章收录成书,名为《人间佛教何处寻》。感于人间佛教是现世所需,是未来的一道光明,去年佛光山成立了"人间佛教研究院",承蒙徒众推我为院长,慈惠法师担任执行副院长,并邀请南京大学程恭让教授为主任,期盼为人间佛教在当今时代做出的贡献留下历史,明白人间佛教是救世之光,是人类希望所在。

多年来,佛光山实践人间佛教不遗余力,关怀大众、敦亲睦邻是义不容辞的事。好比高雄大树的特产玉荷包荔枝,佛光山每年在产季大量采购,一来分送有缘人,二来助农免于低价卖出之苦。去年,扩大举办"国际水果节",广邀果农免费设摊推广,短短三周数量就超过百万斤了。之后,果农们组成"农友会",佛光山愿意长期关怀农民,照顾果农们的收益。有功德、有欢喜,买者卖者皆蒙利益,这真是最好不过的事了。

说了欢喜的事,去年也有让我遗憾与感怀的。连续四年,我们在凯达格兰大道举办的"法定佛诞节暨母亲节庆祝大会",获得国际人士的注目与参与,把佛陀的慈光、欢喜散布人间。遗憾的是,不到二周,竟传出"内政部"以宗教平等为由,预告拟修正取消由两百零七位"立委"签署提案通过的"法定佛诞节"。为了护教,舍我其谁,我特地撰写的《台湾容不下法定佛诞节?》据闻引起海内外佛教徒共鸣,齐心向有关单位反映,佛教界也举行"佛教团体座谈会",表明捍卫法定佛诞节的决心与立场,大家团结一致,终得让政府看见佛教对社会的贡献,"内政部"才允诺不再取消"法定佛诞节"。

八月,多年好友天主教单国玺枢机主教因病往生,四十余年来,我们毫无宗教隔阂,两人情谊彼此珍惜,还曾相约来世他做他

各宗教联合发起"宗教界缅怀单枢机主教国玺追思会",于佛光山如来殿大会堂追思好友(二〇一二年九月八日)

的主教,我当我的和尚,共同为世界和平努力。唏嘘之余,特于佛光山如来殿举行由各宗教界联合发起的"宗教界缅怀单枢机主教国玺追思会",现场三千余人出席,表达对单主教的缅怀与追思,希望各宗教以和平、交流作为共同追求的方向。

谈到交流,来往确实是人间最美的事。去年十一月,我与泰国颂德帕拉摩诃维拉翁(Somde Phra Maha Weerawong)、三盘塔翁萨拉(Wat Samphanthawongsaram)等副僧王会晤,针对南北传佛教我提出团结、统一、动员等三点意见;在赴新马弘法期间,也分别与新加坡副总理张志贤以及马来西亚总理纳吉布先生会晤,加上前二任马哈蒂尔先生、巴达维先生,可以说我们共同为佛教与伊斯兰教写下善美的纪录。

而饮食和体育是建立友谊的最佳平台。去年四月,由江苏宜兴市人民政府主办、佛光祖庭大觉寺协办的"二〇一二两岸素食文化暨绿色生活名品博览会",首次在大觉寺举行。素食推动环保,让地球节能减碳,兼具长养慈悲护生的功德,五天涌进二十万人潮,良好的秩序、零公安事故,获得官方的肯定、媒体的好评,便相约今年同一时间再度举办。

七月,三好体育协会于佛光大学举办"二〇一二年佛光杯大学女子篮球邀请赛",有来自北京大学、南京航空航天、南昌理工、大连理工,以及台湾的师范大学、台北教育大学、体育大学、佛光大学等八支球队参加,最后由北京大学夺得冠军,亚军则留在佛大。输赢倒是其次,重要的是,为两岸年轻学子的交流再添美好的一章。

所谓"树有根,人有本",台湾佛教与大陆佛教有着密不可分的关系,因此对于人间佛教在大陆的弘传,我都乐做不请之友。去年四月,无锡市邀我在无锡人民大会堂讲说"认识自己"后,徐州也邀我讲述"幸福安乐之道";我想,人间佛教提倡幸福安乐,从认识自己开始,就会有前途、有未来。尤其九月间,国际闻名的"第六届夏季达沃斯经济论坛"在天津举行,主办单位邀我主讲"信仰的价值",这是论坛创办四十二年来,第一次邀约佛教人士讲说"信仰"问题;可见经济高度发展后,人们开始重视心灵的安顿、精神生活的提升。我也就非常乐于前往结缘了。

去年,全球弟子致力弘法事业,获得许多荣誉。如:觉培受邀出席"二〇一二年博鳌亚洲论坛",成为首位在该论坛发表演说的比丘尼。接着,芝加哥满普传回讯息,美国伊利诺伊州州长奎恩(Pat Quinn)颁订每年五月十六日为"国际佛光日";多伦多的永固代表获颁英国女王伊丽莎白二世登基六十周年"钻禧奖章",这是加拿大政府对佛教关心新移民的感谢。

十月时,伦敦的觉如也代表佛教前往白金汉宫,对英国推动多

二○一二年佛光山第九届宗委会宗委选举,象征世代交替,弘法责任的承担(二○一二年九月四日)

元文化,尊重、融和各民族的成就表达祝贺。我闻之欢喜,并以一笔字"仁政仁心"致意。满信出席在威灵顿皇家警察学院举行的毕业检阅礼,她是新西兰警界的第一位佛教辅导法师。依来代表佛光山接受"法务部"颁赠"保护有功团体贡献奖",如常则获得"教育部"颁赠"社教公益奖个人奖"。这种种殊荣,欣慰的不仅是徒众的成长,尤其乐见佛教为世人所肯定。

特别是去年九月举行"佛光山第九届宗委会宗委选举",选出年轻一辈的徒众担任宗委,有:慧传、觉培、慧济、如常、慧让、觉居、妙士、妙凡、慧知,以及候补委员:妙乐、觉元、妙莲、觉禹、慧屏,并推选慧济法师(心保和尚)担任第九任宗委会主席(宗长)。佛光山的宗委选举,象征世代交替,弘法责任的承担,吾欣慰佛教传灯有人,期许他们效法先贤,为法为教,续佛慧命。

看到弟子们的努力,我也不惧老迈的色身和行动上的不便,在台湾和日本、泰国、新加坡、马来西亚等地弘法并主持多场三皈五戒典礼,总加应有数十万人与会吧!过去我曾多次到新马泰访问,距一九六三年第一次的到访,也刚好五十周年了。我对当地信众求法的热情、拥护佛法的教性一直念念在心,特别是弟子觉诚,号召新马佛光人、佛教徒,在新加坡国立室内体育馆举行万人盛会以及马来西亚莎亚南体育场八万人的弘法大会,大家共同为社会和谐、世界和平祈愿祝祷,我不禁想,这哪里是我主持?这法宴是所有与会的护法大众所成就的啊!

全球各地别分院在佛光人努力之下,展现一些成果。满润带我巡视日本群马法水寺的预定地,泰国的觉机、妙慎带我探勘曼谷泰华寺,都将在今年动工;前者完成后将成为日本的总本山,后者则由心定和尚担纲筹建,未来是南北传佛教的交流中心。僧众有寺院可以安心弘法,信众以道场为法身慧命之家,就可顺利开展各项利生事业。而欧洲巴黎法华禅寺由满谦领军建设,澳大利亚墨尔本尔有寺由满可带领弘法,也分别由心定、心培和尚主持开光落成。我因年迈不胜路遥,只有以录影方式向大家致意。

二○一二年供僧法会,吴敦义先生、国际佛光会中华总会荣誉总会长吴伯雄亲临与会,来自十多个国家地区逾六千位僧信、嘉宾齐聚佛光山,承蒙远见天下文化创办人高希均教授赠我"华人世界杰出贡献奖"。此外,澳门大学也颁赠荣誉博士学位予我,徒众说这是我第十三个荣誉博士学位;其实,我一生从未进过学校,没有领过一张毕业证书,这些都来自丛林"以无理对有理,以无情对有情"的教育养成;想我一介僧侣,尽己之力,投身佛教事业,与其说今日为大家所肯定,不如说是海内外佛光人共同为人间佛教努力的成果吧。

迎新送旧之际,每个人都要为自己的生命写下历史。佛馆落成期间,我因脑内血管硬化合并右侧额叶缺血性脑中风,感谢佛菩萨的护念,以及高雄长庚医院陈肇隆院长号召医疗团队为我医治,恢复的情况相当好。虽然手脚有些不便,但我的头脑还清楚,我的手还能动、还能写一笔字、还可以讲话,能与大家结缘,行年至此,我感受生命"也无风雨也无晴"、不忧不惧、不喜不怒、无轻无重的平静和欢喜。

所以我想,人生纵有曲曲折折、风风雨雨,不惧曲折困境,效法菩萨精进向前,所谓"向前有路",向前的人生必定有希望。愿佛陀保佑大家

吉祥平安

星云 合十

二〇一三年元旦

于佛光山开山寮